Beate und Jürgen Föhr

Frühstück mit Delfinen

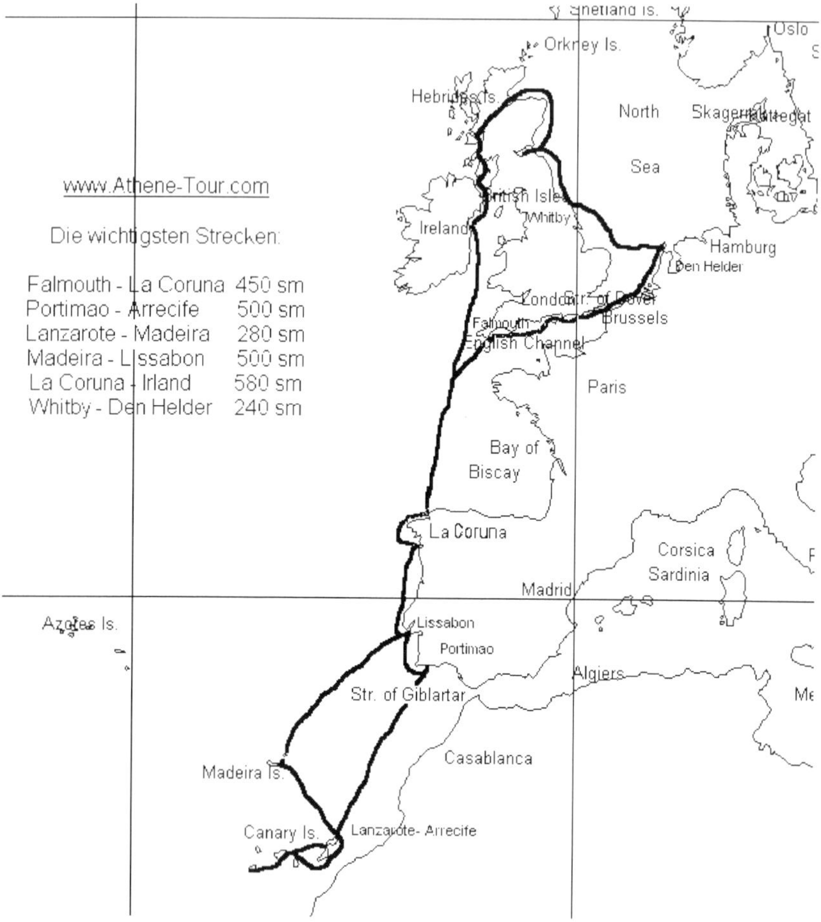
www.Athene-Tour.com
Die wichtigsten Strecken:
Falmouth - La Coruna 450 sm
Portimao - Arrecife 500 sm
Lanzarote - Madeira 280 sm
Madeira - Lissabon 500 sm
La Coruna - Irland 580 sm
Whitby - Den Helder 240 sm
Shetland Is.
Orkney Is.
Oslo
Hebrides Is.
North
Sea
Skagerrak
Kattegat
British Isles
Whitby
Ireland
Hamburg
Den Helder
London
Str. of Dover
Brussels
Falmouth
English Channel
Paris
Bay of
Biscay
La Coruna
Corsica
Sardinia
Madrid
Azores Is.
Lissabon
Portimao
Algiers
Str. of Giblartar
Casablanca
Madeira Is.
Canary Is.
Lanzarote- Arrecife

Frühstück mit Delfinen

Beate und Jürgen Föhr

Engelsdorfer Verlag
2004

Bibliografische Information durch
die Deutsche Nationalbibliothek:
Die Deutsche Nationalbibliothek verzeichnet diese Publikation in
der Deutschen Nationalbibliografie; detaillierte bibliografische
Daten sind im Internet über http://dnb.d-nb.de abrufbar.

ISBN 3-937290-55-9

Hergestellt in Leipzig, Germany (EU)
www.engelsdorfer-verlag.de

18,90 Euro (D)

Für Trudel und Hannes

Prolog

Die Luft ist klar, der tiefblaue Himmel scheint zum Greifen nah. Im Westen steht die Sonne als glühender Ball tief über dem Horizont, der eine scharfe, leicht gebogene Linie zeichnet. Alles ist in ein rotes Licht getaucht, mit einer leichten rötlichen Färbung über mir, die immer stärker und intensiver wird, je näher der Blick zur Sonne schweift. Der Wind füllt die vollgesetzten Segel und schiebt unser Schiff dem Horizont entgegen. Die Luft ist warm, eine Wohltat, sie auf der Haut zu spüren. Langsam hebt und senkt sich der Bug in der See, immer im gleichen Rhythmus, ein Zustand der Harmonie zwischen Meer und dem, was der Mensch erschuf. Am Bug bilden sich in gleichem Rhythmus kleine Wellen, weißer Schaum läuft seitlich am Schiff vorbei und zischt. Ich spüre diesen Einklang und fühle mich glücklich.
Langsam gleiten wir aufs Meer hinaus, die Sonne berührt soeben den Horizont, die Farben sind so intensiv, dass es schmerzt, hinein zu sehen. Von Nordwest läuft eine leichte Dünung, zusammen mit der untergehenden Sonne entstehen fortwährend neue Farbspiele. Auf meinen Lippen schmecke ich Salz, ja, ich kann die salzige Luft des Meeres riechen und genieße jeden Atemzug.
Die Sonne ist nun untergegangen, hoch in der Atmosphäre leuchtet ihr warmes Licht, im Osten sind bereits die ersten Sterne zu sehen, eine wunderschöne sternenklare Nacht beginnt. Unser Ziel ist La Coruna in Nordspanien, wir befinden uns in der Biscaya und unternehmen heute unsere erste Nachtfahrt.

Einmal aus dem täglichen Einerlei auszubrechen, weg von der Arbeit, der Hektik im Alltag, dem Mechanismus, in dem wir eingebunden sind; für eine Weile Abstand gewinnen.
Und da gab es einen Traum, die Sehnsucht nach fernen Ländern und Inseln.

Wie gerne hätten wir im Sommerurlaub den Bug unseres Schiffes Richtung Sonnenuntergang gesteuert, nachgeschaut, was hinter dem Horizont liegt ...

Ein Nachmittag im Herbst 1998, das Telefon klingelt, es ist Beate, sie spricht mit aufgeregter Stimme: „Soeben habe ich erfahren, dass ich ein Sabbatjahr nehmen kann, der Antrag ist reine Formsache.“ Ein Satz, der unser Leben verändern wird.
Über einen Makler kaufen wir unser Boot, eine Cumulant 38, ein solides, neun Jahre altes holländisches Stahlschiff. Die Yacht absolvierte bereits eine Langfahrt, ist gemütlich eingerichtet und hat für zwei Leute die richtige Größe. Die notwendigen Arbeiten entpuppen sich später umfangreicher als gedacht. Dennoch ist es kein Problem, endlich haben wir ein Schiff, das uns gefällt und Zeit ist genug vorhanden, es segeln zu lernen und in den Zustand zu bringen, den wir uns vorstellen.

Über Jahre lasen wir viel Segelliteratur, sprachen mit Langstreckenseglern. Im Ergebnis bildete sich eine genaue Vorstellung unserer Reiseziele. Die Südküste Englands mit vielen bekannten Städten und Plätzen war schon immer Wunschziel, die wunderschönen Rias in Galicien, das historische Portugal mit der schönen Algarve. Den Winter auf den Kanaren zu verbringen, davon konnten wir mit offenen Augen träumen, speziell während der regenkalten Jahreszeit. Irland und Schottland, grandiose Landschaften in unberührter Natur, weit weg vom Massentourismus, auch diese Länder interessierten uns.

Ein wichtiger Aspekt ist, keinesfalls unter Zeitdruck zu segeln, hinein in den Ort, Postkarte und T-Shirt kaufen und weitersegeln kann nicht Sinn der Sache sein. Termine bestimmen unser ganzes Leben, im Sabbatjahr soll nur das Wetter Zeitpunkte bestimmen. Ein nicht zu unterschätzender Vorteil, unsere Reise führt, England ausgenommen, durch einen Währungsraum.

Unterwegs lernten wir Segler im Ruhestand kennen, die körperlich augenscheinlich fit waren. Häufig sagten sie uns, rückblickend fänden sie es besser, wenn die Möglichkeit besteht, bereits in jüngeren Jahren eine berufliche Auszeit zu nehmen als bis zum Erreichen des Pensionsalters zu warten. Eine Pause mitten im Leben, man ist noch jung und fit, um eine Segelyacht ohne Probleme zu zweit zu segeln. Wer weiß, ob es in 10 Jahren gesundheitlich noch möglich ist. Später im Alter ist man bequemer und vielleicht auch kränklich. Aber das Entscheidende ist, so hörten wir immer wieder, ihr habt einen Traum gelebt, den nimmt man euch nie mehr weg. Die Energie, die ihr daraus beziehen werdet, ist viel wert, eure Köpfe sind frei, ihr habt etwas anderes gemacht, während viele andere nie aus dem Einerlei herauskommen und das Leben pessimistisch betrachten. Ihr habt euch davon befreit.

Holland-Belgien-Frankreich

Ijsselmeer – wechselhafte Nordsee – Vive La France – Rauschefahrt

Südwestliche Winde treiben dunkle Regenwolken vor sich her, wie wachsame Hirtenhunde die ihnen anvertrauten Schafe. Leichter Regen fällt, für Anfang Juli ist es kühl in Holland. Am Bug bereitet Beate die Leinen zum Ablegen vor, sie trägt warme Segelkleidung. Segeln unter blauem Himmel, in blauem warmem Wasser, nur mit Shorts und T-Shirt bekleidet, wird für heute ein Traum bleiben. Aber es ist ein Traum, für den wir jetzt ablegen, der nun Wirklichkeit werden soll.

Ein Stegnachbar steht im Cockpit seines Schiffes und schaut uns interessiert zu, wie wir nach und nach alle Leinen vom Steg lösen und aufs Deck legen. Er zögert nicht lange, kommt zu uns hinüber und bietet Hilfe an: „Wohin soll es denn gehen?" Wahrscheinlich denkt er sich, wie verrückt doch manche Leute sind bei diesem Wetter loszufahren, man sollte besser mit einer schönen heißen Tasse Kaffee im Schiff sitzen und ein Buch lesen. Beate, die soeben kniend eine Leine von der Bugklampe löste, richtet sich auf, sie hörte ihn nicht kommen. Etwas irritiert antwortet sie: „Ja, äh, zu den kanarischen Inseln". Die Antwort überrascht ihn sichtlich, ist das nun eine ironische Anspielung auf das Wetter oder die Wahrheit? „Zu den Kanaren? Oh, na dann gute Reise".

Seit Frühjahr laufen unsere Vorbereitungen auf Hochtouren, letztes notwendiges Zubehör kaufen und das Schiff zu Wasser bringen. Das Auto ist abgemeldet, die Post zu Freunden umgeleitet, die Wohnung unter Aufsicht. Ein Segler sagte uns vor

einigen Jahren, das Schwierigste an der Langfahrt ist abzufahren. Es gibt so viele Gründe, warum man nicht losfahren kann. Dieser Satz ist für uns heute besser zu verstehen. Irgendwann erreicht man tatsächlich einen Punkt, an dem man sich fragt, ist das wirklich eine gute Idee, ein Jahr Segeln?
Von Familie und Freunden verabschieden wir uns auf einer gut besuchten Party, die wir passend zum Anlass ins örtliche Freibad legten. Alle fanden es toll, den Mut zu haben, mitten im Leben eine berufliche Auszeit zu nehmen, einen Traum zu leben und nicht nur davon zu sprechen. In Gedanken werden sicherlich viele mit uns segeln. Jedenfalls gab es reichlich „Handbreit Wasser unter dem Kiel und Mast- und Schotbruch Wünsche“, eigentlich kann nichts mehr schief gehen.

Die Fahrt führt unter Motor ein kleines Stück durch den Kanal Makkumer Diep, die Verbindung zum Ijsselmeer. Beate hat inzwischen alle Leinen und Fender verstaut und sich im Cockpit einen geschützten Platz gesucht. Am Ruder stehend schaue ich gedankenverloren über den Bug voraus, die ersten Fahrwassertonnen des Ijsselmeers sind im Dunst zu sehen.
Unser erstes Segelerlebnis begann vor sieben Jahren an diesen Tonnen. Im Januar besuchten wir die Bootsmesse in Düsseldorf, sahen die vielen schönen Segelyachten und beschlossen spontan, wir möchten auch segeln. Nur, wie lernen? Zu der üblichen Segelkarriere, die langatmige Palette von der Jolle bis zur Yacht, hatten wir keine Lust und auch keine Zeit. Mit Motorbooten verfügten wir über einige Erfahrung auf Binnengewässern in Irland und Holland. Mit einem Vercharterer in Makkum klärten wir unser Anliegen ab: „Das ist kein Problem. Wir können einen Skipper besorgen, der dann für einige Tage an Bord ist und die wichtigsten Manöver erklärt“, sagte uns die Firmeninhaberin mit einem gewinnenden Lächeln, „uns ist es lieber, jemand sagt er kann nicht segeln, als wenn er so tut und beschädigt letztlich das Schiff.“ Vier Monate später übernahmen wir in Makkum die

Charteryacht und trafen unseren Skipper mit seiner Frau. Den Abend verbrachten wir in einem gemütlichen Restaurant, lernten einander kennen und hörten uns begeistert die Geschichten aus deren Segelleben an. Wir hatten das Gefühl die richtige Entscheidung getroffen zu haben; Segeln, das ist es und die Beiden sind die richtigen Lehrer.
Der nächste Tag brach an, nun konnte es endlich los gehen. Ach, stopp, zuerst noch frühstücken, warum muss das solange dauern? Endlich, wir legten ab.
Im Kanal Makkumerdiep prüfte unser Skipper die Windrichtung und zeigte uns wie das Vorsegel ausgerollt wird. Eigentlich hatten wir ein tolles Manöver erwartet, aber nein, einmal kräftig an einer Leine ziehen, das Ende um eine Winsch wickeln, fertig. Die Motor wurde gestoppt, himmlisch diese Ruhe, wir segelten. Das gute an unserem Skipper war, an seinem Gesicht konnte man leicht den Grad seiner Zufriedenheit ablesen, er lächelte, es schien alles richtig zu sein. Schnell nähern wir uns der Tonnenreihe. „Zu den Tonnen muss ich ja nichts weiter sagen", begann er zu dozieren „die grünen bleiben an Backbord, die roten an Steuerbord." Eine kleine Gedankenpause: „Eigentlich sollte man immer zwischen den Tonnen bleiben, dafür sind sie ja ausgelegt. Ich kenne das Ijsselmeer ein wenig, man kann zwischen den ersten beiden hindurchfahren, es ist dort tief genug." Der Mann strahlte Zuversicht aus, eine kleine Abkürzung, warum auch nicht? Die besagte Stelle war erreicht, er legte Ruder, das Schiff folgte willig. Den Kurs kaum geändert, ging ein kurzer Ruck durch die Segelyacht, der Bug senkte sich leicht, die Crew suchte nach einer Möglichkeit, sich festzuhalten, dann war der Spuk vorbei, das Schiff saß fest. Unser Revierkenner fuhr zwischen die falschen Tonnen. Mit Motorkraft und Glück kam das Schiff frei. Die folgenden drei Tage wurde dann streng nach Karte navigiert. Aber ich denke, das ist keine Überraschung.

„Erinnerst du dich an diese Tonnen, wie unser Skipper die Comfortina auf Grund fuhr?", frage ich Beate. „Klar, das habe ich nie vergessen." Eine kleine Pause, Beate sieht jetzt genauso zuversichtlich aus wie unser damaliger Segellehrer, bevor er dem Irrtum unterlag: "Du weist, mit 1,9 m Tiefgang können wir nichts schneiden. Fahr schön die Tonnenlinie entlang, ich habe es nicht eilig. Wir haben ein Jahr Zeit. Ist das nicht toll? Kann kaum glauben, dass wir nun in unser Sabbatjahr fahren. Unser Jahr."

Die Segel sind gesetzt, der Kurs liegt an, allmählich verschwindet Makkum im Regen achteraus.
Über das Ijsselmeer segeln wir zur Seeschleuse Den Oever, die uns die Tore zur Nordsee öffnen wird.
Nach Passieren folgt das betonnte Fahrwasser durchs Watt, das Wasser ist schmutzig braun. Zu unserer Überraschung schwimmt ein Seehund neben dem Schiff, taucht auf, dreht sich zu uns herum und sieht uns mit seinem kleinen Kopf und großen Augen an. Ein schöne Begegnung.

Im Marinehafen in Den Helder legen wir an, der Start ist geglückt. Am nächsten Morgen regnet es immer noch in strömen. Auf einem Nachbarboot steht ein Segler im Cockpit seines Schiffes, sein Gesichtsausdruck kommentiert das Wetter auch ohne Worte. Auch uns beeindruckt der Regen, Hafentag. Später bricht die Sonne durch, dazu guter Westwind, ideale Bedingungen zum Weitersegeln, wir zögern und bleiben, ausspannen.
Am frühen Nachmittag läuft eine amerikanische Yacht ein, die Crew schaut hilflos suchend umher. Die Hafenmeisterin weist ihnen einen Liegeplatz in unser Nähe zu, ich gehe zum Steg: „Where do you come from today?" Wir kommen ins Gespräch, der Tag ist gerettet. Matt und Dottie nutzten vor zwei Jahren die Möglichkeit eines Sabbatjahres. Sie segelten ihre Yacht von Maine über Neufundland nach Europa und verlebten schließlich die meiste Zeit ihres Jahres in Frankreich. Das Schiff stand dort

im Winterlager, jetzt verbringen sie ihre Urlaube auf dem Boot, verbunden mit dem Wunsch, weitere europäische Länder kennen zu lernen. Die Beiden sind Professoren an einer kalifornischen Universität, ihr Leben verlief bisher geradlinig. „Das Sabbatical hat uns verändert, wir glauben nicht mehr so richtig an die Dinge, die wir vorher gemacht haben“, sagt Dottie, „es gibt noch viel mehr im Leben zu erleben. Besonders Matt hat diese Gedanken“. ‚Hört sich gut an’, denke ich, ‚mal sehen, wie sich unser Leben und unsere Lebenseinstellung ändern wird. Änderungswünsche sind vorhanden.’

Abends kommt Matt und lädt uns zu einem Glas Wein auf ihr Schiff ein. Mit Freude nehmen wir die Einladung an, eine andere Yacht zu sehen ist immer klasse, eine amerikanische aus Mangel an Gelegenheit erst recht.

VERITAS ist eine ehemalige Rennyacht, die sie mit ihren 10 und 15 jährigen Söhnen segeln. Die Fahrt von Neufundland bis Irland dauerte nur 2 Wochen.

Das haben wir prima überlegt. Gestern idealer Westwind, heute weht es mit 4-5 Bft aus Südwest, ungefähr dort, wo unser Ziel liegt. Der direkte Weg nach Ijmuiden beträgt 35 sm, am Tagesende sind etliche Wenden gefahren und eine Strecke von 56 sm zurückgelegt.

Mehr als 10 Kreuzschläge sind notwendig, bis endlich die wenigen Meilen des engen Fahrwassers Schulpengatt achteraus liegen. Die Wellenhöhe ist mit durchschnittlich 1.5 m nicht so hoch, jedoch überlagern sich manchmal Wellen zu deutlich höheren Wellen oder ein Wellenberg läuft in ein Wellental, beide löschen sich aus und die See ist an dieser Stelle glatt. Hin und wieder taucht der Bug tief in eine Welle, das Boot wird abgebremst, sogar unser schweres Stahlschiff zittert, viel Wasser kommt über das Deck. Einmal spritzt eine gewaltige Dusche weit über das Schiff, Wasser dringt durch alle Öffnungen. Schließlich findet das nasse Element über den offenen Niedergang ins Schiff, im Deckshausbereich ist alles nass, ein Novum. Das nächste Mal wird unter diesen Bedingungen das Boot komplett verschlossen. Der Törn wird immer mehr ein Arbeitstörn, das Aufkreuzen und Dichtholen der Schoten fällt mir zunehmend schwer, es fehlt die nötige Kondition für die kräftezehrende Arbeit an den Winschen. Wollten wir nicht gemütlich anfangen? Von ATHENE als Muckibude war nie die Rede. Sollte die weitere Reise ebenso verlaufen, werden wir mit Oberarmen wie Popeye und einem Waschbrettbauch wie Brad Pitt zurückkommen.

Vor der Hafeneinfahrt beginnt es heftig zu regnen, die Sicht beträgt vielleicht zweihundert Meter. In solchen Schauern legt üblicherweise der Wind zu, ganz nach Lehrbuch auch jetzt, glücklicherweise ist ATHENE das einzige Schiff weit und breit, die Sorge des Ausweichens und weiterer Segelmanöver ist genommen. Die Einfahrt Ijmuiden ist für Großschifffahrt gebaut, mit dichten Schoten segeln wir in den großen Vorhafen, in der Seaport Marina endet der Törn. Sehr erschöpft, aber zufrieden fällt die Crew bald in die Kojen.

Das schlimmste an Salzwasser ist, alles ist klebrig, egal was man an Deck anfasst. Und die Kombination aus Stahl und Seewasser ist auch nicht immer sehr glücklich, wie wir am nächsten Tag im Hafen sehen. Für die ganz Unbedarften, das bedeutet Rost, des Skippers Feind!

Ein gemütlicher Törn zwei Tage später. Der Wind drehte über Nacht zu unseren Gunsten, später schläft er vor Erschöpfung ein und unser eisernes Segel tief unten im Schiff bringt uns nach Scheveningen. Im Hafen herrscht viel Betriebsamkeit, Boote laufen ein oder legen ab. Die einlaufenden Schiffe sind letztlich in der Mehrheit, so dauert es nicht lange und der Hafen ist voll.

Wieder verbringen wir einige Tage im Hafen, auf der Nordsee weht Wind der Stärke 5-6 Bft. aus Südwest, erraten, dort möchten wir hin. 65 sm liegt der nächste Hafen entfernt, es macht wenig Sinn, diese Strecke aufzukreuzen.
Wir nutzen die Zeit zur Erledigung einiger Restarbeiten an Bord, aber was noch wichtiger ist, wir leben uns ein. Auch wenn unser Schiff nicht klein ist, so ist es im Vergleich zu einer Wohnung doch sehr eng. Steht einer von uns in der Vorschiffskabine, der andere mittschiffs, ist es nicht möglich, an einander vorbei zugehen, ohne das einer ausweichen muss. Die Crew mag sich, manchmal dauern diese Begegnungen ein wenig länger, ein Vorteil des engen Schiffes.
Direkt am Hafen gibt es einen Schiffsausrüster, der außergewöhnlich gut sortiert ist. Dort kaufen wir die fehlenden Seekarten für die englische Küste und einige Ersatzteile.

Scheveningen ist ein sehr touristischer Ort, speziell entlang der Uferpromenade. Alles was irgendwie mit Amüsements zu tun hat, ist dort angesiedelt. Jugendliche fahren mit Autos, aus denen entweder lautstarke Discomusik dröhnt oder sie protzen mit Fahrmanövern, die quietschende Reifen provozieren, die Uferstraße entlang. Wir verlassen bald die fürchterliche Promenade und wenden uns dem Innenstadtbereich zu, aber da ist nicht viel Interessantes zu sehen.

Mittlerweile liegen im Hafen die Yachten dicht gedrängt, jeder sucht Schutz vor den starken Winden und wartet auf eine Gelegenheit weiterzusegeln. Man spricht miteinander, tauscht Erfahrungen aus, lernt andere Menschen kennen. Ein Aspekt des Segelns, der uns schon immer sehr wichtig war, Gespräche mit Gleichgesinnten, Gedanken austauschen. Die Verständigung mit holländischen Seglern ist einfach. Abgesehen davon, das viele sehr gut deutsch oder englisch sprechen, kommen wir auf dem Steg mit daag, hoi, prima und bedankt schon sehr weit.

Im Cockpit sitzend schaue ich mich gedankenverloren um, fühle wie innere Ruhe einkehrt, endlich hat unserer freies Jahr begonnen. Bald lenkt meine Nase die Gedanken in eine andere Richtung, es duftet verführerisch nach köstlichem Essen. Die Düfte, die aus den Schiffskombüsen aufsteigen und durch die Marina wehen, sind ein fester Bestandteil der Hafenatmosphäre, sie gehören zum Segeln, wie der Mast zum Schiff. Hier Fisch a la Skipper Jan, dort nach Art von Anna, Jupps Fleischgericht lässt uns sofort wieder hungrig werden. Eine Gemeinsamkeit scheint es zu geben, in keiner Küche fehlt Knoblauch.

Im Boot hinter uns schreit eine Katze (eine von dreien), auf dem Boot vor uns (ca. 8 m lang) sind drei Erwachsene und ein Jagdhund. Manche Hunde tragen eine Rettungsweste auf dem Rücken. Mir tun die Tiere leid, von artgerechter Haltung kann auf einem schwankenden Schiff wahrlich keine Rede sein.

Endlich, das Wetter hat sich gebessert. Bis zur Hoek von Holland können wir noch segeln, dann ist der Wind weg und bleibt es bis Blankenberge in Belgien. Das heißt fast 8 Stunden mit Motor fahren, aber wir kommen voran. Den Reisenden freut es, den Segler nicht so sehr. Da es nichts besonderes zu tun gibt, probieren wir unsere tollen Angelgerätschaften aus. Die Wahl fällt auf einen Köder, von dem der Verkäufer sagte, der geht immer. Er vergaß wohl, das den Fischen zu erzählen, der einzige Fang ist Seegras. Vom Fischfang billig leben, daraus wird wohl nichts.
Beim Passieren von Zeebrügge setzt Regen ein, Beate verholt klugerweise ins Schiff und beginnt, noch schlauer, zu kochen. Kurz vor Blankenberge duftet es so toll aus der Kombüse, das der hungrige Skipper spontan beschließt, das Ziel Oostende aufzugeben und nach Blankenberge abzudrehen, ganz im Sinne des Smutje. In der flachen Hafeneinfahrt steht die Tide noch hoch genug, um einzufahren. Der Hafenmeister ist sehr freundlich und

hilfsbereit, wenn nicht das Wetter, so möchte er uns einen netten Empfang bereiten.

Eigentlich sollte unser heutiger Törn nach Dünkirchen in Frankreich führen. Kaum haben wir den Hafen verlassen und Segel gesetzt, setzt starker Regen ein, Wolken auf dem Wasser. Oostende Radio verliest einen Wetterbericht, der mit einer Starkwindwarnung beginnt. Unter Radar segeln wir weiter, leider ist das Gerät keine große Hilfe, das Bild ist durch den starken Regen sehr undeutlich. Zwei Stunden später ist Oostende erreicht, wir nehmen Kurs auf den Hafen und rufen die Port Control in englisch an, sie antworten in flämisch. Für einen internationalen Hafen ist das eine seltsame Reaktion, ohne weiteren Anruf folgen wir einfach den anderen Booten. Später erzählt uns ein lokaler Segler, entgegen den Anweisungen der Revierführer ist es nicht üblich, eine Befahrenserlaubnis einzuholen.

So ganz unsinnig war die kurze Fahrt dann doch nicht, ein holländischer Bootsnachbar gibt uns den Tipp, den englischen Kanal nicht von Calais nach Dover, sondern von Boulogne nach Eastbourne zu queren. Der Grund ist, ungefähr alle sechs Stunden ändert der Strom seine Richtung. Dünkirchen müssten wir mit Mitstrom verlassen, der Gegenstrom wäre zu stark. Leider reicht die Zeit des ablaufenden Wassers nicht aus, um in einer Tide Dover zu erreichen, dazu ist unser Schiff nicht schnell genug. In England würde uns einige Stunden heftiger Gegenstrom erwarten und das in einem Gebiet starken Schiffsverkehrs.
Die Karten sind an Bord, der Vorschlag ist überzeugend, da wir die Ecke um Dover mit der dortigen schwierigen Strömung nicht passieren müssen, prima, bedankt.
Wir sehen uns Oostende an, gehen die lange Uferstraße entlang, an deren Ende eine Pferderennbahn liegt. Praktisch: drei Straßen weiter ist ein Pferdemetzger

Was für ein Törn. Hoch die Tücher und ab geht die Post. Der Einfluss des englischen Kanals auf die Strömung macht sich deutlich bemerkbar, der Strom schiebt kräftig mit. 5 Stunden später stehen wir vor der Hafeneinfahrt Dünkirchen, dürfen aber nicht hinein, die Ampel rot zeigt. Nach passieren der Großschifffahrt leuchtet das grüne Licht, beim Yachtclub „Le Vieux Cormoran“ legen wir an. Vive la France, heute ist französischer Nationalfeiertag. Und endlich scheint die Sonne, es ist sehr warm, so macht der kurze Rundgang durch Dünkirchen Spaß, auch wenn die Stadt keine besonderen Sehenswürdigkeiten hat.

Das Wetter ist einsichtig und unterstützt uns mit gutem Wind und Sonnenschein in der zweiten Woche unseres Segeljahres. Ein Hoch über Skandinavien schloss mit einem weiteren Hoch über Schottland eine windbringende Allianz, herrlicher Nordost der Stärke 4-5, genau was unsere ATHENE mag.

Die Strömung voll nutzend, laufen wir gegen 0645 Uhr aus. Hoch die Segel, Kurs 240 Grad, bereits vier Stunden später liegt Calais backbord querab. Unsere Bahn ziehen wir nun durch das türkisblaue Wasser des englischen Kanals, einem Seegebiet des Atlantiks. In der Ferne sind schemenhaft einige Fähren zu sehen, vereinzelt Frachtschiffe, im Dunst umzeichnen schattenhafte Linien die englische Küste.
An Bord steigt die Stimmung. Der Mitstrom erreicht jetzt seine volle Stärke, die Geschwindigkeit über Grund beträgt 10 Knoten. Das ist wie Autobahn fahren mit Sturm als Rückenwind, es könnte immer so weiter gehen. Von Boulogne sind bereits die ersten Häuser zu sehen, die Hafeneinfahrt kommt in Sichtweite, wird schnell größer, um 1310 Uhr heißt uns der Hafenmeister willkommen. Die Marinagebäude scheinen erst kürzlich errichtet, die Anlage sieht neu aus. Auf den gelungenen Törn genehmigen wir uns ein Bierchen.

Was das Hafenwasser durch seinen sehr strengen „Duft“ bereits andeutete, scheint sich auch auf den ersten Blick zu bestätigen, die Stadt ist laut und schmutzig. Wir gehen in die Altstadt, spazieren auf der Stadtmauer und sehen uns die Kirche Notre Dame an. Der anfängliche Eindruck täuscht, die Stadt gefällt uns sehr gut, sie bietet herrliche Motive für den Fotografen, das französische savoir vivre kommt auch bei uns an. Als sichtbares Zeichen stürmen wir die nächste Bäckerei und kaufen frisches Baguette.

Hier könnten wir einige Tage bleiben, aber das erwähnte Hoch ist stabil, es wäre schade, die Gelegenheit der Ostwinde zu vergeben, die Gelegenheit, gemütlich nach England zu segeln.

England

Einen Bourbon zur Anmeldung – Hektik vor Portsmouth – Traumcrew in Yarmouth – ein englischer Klassiker – die teuerste Marina Englands – Very british

„I think you like a Bourbon or a cup of tea first, before we do the registration", begrüßt uns der Hafenmeister in Brighton. Willkommen in England.

Unsere Fahrt von Boulogne zur britischen Südküste ist anfangs sailing at it´s best. Bei gutem Nordost Wind um 4 Bft. und Sonnenschein rauschen wir gut drei Stunden Richtung West. Aus dem Rauschen wird mit nachlassendem Wind durchs Wasser gleiten und schließlich dümpeln in ruhiger See, der Wind ist weg. Wann bleibt der Wind am liebsten weg? Ein ungeschriebenes Gesetz sagt, am liebsten dann, wenn man ausweichen muss. Bisher sind wir keinem Frachtschiff begegnet, jetzt, da der Wind weg ist, kommen zwei Fahrzeuge genau von backbord querab. Es ist uns zu gewagt, mit wenig Fahrt in einem Verkehrtrennungsgebiet, der Einbahnstraße zur See, zu treiben, die Maschine wird gestartet, das Schiff nimmt wieder Fahrt auf. Die Großschiffe ändern ihren Kurs und weichen uns aus.

Es folgt der zweite Teil der Einbahnstraßen zur See, ein sieben Meilen breiter Fahrweg, die Route von der Nordsee zum Atlantik. Über Funk müssen sich Großschiffe bei der Coastguard Dover melden und Angaben zum letzten Hafen, dem Zielhafen sowie zur Ladung und zur Zahl der Personen an Bord machen. Die Hafenangaben lassen den Schluss zu, hier fährt die halbe Welt vorbei. Auch für uns sind diese Angaben interessant, so wissen wir, aus welcher Richtung ein Fahrzeug zu erwarten ist. Im Moment des Querens der Schiffswege werden nur wenige

Funkgespräche abgewickelt, scheinbar sind wir fast alleine unterwegs.

Segeln und Motorsegeln wechseln sich immer wieder ab. Da es erst 1700 Uhr ist und der Strom noch gut 4 Stunden Richtung Westen läuft, entschließen wir uns, statt nach Eastbourne sofort nach Brighton zu segeln. Auf dem Weg dorthin gibt es für uns ein wichtiges Ereignis, das Überschreiten des Längengrades Null. Die nächsten 12 Monate werden wir uns auf der westlichen Erdhalbkugel bewegen.

Das Boot liegt in Brighton Marina an seinem zugewiesen Platz, Beate möchte die Liegegebühr zahlen, die notwendigen Schlüssel und Zugangskarten im Marinabüro holen. Nach langer Zeit kehrt sie zurück und erzählt von einer abenteuerlichen Tour durch viele verschlossene Tore, wo sie warten musste, bis andere Segler kamen und sie öffneten. Irgendwie ist hier alles umständlich, der Strom funktioniert erst, nach dem der Hafenmeister die Sicherungen einschraubt, die Toilettengebäude sind in äußerst einfachen Baracken untergebracht. Der Schimmel an der Decke feiert seit Wochen eine Hausparty, zu der sich offensichtlich immer mehr Gäste einfinden.
Mit Blick auf die Platzgebühren ist uns nun klar, warum der Hafenmeister vorschlug, zuvor einen Bourbon zu trinken, England ist nicht billig.

Brighton

Sonne, blauer Himmel, so begrüßt uns Brighton am nächsten Morgen. Die Marina liegt am Stadtrand im Osten, ein Weg entlang der Strandpromenade führt in Richtung Zentrum. Der Straßenverkehr irritiert mich, zuerst rechts schauen, dann links.

Fußgänger haben absolut keine Rechte, man lebt hier den Spruch, es gibt zwei Arten von Fußgängern, die Schnellen und die Toten. Entlang der Straße stehen schöne, große Gebäude, Britanniens große Vergangenheit spiegelt sich darin wieder. Die Gegenwart allerdings auch, es wird sehr viel restauriert und es bleibt noch genug zu tun. Handwerker muss ein gutes Geschäft sein, Porsche sieht man häufig.
Rummel am Brighton Pier. Wir gehen darüber, um eine bessere Position zum Fotografieren der Seepromenade zu haben. Der Krach ist nach der Ruhe auf See schrecklich. Bunte Plakate hier, irgendetwas blinkendes dort, laute Musik aus den Lautsprechern. Reizüberflutung pur. Einige Fotos und schnell weg hier.

Schon von weitem fällt ein orientalisch aussehendes Gebäude auf, der Royal Pavillon Garden. Während wir uns langsam gehend umsehen, führt unser Weg an einigen Leuten vorbei, die Handzettel verteilen, Gewerkschaftler. Interessiert nehme ich ein Papier, „Thank you Sir“, ist sein erleichterter Kommentar. Der Zettel ruft zur Unterstützung der Local Government Worker auf. Streikbeginn ist um 1200 Uhr, öffentliche Auseinandersetzungen beginnen vorzugsweise Schlag Mittag. Der Streikgrund: die Worker erhielten 6% mehr Gehalt, während sich die Councils bis zu 60% genehmigten. Es ist wie in Deutschland, denke ich mir, nur die Zahlen scheinen hier höher.
Kurz vor 1200 Uhr geht ein halbes Dutzend Leute, einige Schilder hoch haltend, im Gänsemarsch ruhig hintereinander in den Park. Nicht wie bei uns, mein Gedanke.
Dicht neben dem Pavillon liegt der imposante Brighton Dome. Das Gebäude ist beeindruckend und bedarf einer genaueren Inspektion. „Can I help you, Sir“, fragt uns der Wärter in seiner schmucken Uniform, in einem Ton, der darauf hindeutet, was wollt ihr hier? „The building is open to the public?”, bringe ich irritiert hervor. „No Sir, not today”, ist seine Antwort, das Day klingt in der Aussprache dem australischem Day überraschend

ähnlich. So gehen wir und zitieren den Wärter noch einige Male zum Spaß.

Unser Weg führt uns in die Shoppingmeile und wie von einem Magneten angezogen, stehen wir bald vor einem Internet Cafe. Der Magnet heißt Internet, einige Eingaben und Mausklicks und wir sind wieder up to date. Mag man über die Computerisierung schimpfen, für uns ist diese Erfindung eine enorme Erleichterung, wir sind von zu Hause weg und können dennoch mit Freunden auf einfache Art in Verbindung stehen oder Bankgeschäfte durchführen.

Da Seglerfüße nicht zum Umherlaufen geeignet sind, gehen wir zurück zur Marina, schauen jedoch zuvor in einen Supermarkt, der auf dem Weg liegt, vorbei, um Vorräte zu ergänzen.
„Had a nice day?" fragt die Kassiererin. Wir dachten immer, Englisch wenigstens etwas zu verstehen, die Sprache hier ist uns völlig unbekannt. Dennoch haben wir eine Idee, was sie gesagt haben könnte, ähnliches fragte sie die Dame, die vor uns an der Kasse stand. Beate antwortet, aber es scheint sie nicht zu interessieren.
Am Tag zuvor, von Beachy Head Richtung Brighton segelnd, sahen wir kurz vor dem Hafen, auf einer Anhöhe, ein schlossähnliches Gebäude. So stellen wir uns die Schule des Zauberlehrlings Harry Potter vor.
Das eingezäunte Anwesen ist von grünen Wiesen umgeben und grenzt mit steilen Klippen zur Seeseite. Der Zugang erfolgt durch ein großes Eingangstor, das offen steht. Auf dem Gelände machen wir einige Fotos, schauen uns um, bis ein Kleinlastwagen auf uns zukommt und anhält. Der Fahrer, der komischerweise auf der falschen Seite sitzt, ich kann mich noch immer nicht daran gewöhnen, fragt uns, was wir hier wollen. Bilder machen, ist unsere Antwort. „This is a girls school, private property, no access to the public. Please leave for security reasons." Das

Gelände verlassen wir sofort und werden auch kein Privatgrundstück mehr betreten, mag es noch so öffentlich aussehen.
Security. Das scheint hier ein wichtiges Thema oder Bedürfnis zu sein. Viele Autos sind mit einer zusätzlichen Sicherung am Lenkrad ausgerüstet, an fast jedem Haus befindet sich eine Alarmanlage, oder es gibt Schilder mit der Aufschrift: This is a neighbourhood watch area. Auch die Marina ist mit etlichen Toren und Infrarotkameras ausgestattet.
Unsere Füße drängen uns, lieber zu segeln, als zu laufen. Wir geben nach und gehen zurück zur Marina.

Wind S-SE 4, Kurs 260 Grad, Brighton verschwindet im Dunst achteraus. Unter Großsegel und zusammengefaltetem Booster, der jetzt als große Genua dient, laufen wir 5,5 – 6 Knoten.
Robert, unser Autopilot, hat offensichtlich nicht viel zu tun, ab und zu ein bsssss, bssssss Geräusch. Das Segeln ist hier genauso „anstrengend“ wie auf dem Ijsselmeer bei schönem Wetter, na ja, besser. Wir nutzen die Zeit zum Schreiben, Faulenzen, Saxofon spielen (die Crew hört derweil vom anderen Ende des Schiffes zu), essen und trinken.
Nur der UKW Funk stört ab und zu die Ruhe: „Dover Coast Guard, this is vessel SEASTAR, over“. Die Coast Guard antwortet: „What was your last port of call and is your next port of call, Sir?“ „Last port was Stavanger, Norway, next port ist Genoa, Italy.“ „What is your draft, Sir?“ „My draft ist 14.2 m.“ „How many persons on board, Sir?“ „23, including myself.“ „What is your cargo?“ „14444 Megatons crude oil.“ „Thank you very much Sir, have a nice trip to Italy.“
Bisher bester Spruch: „Solent Radio, Solent Radio. Station calling hello, hello. This is Solent Radio.” Solent Radio hat offensichtlich Humor.
Es geht zügig voran, nur das Flach „The Looe“ mit der engen Passage „Street Boulder“ erfordert navigatorisch Aufmerksamkeit. Der Gegenstrom beträgt 1,7 Knoten, obwohl wir berechnet

hatten, bei Stillstand darüber hinwegzusegeln. Nochmaliges Nachrechnen bringt das gleiche Ergebnis. Nun, jetzt ist es egal, wir sind hier und kommen bei ruhiger See auch gut durch. Kurz nach der Passage liegt Kurs Portsmouth an. In die gleiche Richtung läuft an Backbord ein Containerschiff der Hapag Lloyd. Es ist faszinierend zu sehen, welch große Schiffe der Mensch mit Hirn und Muskeln bauen kann.
Leider kommt die Fähigkeit, Hirn zu nutzen, bei uns dicht vor Portsmouth zu kurz. Wie kann man sich auf einem Boot unnötigen Stress machen? Indem man glaubt, mit Booster in unbekannten Gewässern bis vor den Hafen segeln zu müssen.
Durch Kursänderung hatten wir Wind von achtern und um besser voranzukommen, verdoppelten wir die Segelfläche, indem wir den Booster „aufklappten“, 55 m^2 an Backbord, 55 m^2 an Steuerbord. Das Segel wird über einen Schlauch geborgen, den man beim Segelsetzen hochzieht und beim Bergen einfach von oben nach unten wieder über das Segel zieht. Es hängt dann im Vorschiff eine Art lange Wurst von der Mastspitze bis zum Deck, die man verstaut. Ganz einfach, wenn alles funktioniert ...
Das Segel haben wir bestimmt ein Jahr nicht benutzt und offensichtlich waren einige Leinen unklar, was nicht zu sehen war. Der Schlauch lässt sich nur bis zu einem Drittel über das Segel ziehen, das restliche Tuch schlägt im Wind. So etwas passiert, wenn ein halbes Dutzend Segelboote auf Gegenkurs sind, eine Fähre ausläuft und eine Kursänderung in ein anderes Fahrwasser erforderlich ist, sonst sitzt man auf Grund. In meiner Not öffne ich die vordere Luke und stopfe das Segel, soweit es geht, hinein, Beate versucht derweil, Booten auszuweichen und das Boosterfall (eine Leine) zu fieren. Das Segel flattert, Leinen schlagen, ich passe einerseits auf, nicht von einer Leine über Bord gezogen zu werden und achte darauf, dass andererseits keine Leine über Bord geht, sie könnte sonst in den Propeller kommen. Ein Teil des Segels fällt ins Wasser, ein Engländer weicht uns mit seiner Kieljolle aus, unser Trouble ist offen-

sichtlich. Es folgen noch einige brummende Worte zwischen Crew und Skip und umgekehrt und wir sind im Hafenbereich, links Gosport, rechts Portsmouth.
Auf der Gosportseite gehen wir bei Camper & Nicholson an den Steg, die Anlage sieht schön aus, Beate zahlt mit ihrem guten Namen.

Portsmouth

Mit der Fähre verholen wir am nächsten Tag nach Portsmouth, wo eine kleine Besichtigungstour im Hafenbereich der Marine folgt. Dort liegt unter anderem die HMS Warrior, die als das schnellste und stärkste Kampfschiff ihrer Zeit galt, weiter weg moderne Zerstörer. Wir interessieren uns mehr für die City und gehen in den Innenstadtbereich.

Der Weg dorthin führt an der Lord Nelson Kaserne mit dem tollen Eingangsbereich vorbei, zum Victoria Garden und schließlich zur Guildhall. Das Gebäude sieht einfach toll aus.
Das haben sich wahrscheinlich auch Studenten der Universität gesagt und ihre Abschlussfeier (Graduation Ceremonies) dorthin verlegt, sie tragen schwarze eckige Hüte. Manche Studenten könnten auf den ersten Blick in unserem Alter sein.
An der Kathedrale von Portsmouth sagt Beate: „Lass uns dort hineingehen, ich möchte die Kirche gerne von innen sehen." Wir gehen hinein und sehen uns um, versuchen uns zu orientieren. Eine Dame, die ehrenamtlich in der Kirche arbeitet, sieht unsere suchenden Blicke, kommt auf uns zu und bietet an, uns die Kathedrale zu zeigen, ihr Name ist Joan Benning. Ohne unsere Antwort abzuwarten, legt sie gleich los, Bau der Kirche im 12. Jahrhundert, diverse Erweiterungen, Bürgerkrieg und schließlich die Verstorbenen, die in der Kirche beerdigt wurden (sie sind mittlerweile verlegt worden, weil es der Statik des Gebäudes nicht zuträglich war, Joan schmunzelt).

Sie sieht unsere verwirrten Gesichter angesichts der Fülle von Daten und lässt uns in Ruhe die Kathedrale besichtigen. In einer Ecke steht ein Priester und hält eine Messe für eine Person, die ihm direkt gegenübersitzt. Das macht mich neugierig, wir fragen Joan, ob es sich bei dem „Service“ um eine private Messe handelt. Sichtlich erfreut über unser Interesse sagt sie: „Nein, es ist 1200 Uhr und dann gibt es einen Service, egal, ob jemand da ist oder nicht. Manchmal steht er alleine da und hält eine Messe, die Leute haben nicht viel Interesse, in die Kirche zu kommen, sie vergnügen sich lieber, aber am Wochenende ist es besser.“ Während der Messe gehen noch andere Touristen in der Kirche herum, aber niemand scheint sich gestört zu fühlen.
Die Geschichte von Henry VIII, der vor Portsmouth in einer Schlacht sein Lieblingsschiff Mary Rose verlor, hören wir mit Interesse. Joan dazu: „Anfang der 80er Jahre hat man die Mary Rose geborgen und die Reste ins Museum gebracht. Das Schiff sank, weil man es für die Schlacht mit Mannschaft und Waffen überladen hatte. Daher war die Mary Rose nach der Bergung noch gut erhalten. Man fand außerdem die Knochen eines Crewmitgliedes, dessen Skelett noch vollständig aussah.“ Und weiter: „After they thought we have collected enough bones they buried him in the Cathedral on July 19th 1984.“ Mir gefällt diese Art von Humor.

Joan geht mit uns zur Kanonenkugel, die in einem Bürgerkrieg zwischen Gosport (Parlamentarier) und Portsmouth (Royalisten) die Kathedrale traf. Wir werden nicht entlassen, bevor wir die Kugel in der Hand halten, um ihr zu bestätigen, dass es sich um ein wirklich schweres Stück handelt (8,2 Kg).
Portsmouth ist auch die Geburtsstadt von Peter Sellers, ein Schild an einem kleinen blauen Eckhaus, in dem sich jetzt ein chinesisches Restaurant ist, erinnert an ihn. Spielte nicht Peter Sellers in einem Film einen Chinesen?

Auf dem Rückweg zum Schiff müssen wir unbedingt Fish und Chips probieren. In Holland nennt man es *gebakken Vis*, das ist der Unterschied.

Die Vorschot ist auf Kammerton A gestimmt, Wind aus NW, mit dichtgeholter Schot durchsegeln wir heute den Solent Richtung Yarmouth. Im Norden der Isle of Wight liegt Cowes, DAS Segelzentrum in England, man sieht es sofort, mit uns kreuzen einige Dutzend Yachten. Sportlich wie die Engländer gehen auch wir hoch an den Wind und können gut mit den anderen Yachten mithalten, trotz des hohen Gewichtes von ATHENE. Vor Cowes weht der Wind mit der „Stärke" 5-7 Knoten, für unser Schiff nur ein Lüftchen, so bleibt uns leider nichts anderes übrig, als den Dieselmotor zu starten. Die Strömung im Solent ist mitunter recht heftig, zur Zeit läuft Mitstrom, aber wenn wir zuviel Zeit verlieren, bekommen wir vor Yarmouth, am Ende des Solent, Probleme mit Gegenstrom. Nach 15 Minuten motoren ist Cowes passiert und der Wind wieder da, diesmal aus SW, somit folgt er in etwa dem Verlauf des Solent. Die Hafeneinfahrt in Yarmouth erreichen wir bei Ebbe, wer den Mitstrom weitgehend nutzen möchte, läuft leider bei Niedrigwasser ein. Vorsichtig tasten wir uns in den Hafen, ein Auge ständig auf dem Echolot, meistens sind 1,5m Wasser unter dem Kiel. Der Hafenmeister sitzt in einem Schlauchboot und weist von dort den Yachten einen Platz zu. Jetzt ist unser Schiff dran. "Length 38 ft., draft 2m." Mit der Angabe zum Tiefgang schummeln wir gerne ein wenig, es ist sicherer. „Pile D 4-5", ist seine Antwort. Langsam bewegen wir uns auf die Dalbenreihe zu, schauen suchend umher. Unser zögerliches Fahren fällt sofort einem Berthing Master auf, er kommt mit seinem Schlauchboot heran und fragt nach der Dalben Nummer. „Follow me", ruft er und braust los. Am Dalben gibt es eine kleine Debatte mit einem dort liegenden Engländer, der gleich losfahren will. Für uns ist die hiesige Anlegeart ungewöhnlich. Das Schiff ist zwischen zwei Pfähle zu manövrieren, je eine Leine verbindet dann Bug und Heck mit dem Dalben. Da sich der Liegeplatz mitten im Hafen befindet, ist ein Landgang nur mit Schlauchboot oder Wassertaxi möglich. Im zweiten Anlauf gelingt das Anlegen, der Berthing Master bringt die Leinen aus, so brauchen wir uns nicht mehr darum bemühen.

Yarmouth

Das Schlauchboot wird aufgepumpt und erhält seinen Namenszug, *Tender To Athene Makkum*, jetzt ist es mitversichert. Nach der weniger guten Erfahrung mit dem Außenborder nutzen wir heute einen klassischen Antrieb, Muskeln und Riemen.

Vor Reiseantritt kauften wir zur einfacheren Handhabung ein kleineres Beiboot mit einem leichten Außenborder. In Holland probierten wir die Neuerwerbung an einem schönen Nachmittag aus. Ruckzuck war das Boot aufgeblasen und der Motor montiert. Im Schlauchboot sitzend zog ich einige Male den Starterzug, der Motor sprang an und drehte allmählich hoch. Irgendwie kam der Vorwärtsgang rein und meine Odyssee begann.
Das Schlauchboot schob sich ein Stück nach vorne, ging dann hoch, weil es vorne hoch am Dalben festgebunden war, außerdem war die Gewichtsverteilung ungünstig, da ich hinten saß. Mit dem neuen Motor nicht vertraut, gab ich wahrscheinlich noch mehr Gas, den Gang bekam ich in der Hektik nicht heraus. Es ging dann ziemlich schnell, der Motor zog das Heck immer tiefer herunter und plötzlich sah ich nur noch hellgrünes Wasser vor meinen Augen. Ich hatte nur einen Gedanken, weg hier, nur nicht in den Propeller kommen. Dass das Wasser eine Temperatur von 11 Grad hatte, nahm ich überhaupt nicht wahr. Ich machte einige kräftige Züge unter Wasser und tauchte in der leeren Nachbarbox wieder auf. Von dort sah ich ein ziemlich seltsames Bild: Ein Schlauchboot senkrecht am Dalben stehend, mit dem Bug nach oben.

Das Heck stand auf dem Außenbordmotor, der quer auf der Wasseroberfläche lag. Mir ist zum Glück nichts passiert, vermutlich war der Motor bereits aus, als ich ins Wasser fiel. Beate schaute ziemlich irritiert auf das senkrecht stehende Beiboot, es ging alles so schnell, auch sie konnte es kaum fassen. Wir drehten das Schlauchboot um, bauten den Motor ab und trockneten ihn. In der Maschine war kaum Wasser, dennoch wurde sie vorsorglich mit Sprühöl als Korrosionsschutz behandelt. Damit war meine Schlauchbootfahrt beendet. Und unsere Nachbarn hatten endlich mal ein richtiges Spektakel.

Heute wird gepaddelt, die Ausrüstung in einer wasserdichten Tasche, legen wir los bis zum Dingidock, Landfall in Yarmouth. Ortsbesichtigung. Drei Straßen nach Nord, eine nach Westen und wir kennen den Ort. Es folgt eine weitere Tour, diesmal langsamer. Beate ersteht einen Sonnenhut und für uns beide Eiscreme, es ist sehr warm.

Dem Coastal Path folgend, marschieren wir in Richtung *The Needles,* dem berühmt berüchtigten westlichen Ende der Isle of Wight, wo schon manches Schiff gesunken ist. Es ist ein schöner Spaziergang durch Wälder und Wiesen, für die Augen und die Nase eine willkommene Abwechslung zur See. Mit einigen Fotos der Felsen kehren wir zum Schiff zurück, auch an ATHENE hat ein Schiff angelegt, WHITE LEOPARD, jetzt liegen 6 Boote an zwei Dalben.

Aus den gemeldeten Gewittern in der Nacht wurde nichts, dennoch ist es merklich kühler. Wir frühstücken im Cockpit, ganz langsam erwacht die Bootsgemeinde. Die ersten Wassertaxis rauschen vorbei. Auf WHITE LEOPARD sind überraschenderweise sechs Personen, die Leute waren weder zu hören noch zu sehen, nur der Skipper kam sporadisch an Deck. Engländer scheinen sehr zurückhaltend zu sein, sie grüßen wenig. Unser Nachbarschiff hat aus meiner Sicht eine Traumcrew, zwei Männer und vier Frauen, die sich gerade mit den Vorbereitungen

zum Ablegen beschäftigt. Mein Eindruck, der Skipper ist clever. Zuerst platziert er den zweiten Mann weg von den Frauen, an der unwichtigen Bugleine, keine Chance zum Punkten. Die schönste der Damen legt die Achterspring zurecht, glücklicherweise vor meinen Augen. Die anderen drei Damen sitzen rechts neben dem Captain, der nun am Ruder steht. Der Skipper, ein Mann mit weißgrauem Vollbart (deshalb WHITE LEOPARD?), fährt rückwärts in die Spring, der Bug kommt frei, die Hübsche gibt die Leine los, gekonnt legt das Schiff ab. Es folgt von beiden ein kleiner britischer Temperamentausbruch, sie grinsen und winken uns zu, „Bye“.
Jetzt wollen wir ablegen und überlegen das gleiche Manöver wie WHITE LEOPARD, da kommt zufällig ein Berthing Master vorbei. Ich winke ihn heran, und bitte ihn, unseren Bug ein Stück gegen den Wind wegzuziehen, damit wir einfacher freikommen. Für ihn ist das eine Selbstverständlichkeit. Er gibt Beate eine Leine, die sie an unserem Bug belegen soll, dann zieht er mit dem Schlauchboot unser Schiff seitlich weg. Selten sind wir vor den sehr genau beobachtenden Augen anderer Segler so einfach bei Seitenwind losgefahren.
Wind und Strom lassen uns mit 10 Knoten an den Needles vorbei laufen, es hat sich gelohnt, den Solent zu durchfahren.

Weymouth

Eingabe der Zielkoordinaten, Autopilot eingeschaltet, Segel getrimmt, fertig. ATHENE läuft von selbst. Gegen Mittag das übliche Motoren, dann dreht der Wind, schließlich segeln wir bis Weymouth. Kurzes umschauen im Hafen, die Marina ist überbelegt, eine britische Crew winkt uns an ihr Schiff heran, die beiden Herren sind ungewöhnlich redselig. Ortsbesichtigung einschließlich Strandpromenade. Dort zählen wir 4 *Amusements*, Spielsäle, in denen es bunt flimmert und dröhnt. In vielen Pubs sind Plakate im Fenster mit Auf-schriften, wie zum Beispiel:

„Today Quiz, 9 pm." Sagt man den Deutschen nach, sie verfeinern ihre Bildung durch amerikanische Spielfilme, so tun es die Briten offensichtlich beim Amüsement.

Heutiges Tagesziel ist der letzte lange Segelweg an der englischen Küste Richtung Westen, 50 sm. Gegenüber unserem Liegeplatz befindet sich eine leicht zu erreichende Tankstelle, die Gelegenheit nutzend wird voll getankt. Schneller als erwartet füllt sich der Tank, plötzlich spritzt es, Diesel ist schon auf dem Weg Richtung Wasser, wir können das Debakel noch rechtzeitig mit Papiertüchern verhindern.
Das Kap Bill of Portland passieren wir in respektvollem Abstand, die Strömung läuft hier bis zu 7 Kn und kann eine chaotische See bilden. Ein Revierführer schreibt, bereits bei mäßigem Wind gegen Strom kann eine zu dichte Passage sehr gefährlich werden. ATHENE wird durchgeschüttelt, der Kamera gefällt es auch nicht, Fehlfunktion.
Leider müssen wir gegen den leichten Westwind unter Motor fahren, laut 5-Tage-Vorhersage des Wetterberichts ist heute die beste Gelegenheit nach Westen zu kommen, die nächsten Tage haben deutlich stärkeren Wind aus dieser Richtung im Gepäck. Gegen Nachmittag nimmt der Wind an Stärke zu, unter Motor gegen die höherwerdenden Wellen zu fahren wird schwieriger. Aber zum Glück ist weitere Motorfahrt nicht mehr nötig, der Wind ist nicht nur stark genug, noch besser, er drehte zu unseren Gunsten nach Süd, der Kurs nach Brixham ist mit einem Anlieger segelbar.
Gegen Abend legen wir an einem einfachen Betonsteg an, später kommen weitere Boote, zwei machen an uns fest. Diese Marina ist kein Traum, Schiffe liegen im Päckchen, es ist kein Wasser und Strom vorhanden, aber die Gebühren betragen 22 Pfund.
Brixham

Der nächste Tag beginnt mit einem englischem Klassiker, Nieselregen. Der erste Regen seit unserer Ankunft in England, der Wind bläst wie vorhergesagt aus West mit 5-6 Bft., die Entscheidung für einen Hafentag fällt unter diesem Bedingungen nicht schwer.

Ein kleines Spektakel gibt es abends im Hafen. Ein Schwarm kleiner Fische, vermutlich Meeräschen, ist ins Hafenbecken geschwommen, das Wasser sieht aus, als würde es kochen. Möwen machen sich mit viel Geschrei über die einfache Beute her.

Dartmouth

Eigentlich lohnt es nicht, die Segel zu setzen, so kurz ist der Weg nach Dartmouth. In der Mündung des River Dart empfängt uns eine großartige Kulisse bei super Wetter, die Kamera ist auch guter Stimmung und funktioniert wieder. Der Fluss Dart ist nach beiden Seiten durch begrünte Berghänge begrenzt, rechter Hand leuchtet ein auf einem Berg gelegenes Weizenfeld goldgelb in der Nachmittagssonne, links die hellen Häuser der Stadt. Blau, weiß, grün und gelb sind die bestimmenden Farben an diesem Tag in Dartmouth.
Die Suche nach einem Liegplatz gestaltet sich schwierig. Ankern, Boje oder Marina, das ist jetzt die Frage. Und vor allem, wo ist noch ein Platz frei? Viele Dutzend Schiffe liegen zwischen zwei Bojen vertäut, einige vor Anker. Schließlich legen wir in der Dart Marina an, wieder einmal an einem anderen Boot. Die große Überraschung folgt beim Zahlen der Platzgebühr, für unser Schiff sind 37,80 Pfund fällig, rund 60 €. Dartmouth ist die teuerste Marina Englands, ein Diener ist nicht zu sehen, die Leinen müssen wir selbst anbringen. Wir sind ein wenig ungehalten angesichts der hohen Gebühr, aber aus Mangel an Alternativen und fortgeschrittener Tageszeit bleiben wir.

Direkt an der Marina versieht eine alte Kabelfähre, die durch Schaufelräder angetrieben wird, ihren Dienst. Auf der anderen Uferseite fährt eine Dampflokomotive, die durch ihr Pfeifen auf sich aufmerksam macht. Unser Rundgang führt auf eine Anhöhe, von wo man den Ort gut übersehen kann. In der Mündung besichtigen wir Fort Alice, es stammt aus dem 14. Jahrhundert. In Verbindung mit dem im Ort liegenden Bayard's Cove Fort, erbaut 1534, bildeten beide Forts ein Verteidigungssystem.

Zurück in der Marina nutzen wir die Hotel ähnlichen Badezimmer, die hier wirklich toll sind. Auch mit unseren englischen Bootsnachbarn kommen wir ins Gespräch, eine Familie mit 4 Söhnen. Die Leute sind sehr nett und erklären uns gerne einige englische Ausdrücke von Schiffsteilen, sowie diverse Aussprachen. Sie geben uns ein Heft (The Competent Crew), in dem alle wichtigen Teile eines Schiffes in englisch beschrieben sind. Bedingung: Eine Postkarte aus La Coruna und kurze Beschreibung der Fahrt.

Der Tag beginnt mit Nieselregen und sehr mäßiger Sicht, die sich gegen Mittag weiter verschlechtert, dennoch, die Marina Dartmouth ist für unser Budget ein Alptraum, der Preis treibt. In der engen Flussmündung des Dart liegt alles jenseits der 50 m Grenze im Dunst, es ist gespenstisch. Mit Radarhilfe, das unter diesen Bedingungen hervorragend arbeitet, sind auf Anhieb alle Tonnen auf dem Bildschirm zu sehen, wo sie sein sollen. Hurra, wir wissen, wo wir sind. Beate steuert und hält gut Ausschau, wenn ich ihr sage, auf welcher Seite ein Fahrzeug vorbei kommt, meistens sind es Segelboote. Kurz nach Verlassen der Mündung lichtet sich der Nebel, die Sonne scheint. Es ist ein lokales Nebelfeld, das sich bereits eine halbe Meile seewärts auflöst.

Von der Fahrt bis Plymouth gibt es nicht viel zu berichten, auch unser Fischfang ist bisher ausgeblieben, trotz geringer Geschwindigkeit und diverser Köder.
In Plymouth fahren wir langsam durch den großen Hafenbereich, lassen die schöne Kulisse des Naturhafens auf uns einwirken. Mehrere Marinas sind hier angesiedelt, nach und nach steuern wir sie an, entscheiden uns letztendlich für eine Ankerbucht, wo der Haken gegen Abend fällt. Mit uns liegen zwei weitere Boote hier. Es ist ein schöner, geschützter Platz, der direkt vor einem Wald liegt.

Hier werden wir einen Tag vor Anker verbringen und unser Schiff auf die bevorstehende Biskaya Überquerung vorzubereiten. Es ist wieder an der Zeit, einigen Roststellen Einhalt zu gebieten, die Sprayhood muss verstärkt und nachgenäht, die Segel und die Maschine durchgesehen werden. Und so was dauert...

Plymouth

Am Nachmittag wird mutig das Schlauchboot ausgepackt und der Außenbordmotor angeschraubt. Der damalige Sturz ins Wasser bekam dem Motor nicht so gut, zunächst lässt er sich nicht durchziehen, dann springt er nur schwer an. Am Ende funktioniert alles zur Zufriedenheit und wir unternehmen einen kleinen Ausflug durch den westlichen Hafenteil. Plymouth ist der größte englische Marinehafen, aber hier herrscht ausgesprochen wenig Betrieb. Zwei Fregatten laufen aus, daneben zweimal täglich eine Fähre und einige Ausflugsboote, Harbour-Tour.

Am nächsten Morgen geht der Anker auf, wir verholen in die nahe gelegene Marina Mayflower, die vor schöner Kulisse liegt und *very british* ist.
Der Hafenmeister, er trägt eine dunkelblaue Hose und Pullover, darunter ein hellblaues Hemd mit Krawatte, erkundigt sich, ob

alles zu unserer Zufriedenheit ist. Er ist der erste Hafenmeister mit Krawatte, dem wir begegnen. Seine Boys laufen ebenfalls in der Farbkombination herum, allerdings ohne Krawatte, Rangordnung muss sein. Alle sind sehr freundlich und hilfsbereit. Ein großer Vorteil einer Marina ist, dass alle Versorgungsmöglichkeiten vorhanden sind. Die Batterien können wieder nachgeladen, die Wassertanks aufgefüllt und das gesamte Schiff mit dem Schlauch abgesprüht werden, in den vergangen Tagen hat sich eine dickere Salzschicht über das Boot gelegt.

Am Nachmittag legt hinter uns eine Rennziege an. Die Jungs tragen blaues Hemd, helle Hose und die in den Regattakreisen obligatorische Sonnenbrille. Gleichzeitig steuert vor uns eine englische Familie mit ihrem Sohn ihren Liegeplatz an. Der Vater trägt, erraten, blau auf weiß, die Mutter umgekehrt. Anstatt beim Anlegen zu helfen, schaut der Sohn auf die Rennziege. „William", ermahnt ihn die Mutter, in einer Art, wie man es wahrscheinlich nur in England hören kann und schon erinnert sich der Sohn an seine Pflichten.

Die Stadt Plymouth ist kontrastreich. Im Citybereich, wo Geschäfte und Touristen sind, ist alles sehr schön und sauber, die Gebäude gut erhalten. Weiter vom Zentrum entfernt stehen viele verfallene Häuser, Geschäfte, deren Fenster mit Brettern zugenagelt sind. In der Fußgängerzone sehen wir uns das Rathaus und eine gewaltige Kathedrale an. Viele Menschen sind auf den Straßen und Plätzen unterwegs. Auf dem Rückweg zur Marina passieren wir einige Lokalitäten zweifelhafter Art, es ist bestimmt keine gute Idee, in der Nacht hier herzugehen. Typisch deutsch, wir kommen an einem ALDI vorbei. Nein. Nicht vorbei, es ist die Gelegenheit zum Aufstocken unserer Vorräte.

Nach vier Tagen Aufenthalt wird es wieder Zeit, die Leinen loszuwerfen. Die Fahrt verläuft nach bekanntem Muster; Sonne, dichter Nebel, Wind, kein Wind. Schließlich erreichen wir nach 20 sm Fowey in der Grafschaft Cornwall. Schon von See aus gefällt uns diese Küste sehr gut.

Fowey

Ähnlich wie Yarmouth legt man hier mit Bug und Heck zwischen zwei Tonnen an, der Hafenmeister übernimmt von seinem Boot aus das Festmachen der Leinen. Das Schlauchboot geht zu Wasser, Motor angeschraubt und los. Wir machen am Dingidock fest und besuchen die Stadt.

Enge Gassen winden sich durch den kleinen Ort, enorm viele Touristen wälzen sich durch die Straßen, es ist ein wahrer Hindernislauf, wenn man von einem Ende zum anderen gehen möchte, aber der Ort ist schön. Heute, an Beates Namenstag (ein Anlass ist schnell gefunden), steht ein Pub Besuch auf dem Programm, wo wir englisches Bier, Cornish und Bass probieren, es ist ein wenig gewöhnungsbedürftig, aber gut. Zum Schiff zurück geht es natürlich wieder mit dem Beiboot. Kneipenbummel mit Schlauchboot, „das hat was“.

Die bevorstehende Wetterverschlechterung lässt uns heute nach Falmouth segeln, wenn schon eingeweht, dann besser dort, die Versorgungsmöglichkeiten sind in Falmouth am besten. Mit dem Mittagshochwasser laufen wir aus, traumhaftes Segeln, Wind 4-5 Bft., unser Athenchen läuft Höchstgeschwindigkeit, entsprechend schnell ist Falmouth erreicht, wo an einer Boje festgemacht wird. Hier werden wir bleiben und warten, bis das Wetter eine einigermaßen gute Überquerung der Biscaya zulässt.

Falmouth

An Bord besteht die Möglichkeit, Wetterberichte und Karten aus Deutschland und zusätzlich Wetterkarten aus England zu empfangen. Die Vorhersagen beider Stationen differieren gelegentlich, zur Zeit sind sie identisch, starker Wind für die kommenden Tage. Das Schwierige ist, wir benötigen zur Biscaya Überquerung eine Prognose für mindestens 3 Tage, der Wetterdienst hingegen gibt Vorhersagen in Textform bis maximal 48 Stunden. Über diesen Zeitraum hinaus ist es erforderlich, die entsprechenden Wetterkarten selbst zu interpretieren, mit dem Risiko der Fehleinschätzung.

Dass das Seegebiet Biskaya nicht ohne Gefahr ist, zeigt die folgende Meldung, uns über Navtex (Nautischer Informationsdienst, der über Funk ausgestrahlt wird) erreicht:
„Nordwestküste Spanien und Golf von Biscaya. Überfällige Segelyacht. Information erbeten über Segelfahrzeug HAKUNA MATATA. Verließ am 9. Juli Ponta Delgada auf den Azoren, wurde zum 22. Juli in Arzal, Frankreich, erwartet. 11,80 m Länge, blauer Stahlrumpf, weiße Segel, 2 Personen an Bord."
So eine Meldung stimmt schon nachdenklich, hat man erst mal die Leinen losgeworfen, muss man die Dinge nehmen, wie sie kommen, es hilft dann nur noch, das Beste aus der Situation zu machen. Es ist Herausforderung und Bedrohung zugleich.

Heute ist der 01.08.02, dem Jahresurlaub im Juli schließt sich jetzt der offizielle Beginn unseres Sabbatjahres an. Die Bilanz nach einem Monat reisen fällt sehr erfreulich aus, wir haben uns sehr gut eingelebt und genießen es, ohne engen Zeitplan segeln zu können. Soeben kommen die neuesten Wetterkarten, vielleicht wird das Wetter zum Wochenende besser.

2

3

4

5

7

8

1 Very british - vor Anker in Plymouth
2 Very delicious - die Kochkünste des Smutje
3 Porto - Die Stadt ist Namensgeberin von Portugal
4 Portugal-Kap Sao Vincente
5 Wunderschönes Galicien - Die Isla Cies
6 Unter Booster Richtung Süden
7 Hurra, die Biskaya ist überquert
8 Blick von der Festung in Bayona auf Marina und Ankerplätze

Wir halten uns im Cockpit auf, als jemand mit dem Schlauchboot unser Schiff ansteuert: „Hallo, ich heiße Peter und bin gestern von den Azoren hierher gekommen. Wollte euch fragen, ob es hier immer so teuer ist?“ Die Frage müssen wir leider bejahen.
Peter arbeitete als Volkswirt, baute sich ein Schiff und sparte Geld für die Reise. Vor 8 Jahren kündigte er seinen Job und umsegelte in dieser Zeit die Welt. Er lebte lange in Australien, Südafrika und Französisch Polynesien. In Rio de Janeiro, Brasilien, versuchte jemand, ihm eine Fotokamera zu stehlen, der einzige Vorfall während der gesamten Zeit. Wir sprechen auch von unserem Sabbatjahr, nach Peters Maßstab eher ein Kurzurlaub.
Er findet es toll, dass wir uns Zeit lassen und nicht an allem vorbeisegeln. La Coruna sei eine seiner Lieblingsstädte. Zur Biscaya sagt er: „Wartet auf einen guten Wind zum Start und macht West, dann müsst ihr das Wetter nehmen, wie es kommt. Macht euch keinen Stress, auf einen Tag mehr oder weniger kommt es nicht an.“ Wir beneiden ihn, noch können wir nicht so denken. Noch nie sind wir während einer Nacht gesegelt. Zweifel steigen in uns auf, ist die Biscaya wirklich der Platz für die ersten Nachtfahrten?

Durch Falmouth zieht sich eine hektische Tourismusmeile, durch die zu allem Überfluss auch noch Autos fahren, nichts für uns. Angenehmer ist der Besuch des Pendennis Castle, außerhalb der Stadt, das wir schon beim Ansteuern des Hafens sahen.

Tags darauf verholen wir zu einem Bunkerschiff und ergänzen noch mal unsere Dieselvorräte. Eigentlich ist es nicht notwendig, aber beruhigend zu wissen, dass der Tank randvoll ist. Am Nachmittag führt uns eine Zugfahrt ins benachbarte Truro, ein schöner Ort mit einer imposanten Kathedrale und einem hübschen Park, der, wie so oft in England, den Namen Victoria Park trägt.

Die Wetterbesserung kommt, der Überquerung der Biskaya steht nichts mehr im Wege.
In England verlebten wir eine sehr schöne, kurzweilige Zeit und hatten Glück mit den Wetter. Der Aufenthalt hat uns viel Spaß gemacht, auch sind wir der englischen Sprache wieder ein kleines Stück näher gerückt. Die Engländer empfanden wir immer als sehr freundlich und wenn man nicht gerade von EU oder Euro spricht, auch als ganz locker. Wir freuen uns jetzt schon, auf dem Rückweg in einem Jahr wieder die Insel zu besuchen. Das Leben hier ist leider nicht preiswert, vor allem die Liegeplätze kosten weit mehr als das Doppelte im Vergleich zu Holland.
Auf die Kosten angesprochen, können wir fragen, wie kommt man in England an ein kleines Vermögen? Antwort, in dem man ein großes mitbringt. Ein Engländer würde auf die Frage der Kosten vielleicht sagen: „I think you should have a Bourbon first." „Essienie", wie man in England ATHENE ausspricht, verabschiedet sich von Großbritannien, vor ihr liegen jetzt ca. 440 sm offener Atlantik.

Biscaya

Traumhaft – gespenstig – stressig - Hurra, Spanien

1. Seetag

Die Wetterberichte sprechen von NW 4-5 für Samstag und W – NW 3-4 für die darauffolgenden Tage. Mit Kurs Südwest segelnd eine gute Basis, die Biscaya zu überqueren. Das Schiff wird auf die mehrtägige Fahrt vorbereitet. Auf See werden wir die Koje mittschiffs im Salon nutzen, ein relativ enger Schlafplatz, der vermeidet, dass man bei Seegang hin und her geworfen wird. Dort sind die Schiffsbewegungen kaum noch zu spüren, so ist erholsamer Schlaf möglich. Die benötigten Lebensmittel liegen in Reichweite, für alle Fälle packen wir zusätzliche Nahrungsmittel in ein wasserdichtes Fass, das im Cockpit griffbereit aufbewahrt wird. Sollte ein Notfall eintreten, der zum Verlassen des Schiffes führt, so verfügen wir neben dem Wasser in der Rettungsinsel über zusätzliche Versorgungsmöglichkeiten.

Mit ablaufender Tide verlassen wir am frühen Morgen Falmouth, Kurs Lizard Point, dem südlichsten Punkt Englands. Der Wind lässt bald nach, Motor an. Kurz vor Lizard Point weht endlich der angekündigte Wind, mit zunehmendem Abstand vom Festland immer stetiger.

Die englische Küste verliert sich langsam im Dunst achteraus, weiter westlich ist Lands End schemenhaft zu erkennen, letzte Landsicht für die nächsten drei Tage. Unter vollen Segeln gleitet ATHENE bei strahlendem Sonnenschein durch das blaue Meer, ein Bilderbuchstart.

Der anfängliche Kurs beträgt 235 Grad, solange bis wir den Längengrad von La Coruna erreicht haben, dann drehen wir nach

Süden ab. Die alte Strategie der Großsegler war, weit nach West zu segeln, um auf die gefürchtete Süd-West Winddrehung reagieren zu können. Wir vertrauen auf die Vorhersage mit Nordwest Wind und segeln den direkten, kürzeren Weg.

Das größte Problem der nächsten Tage wird ausreichender Schlaf sein, Beate hat sich bereits zu einem Mittagsschlaf hingelegt. Zur Zeit segeln wir auf 108 m Wassertiefe, die Sonne hat den Vorschiffsbereich verlassen und erwärmt jetzt das Cockpit, T-Shirt segeln. Großschifffahrt ist kaum zu sehen, die wichtigsten Knotenpunkte liegen bereits zu weit nördlich.
Unser erster Angelversuch auf der Biscaya hat den Verlust des teuersten Köders zur Folge, Neptun hat jetzt sein Opfer. Inzwischen ist es Abend, die Luft ist klar, der Himmel über uns tiefblau. Im Westen steht die Sonne sehr niedrig, jeden Moment wird sie den Horizont berühren, eine scharfe, leicht gekrümmte Linie, eine, die uns zeigt, wo unsere Welt endet und das Universum beginnt. Der Bereich dazwischen ist in intensiv rotes Licht getaucht, der mit zunehmenden Abstand von der Sonne in schwarz übergeht. Die Luft ist warm, vom Bug ist ein leichtes Rauschen der Wellen zu hören. Es ist ein Traum, ein Geschenk hier zu sein, wie oft haben wir vom Segeln in die Abendsonne auf einem Ozean geträumt, nun ist es Realität geworden. Der Atlantik zeigt sich von seiner ruhigsten Seite, wir empfinden Dankbarkeit für diesen Anfang.
Vor Anbruch der Dunkelheit wird die große 50 m² Genua gesetzt, der Wind hat nachgelassen.
2230 Uhr, die Sonne versinkt tiefrot am Horizont, gleich beginnt meine erste Nachtwache, Beate wird von 0100 Uhr bis 0300 Uhr übernehmen. Nachts sind wir noch nie gesegelt, wir probieren diesen Wach-Schlafrhythmus.
Mittlerweile ist es völlig dunkel, leider müssen wir den Motor mitlaufen lassen, der Wind ist zu schwach. Robert, unser Autopilot, ist auf die Koordinaten 48° 20´N und 008° W program-

miert, er nimmt seine Aufgabe sehr ernst, das Schiff läuft wie auf Schienen, eine enorme Hilfe.
Der Himmel ist wolkenfrei, unglaublich viele Sterne sind zu sehen, der Nachthimmel ist in dieser Klarheit und Vielfalt beeindruckend. Vereinzelt leuchten Sternschnuppen, gelegentlich blinken Lichter hochfliegender Flugzeuge. Ich sitze im Cockpit und bin von der Größe des Kosmos gefangen, selten fühlte ich mich so entspannt, genieße den Augenblick.
Über uns das Universum, unter uns der atlantische Ozean, wir mitten drin, da werden Relationen bewusst.
Im Bereich der Bug- und Heckwellen leuchtet das Wasser grünlich, ATHENE zieht einen langen phosphoreszierenden Schweif hinter sich her, man hat das Gefühl, durchs Wasser zu rasen.
In der Ferne leuchtet ein starkes Licht. Durch das Fernglas betrachtet, sind mehrere rote und weiße Laternen erkennbar, ein Arbeitsfahrzeug.
0500 Uhr, Beate übernimmt jetzt bis zum Sonnenaufgang, müde falle ich in die Koje.

2. Seetag

Die Augen sind klein, die Gespräche kurz, die Körperhaltung lässt zu wünschen übrig, gähnen. Klingt wie nach einer Party bis tief in die Nacht, aber nein, es ist der Zustand der Crew nach 24 Stunden segeln. Wir fahren jetzt eine heiße Salonkoje, sobald der eine aufsteht, freut sich der andere auf die vorgewärmte Schlafgelegenheit. Gegen Mittag sind wir ausgeschlafen und mit der Bilanz des Vortages sehr zufrieden, 133 sm wurden zurückgelegt. Nach Spaghetti Carbonara folgt Position a la Sextant. Jetzt offenbart sich der Unterschied zwischen Theorie und Praxis. Mit Kurs Südwest verdeckt das Vorsegel den besten Platz, am Mast, zur Messung der Mittagsposition. Zuerst probiere ich am Bugkorb eine Positionsbestimmung, gebe den Versuch aber schnell wieder auf, dort ist es mir zu wackelig. Dann setze ich mich aufs Deck und versuche unter dem Vorsegel hindurch eine Position zu bestimmen, auch diese Idee ist kein Erfolgsschlager. Warum müssen wir auch unbedingt mit einem kleinen Boot fahren? Vor dem inneren Auge sah ich mich immer in aufrechter Haltung, den Sextanten fest in Händen, ganz souverän die Messung durchführen. Jetzt verdeckt entweder ein Schiffsteil den Blick zur Sonne oder mein Beobachtungsplatz ist mit einer guten Chance auf über Bord fallen verbunden. Angeleint gehe ich schließlich wieder zum Bug, setze mich weit vorne aufs Deck und versuche mein Glück. Wie gut, dass es Satellitennavigation gibt, mein Respekt vor Seglern, die ohne diese Hilfe fuhren, ist in den vergangenen Minuten gewaltig gewachsen. Die Berechnung ergibt einen Fehler von 30 sm zum tatsächlichem Standort, weitere Übung ist erforderlich.

Gegen Nachmittag nähert sich aus Osten eine Gruppe französischer Fischereifahrzeuge, geschäftig legen sie Treibnetze aus, gekennzeichnet mit orangefarbenen Bojen und einem Lichtchen für die Nacht.
Am Abend stehen wir auf 4000 m Wassertiefe und damit im Seegebiet der äußeren Biskaya. Zur Begrüßung schickt Neptun eine Delfinschule. Die Gruppe schwimmt für einen Moment parallel zum Boot, einige Delfine tauchen quer unter unserem Schiff weg, um auf der anderen Seite wieder kurz aufzutauchen. Knapp eine Minute später sind sie weg, es soll die einzige Begegnung bleiben.

War die erste Nacht ausgesprochen schön, so hat die zweite das Attribut unheimlich. Es ist diesig, leichter Regen, Bug- und Heckwellen leuchten gespenstig, im Cockpit ist es feucht und kalt. Starrt man lange genug in die Dunkelheit, glaubt man plötzlich, die verschiedensten Dinge zu sehen, die Fantasie hat jetzt freien Lauf. Ab 0420 Uhr liegt Kurs Süd an. Bilanz des Tages: 132 sm.

3.Seetag

Wir finden unseren Rhythmus, mit 3 Stunden Wache und 3 Stunden Schlafen kommen wir am besten durch die Nacht. Am Vormittag endet der Wachrhythmus, abwechselnd legt sich jeder hin, solange wie er möchte, nachmittags sind wir fit, jedoch macht sich am frühen Abend bereits wieder Müdigkeit bemerkbar.
Es ist absolut windstill, leider müssen wir wieder auf die Hilfsmaschine zurückgreifen, wie es in älteren Segelbüchern so schön heißt.

Gegen 2330 Uhr schreckt uns ein kurzes, seltsames Geräusch auf. Der Motor klingt anders, die Geschwindigkeit sinkt langsam aber kontinuierlich ab. Beate erwacht aus ihrem Schlaf, was war das? Gang raus, Blick in den Motorraum, dort sieht alles normal aus. Im Cockpit riecht es nach verbranntem Gummi, soweit erkennbar, ist außerhalb des Schiffes alles in Ordnung. Ich lege den Rückwärtsgang ein, der mit einem deutlichem Knackgeräusch einrückt. Kurzes Gasgeben, auskuppeln und einen Moment warten. Dann wieder Vorwärtsgang, ATHENE nimmt Fahrt auf und läuft wieder ihre gewohnte Geschwindigkeit, die Geräuschkulisse ist wie üblich. Vermutlich ist etwas in den Propeller gekommen oder am Kiel hängen geblieben und wurde durch den Rückwärtspull weggespült. Der Geruch wird ein Rätsel bleiben.
Diese Nacht wird am Ende die Bezeichnung Stress erhalten, wir sind etliche Ausweichmanöver gefahren, überall Fischer mit Schleppnetzen oder die bereits erwähnten Treibnetze. Diese Dinge sind in der Dunkelheit sehr schwer zu erkennen, kleinere Fischkutter tauchen erst ab einer Entfernung von 3 sm auf dem Radarschirm auf. Häufig ist der Bildschirm auf einmal voll von

Punkten, an vermeintlich fischreichen Stellen stehen oft viele Fischkutter. Es ist nicht immer einfach zu erkennen, in welche Richtung sie sich bewegen, oftmals treiben die Fahrzeuge oder fahren kreuz und quer.
Der Wind ist am nächsten Tag sehr schwach, das Großsegel schlägt, muss aber zur Dämpfung der Rollbewegung im Seegang stehen bleiben. Immer wieder stoppen wir, überzeugen uns, dass der Wind zum Segeln zu schwach ist. Manchmal weht er mit 3-4 Bft., aber nach 10 Minuten ist alles wieder vorbei. Bilanz des dritten Tages 145 sm und 24 Stunden Motorfahrt.

4. Seetag

Wieder Fischkutter, diesmal spanische Schleppnetzfischer. Wir haben ebenfalls gefischt, aber auch nach fast 300 sm Schleppangeln nichts gefangen. Ein weiterer Köder steht auf der Verlustliste, der dürfte jetzt auf 4000 m Meerestiefe liegen. Wahrscheinlich sind wir mit durchschnittlich 5,5 Knoten zu schnell. Mit dieser Methode werden wir nur versehentlich einen Fisch fangen, der am Haken hängen bleibt, weil er nicht schnell genug ausweichen konnte.
Um 0920 Uhr tauchen am Horizont die ersten Berge Spaniens auf, gegen Mittag ist der Leuchtturm Torre de Hercules bei La Coruna in Sicht, um 1540 Uhr legen wir in La Coruna an. In der Marina sind noch einige Plätze frei, wir gehen an den Steg, der am leichtesten erreichbar ist. Vom Cockpit aus blicken wir jetzt auf ein altes Fort. 450 sm und 80 Stunden Fahrzeit liegen hinter uns.

Auf die gelungene Biscaya Überquerung stoßen wir mit einem Glas Sekt an und telefonieren mit Freunden. Beates Mutter ist begeistert und spricht in ihrem Überschwang von einer Ozeanüberquerung.

Spanien

Mittelalter in La Coruna – Feuerwerk – ehrgeizige Fischer in Camarinas – wunderschöne Rias – Idylle vor Isla Cies – gelebter Traum

Hat eine solche Seereise möglicherweise Nebenwirkungen? Man stelle sich vor, zwei Segler unternehmen ihren ersten Landgang. Auf dem Marktplatz rempelt der Skipper innerhalb von 5 Minuten 3 Leute an, pardon, und quert eine gut befahrene Straße unter dem Gesichtspunkt stehender Peilungen, die Crew protestiert. Es ist noch einmal gut gegangen.

La Coruna ist eine schöne, saubere und sehr lebhafte Stadt mit 250.000 Einwohnern, die bei unserem ersten Landgang wohl alle auf der Straße waren.
Für uns ist es ein Traum hier zu sein, es ist warm, die an der Hafenpromenade stehenden Palmen unterstreichen das südliche Flair. In La Coruna kommt eine besondere Würze hinzu, man sieht wenig ausländische Touristen, keine deutsche Würstchenbude. Außerdem, so sagte man uns, die Stadt ist ruhig und friedlich.

Wir sitzen im Cockpit und essen ohne Ende, selten hat ein Frühstück so gut geschmeckt. Peng! Eine weiße Rauchwolke, die stark nach Elektronik riecht, steigt aus dem Schiff auf. Das Ladegerät des Mobil-Telefons und der Spannungswandler, an dem das Gerät angeschlossen ist, sind in Rauch gehüllt. Diagnose: beide nur noch Erinnerungswert.

Wir sehen uns das Castello San Anton an, es ermöglicht einen tollen Blick über den Hafen. Von dort geht es zum Touristenburo, bestimmt spricht dort jemand englisch. Eine hübsche Dame kann

uns weiterhelfen, sie gibt uns einen Stadtplan und zeichnet alle ihr bekannten Elektro- und Computerläden sowie Internet Cafes ein. Am nächsten Tag erstehen wir unser Ladegerät, „Cargador de Baterias para Coche“. Den Spruch kennen wir mittlerweile auswendig. Da wir jetzt wieder Anschluss zur Außenwelt haben, trauen wir uns hoch hinaus, auf den *Torre de Hercules*, den ältesten noch funktionierenden romanischen Leuchtturm der Welt, dessen Turm 112 m hoch über See steht. Dort oben haben wir einen majestätischen Blick über die Stadt und den blauen Atlantik.
Im Stadtbereich findet auf dem Marktplatz, direkt vor dem beeindruckenden Stadtgebäude, ein mittelalterlicher Markt statt, die Aussteller tragen historische Kostüme. Reichlich sind traditionelle Produkte im Angebot, von Brot bis zu Fleischgerichten. Der Markt ist ausgesprochen gut besucht, oft ist es schwierig, an einen Stand zu kommen, um zu sehen, was dort zubereitet wird. Zwei Falkner halten in einer Seitenstraße die Leute in Atem, sie lassen den Vogel immer wieder im Tiefflug einander zufliegen. Ein schönes, majestätisches Tier, aber auch nicht ungefährlich, Krallen und Schnabel sind kräftig.

Wir kaufen ein, nach England ist das Leben wieder angenehm preiswert, auch am spanischen Brandy kommen wir nicht vorbei.

Auf das ausgiebige Kosten des neuen Getränks ist das späte Aufstehen am nächsten Morgen zurück zu führen. Das Wetter denkt sich, die beiden benötigen Abkühlung, so regnet es bis zum späten Nachmittag.
Abends sind wir auf dem Schiff von Hazel und Kevin zu Gast, sie sind Engländer und liegen mit ihrer Yacht direkt neben uns. Wir klönen bis weit nach Mitternacht. Unsere Eindrücke von England waren nicht verkehrt, die Kriminalität ist leider hoch und viele Sicherungsmaßnahmen notwendig. Das Pfund ist überbewertet, Yachting ein Elitesport.

Ein neuer Tag, ein neuer Versuch, ein Ersatzgerät für den defekten Spannungswandler zu erstehen. In einem der vielen Telefongeschäfte fragen wir nach einem Elektronikladen. Die Damen sprechen kein englisch, wollen aber helfen. Das Ganze läuft ungefähr so ab, nachdem wir zuvor in einem Wörterbuch die notwendigen Worte nachschlugen:
"Buenas tardes". "Holá". "Neccesito un adaptador para un computador portable". Bingo, das kam an. Pech nur, wir verstehen die Antwort nicht.
Sie erklärt uns den Weg zu einem Laden, der Weg dorthin führt an einem Brunnen vorbei. Die Verkäuferin steht vor uns, legt den Kopf in den Nacken, öffnet leicht den Mund, pustet und unterstreicht mit den Händen die Bewegung des hochspritzenden Wasser. Es ist köstlich. Ihre Kollegin sieht sie, beginnt laut zu lachen, wir können uns auch nicht mehr halten. „Si, si fuente", ein Brunnen. Leider war der Tipp nicht erfolgreich.
Gegenbesuch von Hazel und Kevin, die Beiden sind sich ebenfalls nicht schlüssig, wie gut der Brandy ist, sie bleiben gut 5 Stunden, um es herauszufinden.
Es ist Sonntag. Wir liegen in der Sonne auf dem Deck und halten ausgiebig spanische Siesta. Heute ist am Castillo ein Feuerwerk, direkt vor unserem Boot. Gegen 1700 Uhr folgen die ersten Donnerschläge, dazu klassische Musik.
Das Feuerwerk hat einen historischen Hintergrund. Das Castello San Anton war Stützpunkt der spanischen Armada. Drake versuchte die Stadt zu erobern, was ihm nicht gelang. Klar, so eine Schlacht muss aus spanischer Sicht inszeniert werden. Im Laufe des Abends folgen immer wieder Kanonenschüsse, sie sollen das Gemetzel zwischen den Gegnern darstellen. Um 2200 Uhr dann der Höhepunkt, die Engländer sind geschlagen, es donnert und knallt, wir stehen auf dem Vorschiff, das Deck unter unseren Füssen bebt. Dummerweise hat inzwischen der Wind gedreht, wir befinden uns in Lee, anders ausgedrückt, was auf der einen Seite hochgeschossen wird, kommt über uns herunter.

Immer wieder müssen wir noch glühende Reste von Feuerwerkskörpern auf dem Schiff austreten, eine unbeschreibliche Rauchwand mit viel Asche rieselt nieder. Das Feuerwerk wird unterbrochen, sie spielen einige Takte *God save the Queen*, es donnert wieder, ein unglaubliches Spektakel, schließlich ein super Feuerwerk-Finale. Die Leute an Land klatschen, die Bootsleute nutzen ihre Hände zum Deck waschen. Handgroße Plastikteile liegen auf dem Deck, alles weiße sieht mächtig verrußt aus, dann mal los.

Es ist Montag, wir bereiten uns auf die Weiterreise vor. Ein letzter Versuch, das kaputte Teil zu ersetzen ist von Erfolg gekrönt. „Now you're back in business", sagt Kevin dazu, ja alles ist wieder in Ordnung. Es folgt ein Tag mit großer Wäsche, einkaufen und klar Schiff machen.
Abends kommen vier Mann der Guardia Civil mit Schlauchboot vorbei, notieren sich Schiffsname und Heimathafen und fahren wieder weg.

Camarinas

Schwacher Wind, viel Sonne, wir möchten weiter nach Westen, um bald unser nächstes Ziel zu ereichen, Kap Finisterre. Kaum abgelegt, kommt uns ein Mann im Schlauchboot heftig rudernd entgegen. Es ist Kevin, er bringt seinen Müll an Land. Wir sehen ihm nach, er erhöht die Schlagzahl. Kevin hat in diesem Moment was von Popeye, es fehlt nur noch die Pfeife.

Der angekündigte Wind hält eine Siesta ab, der Motor muss mal wieder ran. Lucas, ein Freund, der Wochen zuvor diese Strecke segelte, hatte recht, als er uns auf die hiesigen Windverhältnisse einstimmte. Es gibt in der Tat drei Arten von Wind: der richtige aus der falschen Richtung, Starkwind oder kein Wind. Die Segelei ist manchmal zum Mäuse melken. Nach Runden des Kap

Villano steuern wir in die Ria Camarinas, und segeln bis zum Ankerplatz, wo zwischen anderen Yachten der Anker fällt.

Am 15.08. ist in Spanien Feiertag, *Nossa Senora*, wir erkunden die nähere Umgebung. Zunächst zu Fuß durch herrlich duftende Pinienwälder, schließlich mit dem Schlauchboot durch die Ria, mit Anlandung an einem der Strände. Beate sammelt Muscheln.

Abends kommen Dieter und Astrid von der WINDLISE herüber, auch sie sagen, der Wind ist in diesem Jahr ungewöhnlich schwach. Sie sind diese Strecke schon einmal gesegelt und befinden sich auf dem Weg nach Madeira, wo sie auf ihrer letzten Tour ein Haus erworben haben.

Es ist ca. fünf Uhr morgens. Wir sind soeben unsanft aus dem Schlaf gerissen worden, die am Abend zuvor ausgelaufenen Fischerboote kommen zurück. Das tun sie, indem sie mit Höchstgeschwindigkeit durch den Bereich der ankernden Boote fahren. Die Wellen, die sie verursachen, lassen die Yachten tanzen. Selbst unsere unempfindliche ATHENE kommt mächtig ins Schaukeln, fahren die Fischer doch so dicht wie möglich vor und hinter ihr durch. In der Koje liegend, höre ich die Unterwassergeräusche der drehenden Propeller, die mit Annäherung der Kutter immer lauter werden. Manchmal ist das Geräusch so deutlich zu hören, dass ich die Luft anhalte und hoffe, sie werden uns nicht rammen. Passiert ein Fischkutter unser Schiff, ist es für einen kleinen Moment ruhig, in der Folge holt das Boot mächtig über. Im Halbschlaf bin ich Arnold Schwarzenegger, gehe zu den Fischern rüber und rechne mit ihnen nach Hollywood Art ab.
Bestimmt wird am Jahresende derjenige Fischer prämiert, der am schnellsten und dichtesten an einer Yacht vorbei fuhr. Und die Captains sind sehr ehrgeizig!

Völlig gerädert fahren wir am Morgen los. Es liegt Dunst über dem Wasser, der sich schnell zu dichtem Nebel entwickelt. Unter Radar verlassen wir die Ria, an deren Ausgang uns eine kleine Delfinschule begegnet, sie schwimmen in die Bucht hinein. Ein spanisches Segelboot ohne Radargerät segelt dicht hinter uns, die Crew vertraut auf unsere Navigation und bleibt lange im Kielwasser.
Mit Erreichen des offenen Atlantik nimmt die Dünung schnell zu. Die Wellen dürften gut 2 m hoch sein, es ist der erste Gruß von Kap Finisterre, ein Kap, von dem man früher dachte, es sei das Ende der Welt. Wir glauben es bald auch, es ist nichts zu sehen. Mit Annäherung an Finisterre Kap gehen die Wellen weiter hoch, ein Seehandbuch weist auf diese Besonderheit um Finisterre hin. Nach Aussage des Buches muss es hier recht heftig zugehen, wenn Wind gegen Strom läuft. Aber zum Glück sind die Wellen sehr lang, der Einfluss auf die Schiffsbewegungen noch gering. Neben uns taucht ein mittelgroßes, rot lackiertes Fischereifahrzeug aus dem Nebel auf. Es ist nur zu sehen, wenn sowohl der Fischkutter, als auch wir auf einem Wellenberg sind, sonst versperrt das Wasser den Blick. Am Nachmittag beobachten wir deutlich größere Rückenflossen, Wale, ungefähr doppelt so lang wie ein Delfin, schwarzer Körper, möglicherweise Pilotwale.

Kap Finisterre liegt nun backbord querab, irgendwo im Nebel, wie schade. Gegen Abend befinden wir uns in der Ansteuerung zur Ria de Muros, unser Ziel ist die Marina Portosin, die weit in der Ria liegt. Nach 9 langen Stunden lichtet sich der Nebel endlich und gibt den Blick auf die umliegenden Berge frei. Ein großartiges Panorama, der bewaldeten Berge vor dem blauen Wasser im warmen Licht der Abendsonne.

In Portosin werden wir eine Pause einlegen, auf dem Atlantik soll es laut Wetterbericht sehr ungemütlich werden. In der Nähe sind Supermarkt, Waschmaschine und Internet, alles was der heutige

Segler braucht. Damit werden wir uns beschäftigen, ebenso, wohin die morgige Radtour führt.

Portosin

Der höchste Berg der Umgebung ist das Wunschziel, eine Strecke von ca. 10 km, die aber auch mit 550 m Höhenanstieg verbunden ist. Nach zwei anstrengenden Stunden endet auf einem vorgelagerten Berg die Fahrt, mit den Bordfahrrädern ist die Bergfahrt zu mühsam. Im Moment unserer Ankunft schieben sich dicke Nebelschwaden über den Berg, vom Atlantik heranziehende Wolken stauen sich hier. Bald klart es auf, freie Sicht, das einzigartige Panorama übersteigt unsere Erwartungen. Die gesamte Ria lässt sich überblicken, die brandenden Wellen des Atlantiks im Westen, die Stadt Muros im Norden, die auch Namensgeberin ist und Portosin im Osten, dessen heller Sandstrand in der Sonne leuchtet.

Die Fahrt zurück, eine Schussfahrt zu Tal, dauert kaum mehr als 20 min. In das Restaurant der Marina verholen wir am frühen Abend und sind die einzigen Gäste. Gegen 2200 Uhr kommen viele Crews zum Dinner ins Lokal und uns wird deutlich, wie hier die Reihenfolge ist: Zuerst mit einem Sundowner auf die Terrasse den Sonnenuntergang genießen, anschließend zum Abendessen. Die ATHENE Crew muss Anfänger sein. Später plaudern wir noch mit dem Pianisten, der offensichtlich gerne Jazz spielt.

Am nächsten Tag spielt die Kirche ein Rolle. Wir haben uns in die Feinheiten des spanischen Bussystems einweisen lassen und sind auf dem Weg nach Santiago de Compostela. Selten haben Busse eine erkennbare Haltestelle, in Portosin ist es die Telefonzelle, es kann aber durchaus auch ein Restaurant, eine Straßenkreuzung oder ein Baum sein. Auch gibt es keinen Fahrplan, der genaue Uhrzeiten an Haltestellen ausweist. Es existiert nur ein Plan, wann der Bus im Busbahnhof abfährt, zu welcher Zeit er ankommt, darf sich jeder selbst ausrechnen.

Santiago de Compostela

Nach gut 2 Stunden erreichen wir Santiago de Compostela. Die Stadt liegt am Ende des quer durch Europa verlaufenden Jakobsweges, dessen Bedeutung auf die Ursprünge des Christentums zurückgeht. Der Wallfahrtsort ist mit Touristen überflutet, in schmalen Gassen schiebt sich der Strom Richtung Kathedrale, die eine Wucht ist.
Um 1070 entstanden Pläne, eine Kathedrale zu bauen, die so wundervoll ist, wie die in Rom. Sie sollte so groß sein, dass sie viele Pilger aufnehmen konnte. In ihrer Grundform ist sie ein liegendes Kreuz, das Symbol für Jesus. Fertiggestellt wurde das gewaltige Bauwerk um 1211. Uns beeindruckt, mit welcher Liebe zum Detail die Kathedrale erstellt wurde. Im Inneren hängt ein riesiger Weihrauchbrenner von der Decke, niemals zuvor sahen wir einen Kessel dieser Größe. Hunderte Leute befinden sich in der Kathedrale, es ist kaum abzuschätzen, wie lang die Schlange der Menschen ist, die geduldig warten, bis sie an das Grab des Apostels Jakob kommen.
Die Lautstärke in der Kirche entspricht eher der eines Kirmesplatzes, hier ist kein Ort der Ruhe. Mehrfach werden die Besucher über Lautsprecher aufgefordert, ruhig zu sein, vergebens.

Die Stadt hat sich auf den Kommerz sehr gut eingestellt. Zahlreich sind neben den Kirchen Geldautomaten, Restaurants, Apotheken und Souvenirshops vorhanden.
Der Zusammenhang könnte aus einem Gesellschaftsspiel stammen. Zuerst zur Kirche, dann zum Geldautomaten, damit dem Restaurantbesuch nichts im Wege steht, von dort in die

Apotheke. Wem die Arznei nicht hilft, muss zurück auf eins, die Kirche, ansonsten rückt man zum Souvenirladen vor.

Es ist Zeit, an die Rückfahrt zu denken. Wir müssen zuerst nach Noia, dort umsteigen und dann weiter nach Portosin. Die Fahrkarte erstehen wir auf Anhieb, aber welcher Bus fährt wo ab? Wir fragen einen Mitarbeiter der Busgesellschaft, „Por favor, Autobus para Noia?“ Er schaut sich im Busbahnhof ratlos um, wir können seinen Äußerungen und der Gestik entnehmen, der Bus hat Verspätung. Nach 20 Minuten kommt der Bus, der Fahrer dreht das Schild hinter der Windschutzscheibe um, Santiago – Noia, prima. Wir sind froh, im richtigen Bus zu sitzen und sagen uns, der Bus „para Noia“ wurde zum Glück keine Paranoia für uns.

Isla Cies

Am Steg fällt uns eine Yacht auf, in deren Vorstag eine Flagge hängt, auf der ein Känguru mit roten Boxhandschuhen vor grünem Hintergrund abgebildet ist. Neugierig fragen wir die Segler nach der Bedeutung. Das boxende Känguru ist die Flagge eines australischen Segelclubs in Perth. Jane und Noel reisen bereits seit 10 Jahren, davon zwei Jahre in Europa, nun haben sie Furcht vor dem Zoll, Boote von außerhalb Europas dürfen maximal ein Jahr hier bleiben, dann ist Mehrwertsteuer zu zahlen. Sie möchten auch zu den Kanaren, im Winter in die Karibik, im nächsten Jahr über den Pazifik und dann sind wir auch schon wieder zu Hause. Ach so, klar, na dann gute Fahrt, diesen Satz denke ich mir.
Sie sprechen uns auf die Ria Arosa an, sie soll ein Schwerpunkt im Drogenhandel sein, so steht es in einem englischsprachigen Revierführer, den offensichtlich alle lesen. Im Ergebnis erzählt einer dem anderen von der dortigen Kriminalität. Jane und Noel müssen nach Arosa, wo eine der besten Schiffswerften Galiciens

sein soll, der Dieselmotor bereitet ihnen Probleme, er fällt mit Vorliebe vor Hafeneinfahrten aus.
Ob es in der Ria wirklich Probleme mit Drogenhandel über See gibt, ist uns im Moment gleichgültig, unser heutiges Ziel liegt weiter westlich, die Islas Cies.

Der Atlantik ist glattgebügelt, es ist klar, was das heißt, der gute Dieselmotor verrichtet wieder sein Werk.
Nach 8 Stunden im Sonnenschein fällt der Anker auf 6 m Wassertiefe vor den Inseln Islas Cies, einer traumhaften Inselgruppe für Strandurlauber. Da die Hauptinsel fast unbewohnt und der Zugang nur mit Fähre möglich ist, haben die hier ankernden Yachties abends die Insel für sich allein, richtig so! Die andere Insel ist Vogelschutzgebiet, betreten nur mir Sondererlaubnis gestattet. Mit uns geht ein Boot des spanischen Zolls vor Anker, eine halbe Stunde später sitzen 2 Zöllner in unserem Cockpit und möchten die Personalausweise sowie die Schiffspapiere sehen.
Sie sind ausgesprochen freundlich und verfügen über guten Sachverstand, um meine Position an Bord direkt zu erkennen, sie sprechen mich nur mit Capitane an! Nach Erledigung der Formalitäten essen wir, am Kapitänstisch.
Leicht wiegt das Schiff in den Wellen, in der Ferne rauschen die Wellen am Strand, buenas noches.

Frühstück im Cockpit, in einer Umgebung, von der alle sonnenhungrigen Menschen träumen, weißer feiner Sand, der vor tiefblauem Wasser leuchtet. Der Ankerplatz ist gut besucht, dennoch ist es nicht eng. Die meisten Yachten fahren am Heck skandinavische oder britische Flaggen, eine amerikanische Yacht gesellt sich später auch hinzu.
Früh am Morgen bevölkerten Vögel den Strand, jetzt sind es zunehmend Touristen, die durch laufenden Fährbetrieb hergebracht werden. Mit dem Schlauchboot fahren wir zum Strand und setzen uns dazu. Warum wir das tun, ist uns selbst nicht klar,

vielleicht war es der Strand, der von Bord aus betrachtet so verführerisch in der Sonne leuchtet. Verführerisch sind auch einige Strandschönheiten, nur geht uns deren Eitelkeit und Gehabe bald auf die Nerven, für heute reicht unser Bedarf von Massen-Tourismus. An Bord ist es erheblich angenehmer. Abends kommen Astrid und Dieter von ihrer WINDLISE herüber, gemeinsam unternehmen wir einen wunderschönen Spaziergang zum Leuchtturm, der auf dem höchsten Punkt der Insel errichtet ist. Von hier ist die benachbarte Vogelinsel zu sehen, steile grün-braune Felsen im rötlichen Abendlicht. Wie schön ist doch Galicien.

Bayona

Was nützt der schönste Strand, wenn die Crew den Lockruf der Ferne hört! Tage später wird der Anker eingeholt, wir segeln nach Bayona. Der Wind ist der eigentliche Grund für den Aufbruch, er ist wieder da, vor Freude segeln wir in der Bucht von Bayona einige Male hin- und her, es macht Spaß.
Die Marina ist vollbelegt, August ist Hochsaison. Einige Muringbojen sind noch frei, aber seltsamerweise kostet das Liegen an einer Boje den gleichen Preis wie am Steg, obwohl es an einer Boje selbstverständlich weder Wasser noch Strom gibt. Die Bucht ist so gut geschützt, wir gehen wieder vor Anker, genießen den Blick auf die Stadt und schonen unsere Bordkasse.

Bayona wird von einem ehemaligen Fort beherrscht, das prominent zur See liegt. Heute beherbergt es im Schutz seiner Mauern ein Hotel, das Fort selbst ist für die Öffentlichkeit zugänglich, wir schauen uns um und genießen den Tag. In der Ferne liegt ATHENE vor Anker, sie dümpelt friedlich vor sich hin. Auf dem Weg zurück fahren wir aus Neugierde mit dem Schlauchboot durch den Hafen. Mit Frank und Tini von der WILDCAT kommen wir ins Gespräch, das mit einer Einladung

an Bord zum Abend endet. Der Einladung folgen wir gerne, es wird eine lange Nacht werden.
Hinter uns liegt eine holländische Yacht, dunkelblauer Stahlrumpf, schwarzer Mast, THALASSA II. Wer Bobby Schenks Bücher las, wird früher oder später auf den Namen stoßen und tatsächlich, der Holländer bestätigt, das Schiff gehörte einst Bobby Schenk. Er sei jetzt, als fünfter Besitzer, auf dem Weg nach Brasilien.
Bayona ist unser letzter Hafen in Galicien, wir ergänzen unsere Vorräte, nächste Woche folgt Portugal. Der Aufenthalt im einmaligen Galicien ist mit einer deutlichen Verbesserung der Lebensqualität verbunden, wir genießen das Leben, selten fühlten wir uns so wohl wie im Augenblick.

Portugal

Mysteriöser Kutter – historisches Porto – lebhaftes Lissabon touristische Algarve

Der Wind macht heute eine Ausnahme und weht aus der richtigen Richtung mit der richtigen Stärke. Sehr schnell sind wir ca. 5 sm von der Küste entfernt, mit diesem Sicherheitsabstand gehen wir auf Kurs Süd. Das Log zeigt ständig 6,5 – 7 Kn an, so macht Segeln Spaß. Gegen Nachmittag brist es auf, es weht mit 25 – 30 Kn. Unsere gute ATHENE zeigt Segelleistungen einer neuen Dimension. Das Log pendelt ständig zw. 7,5 – 8 Kn, ein neuer Geschwindigkeitsrekord. Unserem Autopiloten gefällt diese Raserei nicht so sehr, eigentlich müssten die Segel gerefft werden, aber wer macht das schon, wenn es so toll läuft? Grundsätzlich steuern wir das Schiff nicht, heute macht es viel Spaß und so steht der Skipper am Ruder, während Beate die Gastlandflagge wechselt. In die Hafeneinfahrt von Viana do Castelo rauschen wir mit mehr als 8 Kn, werden kurz von spritzendem Wasser geduscht, dann ist der Spaß vorbei. Die neu angekommenen Yachten legt der Hafenmeister an einen Steg, kurze Zeit später kommt er mit dem Schlauchboot vorbei und fährt alle Captains zur Kommandantur, wo die Formalitäten schnell erledigt sind, das Personal ist äußerst freundlich und hilfsbereit. Frank und Tini von der holländischen WILDCAT liegen direkt neben uns, abends sind sie unsere Gäste. Die Beiden sind mit Mitte 50, im Vorruhestand und möchten sich die Welt ansehen. Ihre Reise vor 20 Jahren nach Mittelamerika hat sie zu Globetrottern gemacht. Sie lebten lange in Kanada und sprechen hervorragend Englisch. Wir sind froh um jede Gelegenheit, die englische Sprache zu praktizieren, ist es doch die Sprache, die ein Langfahrtsegler beherrschen muss.

Hoch über Viana do Castelo liegt der Tempel der heiligen Lucia, der Weg nach oben führt über eine lange Treppe mit endlos vielen Stufen. Auf halben Weg schätzen wir sie auf 1000, oben angekommen auf 2000. Ein toller Panoramablick ist Lohn der Mühe.

Mit mehreren Yachten verlassen wir zeitgleich Viana. Jeder versucht den vorherrschenden Nordwind am besten zu nutzen, die meisten kreuzen vor dem Wind, einer lässt sich gemütlich vom Vorsegel ziehen, wir nehmen unser Zaubertuch, den Booster, und laufen direkten Kurs. Von Zeit zu Zeit schauen wir uns um, möchten wissen, wo unsere Mitstreiter sind. Zwischen all den Yachten sehen wir einen blauen Fischkutter, der in unserem Kielwasser fährt. Einem Kutter hinter uns schenken wir nicht viel Aufmerksamkeit. Unser Bordleben geht seinen üblichen Weg, essen, trinken, lesen, in der Sonne liegen. Delfine begleiten uns und schauen, was wir so machen. Es ist immer wieder schön zu sehen, wie elegant die Tiere schwimmen. Unsere Bugwelle gefällt ihnen besonders gut, sie springen hinein oder tauchen dort auf. Als ich auf dem Vordeck Saxofon übe, bleiben sie weg.
Zwischendurch schauen wir uns immer wieder um, wie ist der Stand der Dinge? Mit dem Booster stechen wir alle mitlaufenden Yachten ohne ein ähnliches Segel aus, nach 3 Stunden sehen wir nur noch die Mastspitzen. Nach einiger Zeit registrieren wir, der Fischkutter ist ja noch immer da. Der Abstand ist deutlich geringer geworden und er läuft exakt in unserem Kielwasser. Was hat er vor? Wir nehmen das Fernglas und versuchen zu erkennen, ob er ein Schleppnetz hat, es ist nichts zu sehen. Wie viele Personen sind an Bord, mühsam ist eine im Steuerstand zu erkennen. Wir werden nervös, der Wind lässt nach, er holt auf. Was sollen wir tun, mit dem jetzigen Segel sind wir in Ausweichmanövern sehr eingeschränkt? Aber geben wir ihm noch einen Moment, so dicht ist er noch nicht. Der Kutter kommt

näher, er fährt eine französische Flagge, im Steuerhaus sind zwei Männer und ein Junge zu erkennen.
ATHENE segelt gut 6,5 Knoten, sehr viel schneller ist der Kutter zur Zeit auch nicht. Dennoch, der Abstand wird langsam geringer, als es uns reicht und wir ihn anrufen wollen, dreht er genau in dem Moment leicht nach Steuerbord ab. Das Manöver nehmen wir mit Erleichterung zur Kenntnis, sind aber auf der Hut, nicht dass er plötzlich vor uns rüberzieht und so eine Havarie herbeiführt. Er bleibt auf seinem Kurs, überholt uns, setzt sich vor unseren Bug und dreht schließlich deutlich nach Backbord ab. Er dreht soweit ab, dass wir uns alle anschließend im Hafen fragen, was das sollte? Den Kutter haben wir nie mehr gesehen. Vermutlich ist er aus reiner Neugierde hinter uns her gefahren.
Nachdem so nach und nach alle Mitsegler im Hafen von Leixoes festmachen, kommen Segler zu uns und schauen sich ATHENE an. Sie sagen, es sei ein toller Anblick gewesen und sie würden uns um das riesige Passatsegel beneiden. Vielleicht waren die Leute im Kutter auch vom Anblick begeistert? Mit diesem Erfolgserlebnis fällt es nicht schwer, in Ruhe die Stadt Porto anzusehen.

Porto

„Resende“ heißt die Busgesellschaft, mit der wir von Leixoes nach Porto fahren. Bereits nach einer Minute haben wir sie umbenannt in die „Rasende“. Knapp eine Stunde dauert die gewagte Fahrt zum Zentrum, wir sind uns sicher, der Busfahrer hat keinen Verstoß gegen die Verkehrsregeln ausgelassen. Im Touristenbüro besorgen wir uns einen Stadtplan und gehen von dort zu einem Museum, wo uns ein Film über die Entwicklung der Stadt gezeigt wird. So haben wir eine Idee, welche Gebäude wir uns später ansehen wollen.

Porto ist die Namensgeberin für Portugal, die Gründung der Stadt am Hügel der Sé, der Kathedrale, geht auf das 12. Jahrhundert zurück. Schon damals ankerten am Ufer des Flusses Douro Schiffe aus der Nordsee und dem Mittelmeer.
Somit ist unser erstes Ziel der Stadtteil Ribeira, am Flussufer gelegen, stehen die alten Häuser dicht gedrängt, schmale Gassen winden sich hindurch. Im Altstadtbereich wurde bereits viel restauriert, vor allem im Bereich wichtiger historischer Gebäude und Denkmäler. Das Wetter ist hochsommerlich, die Temperaturen liegen über 30 Grad. Hier im Schatten der malerischen Altstadt kommt jetzt ein gutes Cerveza genau recht. Aus einem Bier werden zwei und noch ein Mittagessen, die portugiesische Küche ist empfehlenswert.
So gestärkt verholen wir über die alte Straßenbrücke, die den Douro überspannt, zu einem der Portwein-Keller. Die Brücke Dom Luís wurde von einem Schüler Eiffels entworfen und sieht dem Eiffelturm mit seinen vielen Verstrebungen ähnlich. Im ersten Portweinkeller, in dem eine Führung mit anschließender Kostprobe angeboten wird, kehren wir ein. Unsere Führerin ist wie der berühmte Mann auf dem Flaschenetikett gekleidet, schwarzer Umhang und Sombrero. Eigentlich gefällt sie mir viel besser, ihr schönes Gesicht, ihre blonden Haare im Kontrast zum schwarzen Hut, verleihen dem Weinhaus ein viel jugendlicheres Ansehen. Sie spricht ausgesprochen gut deutsch, grinsen müssen wir, als sie sagt, auf den Fässern steht die Literangabe „druff“. Während der Weinprobe erzählt sie, sie habe in Stuttgart gelebt und sei dort zur Schule gegangen. Das Konzept der Firma geht auf, wir verlassen den Keller mit einem Portwein.
Zurück auf dem Boot sortieren wir erst mal unsere Knochen, jetzt kennen wir die Schlaglöcher der Stadt.

Am nächsten Tag unterstützen uns Tini und Frank beim Stadtbummel in Porto. Wir sehen uns die prachtvollen Häuser an, das Stadthaus, die Börse, das Majestic Cafe, den Clérigos Turm, die

Buchhandlung Lello und den Park Palacio de Cristal. Je länger wir uns hier aufhalten, um so mehr entdecken wir die Schönheiten dieser Stadt.

Es ist Sonntag, der 01.09., unser erster Monat kurzweiliges Sabbatjahr vorüber. Frank flüchtet von seinem Schiff, seine Frau will das Segel nähen und er hat soeben erkannt, für solche Arbeiten zwei linke Hände zu haben. Er macht uns den Vorschlag, gemeinsam ein Auto zu mieten, um am Montag die nähere Umgebung zu erkunden. Gute Idee, machen wir.
Das Taxi bringt uns am nächsten Morgen zum Flugplatz, wo die besten Autovermietungen sind.
Mit einem Peugeot fahren wir entlang des Flusses Douro. In den tiefeingeschnittenen Tälern des Douro fährt ein Kreuzfahrtschiff flussaufwärts, ein fantastisches Panorama. Für einen Moment wünschten wir, an Bord des Schiffes zu sein. Wir verlassen den Douro, durchfahren eine herrliche Gebirgslandschaft, Serra de Monte Muro, und erreichen schließlich Lamego. Auf dem Marktplatz stehen mehrere Holzschuppen, die sich hier Restaurants nennen. Der Wirt kommt, wir fragen, ob er englisch, französisch oder spanisch spricht? „No", meint er, „aber ich kann deutsch". So kommen die überrascht schauenden Gesichter doch zu ihrem Essen. Der Marktplatz, an dessen Ende die Kirche Nossa Senhora dos Remédios steht, ist reich dekoriert, bald findet eine Wallfahrt statt.

Weiter durchfahren wir eine Landschaft, die durch steile hohe Weinberge, in denen die Reben für den Portwein angebaut werden, geprägt ist. Zwischen den Weinstöcken windet sich die Straße, stehen verstreut die weißen Häuser der Quintas, Weingüter, die das satte Grün unterbrechen. Anschließend geht es nach Guimaraes, nordöstlich von Porto, wo wir uns den historischen Stadtbereich ansehen möchten. Zufällig stellt sich heraus, wir vier sind seit acht Wochen kein Auto mehr gefahren, uns irritiert die

allgemeine Hektik auf den Straßen. Außerdem nehmen wir soeben an einem Auffrischungskurs „Berufsverkehr“ teil. Niemand von uns hat das vermisst. Wir sind uns einig, Segeln ist eine erheblich entspanntere Art zu reisen.
Nach der Stadtbesichtigung geht es zum Flugplatz zurück, den Wagen abgeben. Der Taxifahrer, der uns zur Marina zurückfliegt, pardon, zurückfährt, ist tief in das Fußballspiel Porto – Boa Vista (ein Vorort Portos) vertieft, das im Radio übertragen wird. Zwischendurch telefoniert er noch. Wir fragen uns, wer fährt hier eigentlich?

Figueira da Foz

Frühstück gibt es heute auf See. Vor uns liegen 65 sm, der nächste Hafen ist Figueira da Foz. Der Wind ist in Urlaub, die Sonne scheint irgendwo anders, es ist heute regnerisch und relativ kalt. Gegen Mittag passieren wir auf halber Strecke Aveiro, einige Großschiffe liegen hier auf Reede. Es regnet, der Wind ist jetzt da, leider aus Süd. Es ist erstaunlich, wie unstet der Wind an dieser Küste ist, sagen doch alle Bücher, normalerweise herrscht hier ein sehr steter Nordwind, man gab ihm sogar einen Namen, der portugiesische Norder. Vielleicht gilt diese Aussage nur für den Sommer und der September zählt bereits als Übergangsmonat.
Am späten Nachmittag dreht der Wind innerhalb von 15 Minuten von Süd auf Nordwest und weht heftig, endlich die Gelegenheit zum Segeln. Leider liegt in der Achterkabine ein loses Brett, wir hatten vergessen, es zu befestigen. Es gibt verschiedene Möglichkeiten, die Windstärke zu ermitteln, eine weitverbreitete ist, man sieht nach, wie tief die Kerbe im Mobiliar ist, nachdem ein Brett durch die Kabine flog. Diese neue Kerbe ist gut sichtbar, Windstärke 5. Zu allem Überfluss meldet der Autopilot eine Fehlfunktion im Antrieb und anschließend fällt das Fernglas herunter und ist beschädigt.

Den Hafen erreichen wir erstaunlicherweise ohne weitere Probleme, nach der Anmeldung bei der „Guardia Civil“ legen wir am Steg an.

Figueira ist ein nettes Küstenstädtchen, relativ wenig Tourismus, aber auch keine aufregende Stadt. Eine Besonderheit sind die riesigen Fischschwärme im Hafen, unzählige Meeräschen. Der Hafenmeister sagt, diese Fische seien nicht essbar, sie würden in der Bratpfanne nach Diesel riechen. Man nennt sie hier auch Fuel Fische. Auf dem Rückweg zum Boot überlegen Frank und ich, ob man den Unterschied zwischen Shell und BP schmeckt.
Am Autopilot war ein Kabel lose.

Nazaré

Es klingt unwahrscheinlich, aber wir können den ganzen Weg in die nächste Stadt segeln. Nazaré ist einer der geschütztesten Häfen an der portugiesischen Küste und bei jedem Wetter anlaufbar, portugiesische Häfen sind der atlantischen Dünung oft ungeschützt ausgesetzt. Dank ruhigem Atlantikwasser ist die Ansteuerung heute ganz einfach. Im Hafen empfängt uns ein untersetzter Mann mit Vollbart, der irgendetwas in seltsamen Englisch ruft, Mike Hadley, der Hafenmeister. Glücklicherweise gelingt es Beate, den Weg zum Liegeplatz zu verstehen, die Marina ist leider voll. Wir machen an einem englischen Schiff fest. Es folgt die Formalienprozedur. Mike holt die neuangekommen Skipper ab, in Nazaré müssen verschiedene Stellen zum Einklarieren aufgesucht werden. Mike ist Brite und lebt seit seiner Pensionierung in Portugal. Seine englische Sprache unterlegt er mit portugiesisch, selbst Briten verstehen ihn nur mühsam. Im Hafenbüro fülle ich ein Formular aus, dass Schiffsdaten enthält, anschließend werden die Daten der Ausweise übernommen. Nun folgt die „Brigada Fiscal“. Der freundliche Beamte empfängt mich mit Handschlag, der Weg zu seinem Büro führt durch einen düsteren Flur. Dort bringt er die gleichen Daten noch einmal zu Papier, allerdings ist die Aufteilung auf diesem Formular anders. Er verabschiedet mich höflich. Am Abend erscheint ein anderer Uniformierter auf dem Steg, sieht sich die neu hinzugekommenen Boote an, vergleicht die Namen der Boote mit einer Liste. Wenn ich noch den Kollegen hinzuzähle, der im Bürogebäude vor dem Fernseher saß, so sind an diesem Abend vier Leute mit Formalien beschäftigt. Von offizieller Seite sagt man, diese Daten dienten zur Kontrolle von Yachtbewegungen. In Seglerkreisen haben wir den Eindruck, jede Marina erhebt diese Daten, dann verschwinden sie in der Schublade, es erfolgt kein Abgleich oder eine zentrale Erfassung. Manche Segler munkeln, anhand der genauen Schiffsdaten kann niemand bei der Längenangabe seines Bootes schummeln.

Nazaré hat ein „Wahrzeichen“, Müll. Im Hafenbecken schwimmen etliche Plastiktüten, dazwischen sogar ein Autoreifen. Später auf dem Weg zur Stadt sehen wir, wo die Bewohner der Hanghäuser ihren Dreck lassen, sie werfen ihn offensichtlich den Berg hinunter, Touristen leisten dann ihren Beitrag mit den üblichen Getränkedosen und Schokoladenpapier.
In der Stadt stehen häufig alte verfallene Häuser auf der einen Seite und moderne Appartements mit Balkon im Einheitslook auf der anderen. Bemerkenswert ist der Unterschied zwischen Alt und Jung. Die Älteren, vor allem Frauen, haben Gesichter und Hände, die von ihrem Leben gezeichnet sind. Die braune Haut mit tiefen Furchen sieht wie Leder aus, wahrscheinlich von landwirtschaftlicher Arbeit. Auffallend ist auch die geringe Körpergröße. Die Kleidung vieler älterer Frauen ist traditionell, einfach, wenn wir nicht wüssten, wir sind in Portugal, so könnten wir ebenso in einer südamerikanischen Stadt sein. Die jungen Leute hingegen tragen moderne Kleidung, den letzten modischen Schnickschnack wie überall.

Der Kommerz dieser Stadt ist aber auch den Älteren nicht entgangen, überall stehen Schilder mit der Aufschrift „Zimmer, Rooms, Chambre“, oder traditionell gekleidete Damen sitzen vor ihren Häusern und sprechen vorbeigehende Touristen in mehreren Sprachen auf Zimmer an.
In den zwei Monaten unserer Reise haben wir erkannt, je mehr Restaurants eine Stadt zu bieten hat, um so sicherer ist, das ist kein Ort für uns und hier gibt es sehr viele.
Nazaré hat schöne, lange, goldgelbe Strände, die heute fast menschenleer sind, es ist durch den Küstennebel zu kühl. Auf einer Anhöhe liegt die Oberstadt, dort ist eine Kirche mit einem riesigen Vorplatz. Lautsprecher werden aufgebaut, eine religiöse Veranstaltung scheint bevorzustehen. Eine Bergbahn verbindet Ober- und Unterstadt.

Drei Tage bleiben wir im Hafen, auf dem Atlantik zog eine Schlechtwetterfront durch, nun können wir weiter. Heute früh sind Fischkutter ausgelaufen. Der Dreck, den sie beim Reinigen ihre Schiffe hinterlassen haben, schwimmt jetzt im Hafen. Es ist unglaublich, wie viele Plastiktüten, Flaschen und Styroporteile im Wasser sind. Im Slalom geht es um die Abfälle, damit sie nicht vom Propeller angesaugt werden und ihn blockieren. Die Dünung, die uns beim Verlassen des Hafens empfängt, ist heute deutlich höher als sonst, weit westlich auf dem Atlantik tobt ein Sturm und das sind die Folgen.

Kurz vor Runden des Cabo Carveiro hören wir über Funk, dass drei Yachten Probleme mit den Abfällen im Hafen Nazaré haben, unter anderem auch Frank von der Yacht WILDCAT, der ins Wasser ging, um den Propeller zu klarieren. Was für ein Glück, dass es uns nicht auch passiert ist.

Cascais

Gegen Abend laufen wir in den teuersten Hafen Portugals ein, Cascais. Der klimatische Unterschied 65 sm weiter südlich ist beachtlich. Obwohl spät, ist es immer noch sehr angenehm warm, die Luft riecht hier auch anders, einfach hochsommerlich. Die Lage der Marina zum Ort ist ganz einfach klasse, der Weg ist kurz und schön. Am Abend unternehmen wir einen Spaziergang durch den noblen und mondänen Ort.

Ein Tag voller Überraschungen. An der Maschine ist ein Ölwechsel notwendig, nur ist es nicht so einfach, in dieser tollen Marina das Altöl zu entsorgen, niemand fühlt sich zuständig. Nach gut einer halben Stunde gelingt es uns schließlich, das Öl bei einer Werkstatt abzugeben. Der Mechaniker wurde mehrfach aus dem Marinabüro angerufen und gebeten, unser Altöl entgegen zunehmen. Er bedankt sich für die beiden Kanister mit einer leichten Verbeugung.

Ein weiterer Stadtbummel. Cascais ist ein herrlicher Ort zum Entspannen und das Leben zu genießen. Seit La Coruna sind Palmen unsere neuen Lieblingspflanzen und hier stehen sehr viele. Die nächste Überraschung, Astrid und Dieter von der WINDLISE liegen hier vor Anker, Dieter sieht uns an der Marina Tankstelle und kommt für einen Klönschnack mit dem Beiboot herübergebraust. Er hat es nicht eilig, zu seinem Haus auf Madeira zu kommen. Er versucht uns davon zu überzeugen, noch einen Tag hier zu bleiben, tut uns leid, lieber Dieter, Lissabon lockt.

Recht flott schiebt uns der Strom den Tejo hinauf, wir passieren verschiedene Forts und natürlich auch die Brücke „Ponte de 25 Abril“. Die beste Marina in Lissabon ist nach allen uns vorliegenden Informationen die Expo-Marina. Die dritte Überraschung, wir stehen vor der Marina Expo, können aber nur noch Teile der Steganlage sehen. Offensichtlich wurde die Marina geschlossen. So ein Pech, nun geht es gegen den Strom 5 Meilen zurück. Später erzählt ein lokaler Segler, die Expo Marina wurde im vergangenen Winter infolge eines Sturmes zerstört. Jetzt sucht die Stadt neue Investoren.

Tief steht die Sonne über der Marina „Doca de Alcantara", die Spiegelungen im Wasser blenden, das Steuern ist anstrengend. Nach einigem Suchen machen wir in einem freien Liegeplatz fest. Es folgt die letzte Überraschung des Tages, französische Segler kommen kurz nach uns in die Marina und beanspruchen den Platz für sich. Wir klären das Anliegen mit dem Hafenmeister ab, der in souveräner portugiesischer Art darin kein Problem sieht. Jetzt seid ihr drin und ihr bleibt auch drin! Recht hat der Mann, Prost, wir trinken einen Sekt auf unsere Ankunft in Lissabon.

Lissabon

Mit Lissabon erfüllt sich ein Wunsch, zu Beates Geburtstag wollten wir hier sein. Außerdem sehen unsere Planungen vor, hier einige Besorgungen zu machen, es fehlen die Seekarten bis zu den Kanaren, Filme sind zu entwickeln, ein Segel muss nachgenäht werden und schließlich ist eine der hölzernen Cockpitluken im Bereich der Scharniere abgebrochen.

Unser erster Tag führt uns routinegemäß ins Touristenbüro, wir haben mittlerweile gelernt, die für uns wichtigen Fragen zu stellen. Welches Verkehrsmittel fährt wohin, wo sind Supermärkte, Einkaufszentren und Internetcafes, wo kann man Wäsche waschen? Wir bekommen dann einen schönen Stadtplan, der voller Kreuze und Kästchen ist, entsprechend der nachgefragten Lokalitäten.

In einem Fotogeschäft führen wir mit dem englisch sprechenden Verkäufer einige Verhandlungen über die Entwicklung der Filme. Von der Stadt nehmen wir heute nur einen ersten Eindruck mit zurück aufs Schiff, hier gibt es unglaublich viel zu sehen. Das Anschauen der Stadt muss geplant sein, sonst laufen wir nur ziellos herum.

Abends gehen wir unsere Reparaturen durch und finden auch eine einfache Lösung für einen zerbrochenen Deckel in Cockpit, jedoch ist es fraglich, ob wir die Reparatur realisieren können.

Wir haben gerade das Frühstück beendet, da tritt ein freundlicher älterer Herr ans Schiff und fragt uns, ob er sich bereits vorgestellt hat? Die Frage verneinend, sagt er auf englisch: "Mein Name ist Carlos, wenn ihr ein Problem habt, einen Übersetzer braucht, jemanden, der euch durch die Stadt fährt, dann kann ich euch helfen." Was für ein Glück, der Mann kommt wie gerufen. „Ja, wir brauchen Hilfe", antworten wir und zeigen ihm den Deckel, der lose an zwei Scharnieren hängt. „Könnte man an die Scharniere zwei Verlängerungen anschweißen, so würden die Schrauben im gesunden Holz weiter in der Mitte wieder halten", sage ich zu ihm. Carlos als pensionierter Ingenieur, wie er später erzählt, sieht das auch so und will mich zu einer Firma in der Nähe fahren, 15 Euro die Stunde. Er sagt, wir sollten es uns überlegen, er wolle noch mit anderen Seglern auf dem Steg sprechen. Ich nutze die Gelegenheit und gehe zu einen englischen Yachtie gegenüber, mit dem Carlos zuvor sprach; ich hatte den Eindruck, die Beiden kennen sich schon länger. Auf die Frage, ob man Carlos vertrauen könne, antwortet er: „Carlos? Yes, absolutly." Carlos kommt zurück und wir vereinbaren, er erhält 15 Euro für die Fahrt hin und zurück. Die Scharniere sind schnell demontiert, 15 Minuten später stehen wir in einer Werkstatt in der Größe von 4 Garagen und der Unordnung eines Großbetriebes. Zwei Leute arbeiten hier, Carlos erklärt einem von beiden, vermutlich dem

Chef, unser Problem. Zu meinem Erstaunen lässt der alles liegen und beginnt sofort, den passenden Edelstahl zu suchen. Er schweißt die Teile gemäß meiner Skizze zusammen, 20 Minuten später halte ich zwei tolle Scharniere in der Hand. 10 Euro würde die Reparatur kosten, meint der Boss; die zahle ich gerne. Der Deckel sitzt jetzt wieder fest und schließt wasserdicht ab, so kann unser Schiff durch diese Luke nicht mehr vollaufen, sollte mal eine Welle ins Cockpit steigen.
Carlos verdient sich nach seiner Pensionierung durch seinen Service einige Euros hinzu: „Ich mache das jetzt seit 6 Jahren, es ist mir viel zu langweilig, zu Hause herumzusitzen. Hier in der Marina treffe ich die unterschiedlichsten Leute und ich habe eine Aufgabe.“
Ich spreche ihn auf die Bettler an, die wir am Vortag in der Stadt sahen. Es waren oft Frauen mit kleinen Kindern, die irgendwelche Krankheiten wie zum Beispiel Zittern mimten. „Ja“, sagt er, „das sind fast nie Portugiesen, es sind rumänische Banden, die mit Kleinbussen umherziehen. Die wirklich armen Portugiesen setzen sich nicht auf die Straße und betteln, die haben viel zuviel Scham, das zu tun.“

Mit der alten Tram, einem richtigen Museumsstück, fahren wir ins Stadtzentrum. Der Wagenaufbau ist aus Holz, ein toll geschwungenes Rad rechts neben dem Fahrer unterstreicht das antike Fahrzeug.

Heute ist Samstag, auf dem Tejo soll eine Regatta stattfinden und wir sind uns nicht mehr sicher, ob wir über Nacht zur Nordsee gefahren sind; es regnet seit Stunden in Strömen und der Wind pfeift aus Süd. Damit nicht soviel Feuchtigkeit ins Boot gelangt, befestigen wir das Cockpitzelt, seit England das erste Mal. Gegen Nachmittag fahren wir mit unserem am meisten favorisierten Verkehrmittel, der Metro, zum Expo-Gelände.

Die Straßen Lissabons sind voll mit Autos, die Gehwege oftmals zugestellt. Die Stadt versucht mit „fast geschenkt“ Tickets mehr Bürger zum Umsteigen auf öffentliche Verkehrsmittel zu bewegen. Der September ist laut den Plakaten in der Metro der Monat ohne Auto. Ein Tagesticket für 1,40 € ermöglicht beliebige Fahrten innerhalb der Stadt und das äußerst schnell. Für uns ist die Metro ideal, sie bringt uns zügig in entferntere Stadtteile, ohne lange Wartezeiten. Dem Expo Oceanarium folgt ein Besuch im Konsumtempel Vasco da Gama. Offengesagt hat mich der Gedanke erschreckt, da entdeckt jemand für sein Land unter großen Gefahren neue Länder und anschließend wird ein Kaufhaus nach ihm benannt! Andererseits stimmt die Logik, Geld und Macht damals wie heute.

Auch der Sonntag hat äußerst viel Wind und Regen zu bieten, im Schiff tropft Wasser aus einem Kabel. Wir haben schon manches Seltsame am Boot gesehen, die Erfahrung, dass aus einem ca. 15m langen Kabel, von der Mastspitze bis zum Sicherungspaneel, Wasser tropft, ist neu.

Montag heißt Geburtstag feiern. Smart ist, mit der Metro zu fahren, dumm ist, an einem solchen Tag mit der Geburtstags-Gattin ins Einkaufzentrum zu düsen ... nein, nicht in irgend eins, ins Centro Comercial Colombo, eines der größten der Welt ...
Zurück im Zentrum sehen wir uns den mittelalterlichen Teil Lissabons an, Alfama. Die Straßen sind sehr eng und steil, teilweise könnte es eine gute Filmkulisse sein. Das schöne Bild wird leider von vielen zerfallenen Häusern gestört.

Im Stadtteil Belem finden wir einen Segelmacher, der unseren Booster reparieren kann, im Segel sind einige kleine Löcher. Normalerweise stellt dieser Betrieb nur noch Cockpitzelte und Abdeckplanen her, Segelreparaturen sind seltener. Der langjährige Segelmacher des Betriebes ist sichtlich erfreut, wieder

mal ein Segel in der Hand zu halten, mit entsprechendem Elan sieht er mit uns das Tuch durch. Da die Platzverhältnisse sehr beengt sind, wird das Segel auf dem Bürgersteig inspiziert.
Wir schauen uns in Belem um, gehen in die Fabricá de Pasteis, kosten die leckeren Pasteten und besuchen anschließend das eindrucksvolle Hieronymus Kloster.

Am nächsten Nachmittag holen wir unser Segel ab, der Segelmacher zeigt uns jede Kleinigkeit, die er repariert hat, er hat nach nochmaligem Durchsehen weitere schadhafte Stellen gefunden und nachgenäht. Wir hatten einen festen Preis vereinbart, die Chefin des Betriebes erklärt uns, der Preis habe sich geändert. Wir denken uns, oh je, die zusätzlichen Löcher kosten mehr Geld. Um so überraschter sind wir, als sie sagt, die Kosten betragen rund 10% weniger!

In der Marina müssen wir den Platz wechseln, der Platzinhaber ist aus dem Urlaub zurückgekehrt und wartet ungeduldig. Wir verlegen unser Schiff innerhalb der Marina. Kaum festgemacht, kommt breit grinsend der Skipper der kanadischen Yacht LION´S PAW herüber, wir kennen uns von einigen Häfen zuvor. Er lässt es sich nicht nehmen, uns auf dem Steg willkommen zu heißen: „Ihr habt nette Nachbarn, eine gute Idee, zu Dock 4 zu kommen."

Abends wird es brasilianisch, das Boot backbord neben uns wird von Walter Schütze, einem Brasilianer bewohnt. Auf seinen Namen angesprochen, erzählt er uns, sein Urgroßvater sei von Deutschland nach Brasilien ausgewandert und habe sich in Sao Paulo niedergelassen. Er wisse nicht mehr über die deutsche Vergangenheit seiner Familie und er gibt uns klar zu verstehen, dass es ihn auch nicht im Geringsten interessiert. In Portugal will er sich eine neue Existenz aufbauen, Brasilien ist ihm zu korrupt, die wirtschaftliche Entwicklung zu unsicher und alle wichtigen Bereiche werden von Drogenbanden kontrolliert. Wir fragen ihn, wie gut er die Portugiesen versteht, sind die Sprachen doch ähnlich. Die verblüffende Antwort: „In den ersten Wochen so gut wie überhaupt nicht. Diese harte Aussprache, zum Teil andere Deklination, die Portugiesen reden ziemlich altmodisch. Wir haben eine viel weichere und schönere Aussprache.“ Was konnten wir von einem Brasilianer auch anderes erwarten?

Samstags ist im Stadtteil Alfama Flohmarkt. Leider enttäuscht der Markt, es ist mehr oder weniger ein Schrottplatz; viel Elektronik der Marke Sondermüll beherrscht die Szenerie. Keine Enttäuschung ist hingegen das Essen in einem der vielen kleinen Restaurants, in die meist kaum mehr als 5 Tische passen. Zurück an Bord räumen wir auf, morgen geht es weiter.

Sines

Ein Blick aus dem Niedergang Richtung Himmel bestätigt, was die Wetterberichte versprechen, ruhiges Herbstwetter und guter Segelwind. Wir verlassen unseren Liegeplatz, es dauert eine Weile, bis der lange Weg durch den Hafen zurückgelegt ist. Am Hafenausgang steht ein Uniformierter und macht sich Notizen von unserem Schiff. Die Strömung ermöglicht eine schnelle Reise flussabwärts, bald ist die Mündung des Tejo erreicht. Vom Atlantik läuft eine Dünung gegen den Strom, die Folge sind steile Wellen. Der Bug hebt sich manchmal weit empor als wolle das Schiff aus dem Wasser steigen, um einen Moment später in die nächste Welle zu fallen. Es macht Spaß, die Bewegungen zu sehen, wie das Wasser am Bug schäumt. Von Süden nähert sich ein Kreuzfahrtschiff, schließlich biegt es in den Tejo ein. Wir machen genau das Umgekehrte und ändern unseren Kurs auf 170 Grad. Die Wellen laufen jetzt von Steuerbord querab. Nun denke niemand, man bleibt ungestraft 12 Tage im Hafen. Wir haben einige Mühe, die ersten aufkommenden Zeichen von Seekrankheit in den Griff zu bekommen, trotz vorsorglicher

Einnahme ent-sprechender Tabletten. Später beruhigen sich unsere Mägen, gut so, wir hatten auf der bisherigen Reise keine nennenswerten Probleme mit Seekrankheit. Später segeln wir auf einer Wassertiefe von einigen hundert Metern, die Wellen sind jetzt lang und heben und senken das Schiff in einem angenehmen Rhythmus, ich könnte stundenlang zusehen.
Gegen Abend ist Sines in Sicht, kurz vor 2000 Uhr legen wir an. Es ist soeben dunkel geworden, der Herbst macht sich immer deutlicher bemerkbar. Zum Glück noch nicht in den Temperaturen, T-Shirt und Short sind genau richtig. Wie üblich, gehe ich mit den Schiffspapieren und Pässen zum Hafenmeister, der mit seinen Polizeikollegen vor dem Fernseher sitzt und eine Rede des portugiesischen Präsidenten verfolgt. Während er die Formalitäten erledigt, sehe ich auf das im Fernseher eingeblendete Laufband mit Nachrichten aus aller Welt in Kurzform. Stimmt, heute sind in Deutschland Wahlen, wir haben dieses politische Großereignis in unserer Segelwelt völlig vergessen. Zuhause würden wir jetzt gespannt den Wahlausgang verfolgen, aus der Ferne empfinden wir die sprichwörtliche Distanz, speziell zur Politik. Abends hören wir im Radio noch einige Berichte zum Wahlausgang.

Es ist 0400 Uhr, durch das ablegende Nachbarboot bin ich wach geworden. Gegen 0500 Uhr verlassen gleich mehrere Schiffe den Hafen, jetzt ist auch Beate wach. Vor uns liegt eine weite Strecke, 76 sm bis Lagos an der Algarve. Wir frühstücken ausgiebig, das beste Mittel gegen unruhige Mägen auf See. Mit dem Sonnenaufgang kurz vor 0700 Uhr laufen wir aus. Der Wind aus West ist ideal, mit Segel und Motor machen wir fast 7 Knoten. Sehr bald tauchen vor uns einige Mastspitzen auf, wir haben durch die seglerisch nicht anspruchsvolle Motorunterstützung deutlich zu den vor uns auslaufenden Yachten aufgeholt. Der Wind bläst jetzt konstant um die 13 Knoten, genug für uns, um mit 6,5 Knoten zügig zu segeln. Und so bleibt es, bis wir um 1600 Uhr 57 sm nach Sao Vincente zurück gelegt haben. Beim Passieren des Kaps sprechen wir kaum mit einander, die Felsformationen mit dem darüber liegenden Leuchtfeuer sind imposant. In allen anderen Richtungen hingegen ist nur Wasser zu sehen. Zu Beate sage ich, mit der Hand Richtung Süd deutend, ca. 600 sm weiter liegen die kanarischen Inseln. Den Zusatz, unser größtes bevorstehendes Seeabenteuer, denke ich mir.

Der Mitstrom hat eine schnellere Reise nach Sao Vincente ermöglicht als erhofft, jetzt liegt Kurs Lagos an, wo wir gegen 2000 Uhr am Meldesteg festmachen. Das Hafenbüro ist bereits geschlossen, seit dem 15.09. ist für die Beschäftigten Nachsaison, die zahlenden Gäste haben erst zwei Wochen später das Vergnügen der Nachsaisonpreise.
ATHENE liegt parallel zur Stadtpromenade, viele Menschen flanieren hier entlang. Unser Anlegemanöver wird von Schaulustigen verfolgt, manche bleiben stehen und sprechen offensichtlich von unserem Schiff. Unsere Sprache heißt Hunger, zusammen bereiten wir unser Dinner, heute gibt es Steaks und Salat.

Lagos

Am nächsten Morgen verlegen wir ATHENE in die Marina und schauen uns im Ort um. Touristen, Touristen wohin das Auge sieht. Lagos kennt zur Zeit nur zwei Sprachen, deutsch und englisch.
Es ist die Stadt, in der Heinrich der Seefahrer sein Domizil hatte. Von hier unternahmen viele Seeleute ihre Entdeckungsfahrten, Karavellen segelten um die Welt, entdeckten neue Länder und ergriffen Besitz, der Sklavenmarkt zeugt davon.
Lagos ist eine schöne, lebendige Stadt, mit einer autofreien Fußgängerzone. Uns gefällt, der Ort ist weitgehend unverschandelt.

Es ist sommerlich warm, im Boot beträgt die Temperatur bereits 26 Grad, das Wasser hat 22 Grad. Jetzt ist es vorbei mit dem kühlen Bier aus der Bilge.

Unser zweiter Tag in Lagos beginnt mit heftigem flüssigem Sonnenschein bis zum Nachmittag, es ist schwül heiß. In der Box neben uns macht ein Boot fest, jetzt liegen rechts und links neben uns Engländer, ganz in unserem sprachlichen Interesse.

Der Bus hat eine halbe Stunde Verspätung, Tagesziel ist das Kap Sao Vincente, der südwestlichste Punkt Europas. Für uns ist der dortige Leuchtturm nicht nur ein touristisches Ziel, wir haben ihn vor einigen Tagen auf eigenem Kiel umrundet. Der Blick vom Kap ist großartig. Wir sehen auf das Meer hinaus und passieren in Gedanken noch einmal das Kap. Dann zieht Nebel auf, das Nebelhorn gibt Signale. Wir gehen ein Stück die Felsklippen entlang, finden einen Weg zum Wasser, steigen hinunter und nehmen ein kurzes Bad. Die Felsenlandschaft ist bizarr.
Zum Abschluss trinken wir Kaffee in einem Gebäude, dass an ein Kloster erinnert, die Sicht ist wieder fantastisch. Im Hafen treffen wir Tini und Frank wieder. Zusammen sitzen wir zum Abendessen in einer der typischen Bars, eine Lokalität mehr für Einheimische und haben zum Abschied unsere übliche Klön – und Lachrunde. Leider werden sich unsere Wege jetzt trennen, die WILDCAT Crew zieht ins Mittelmeer, die ATHENE Crew zu den Kanaren. Schade, wir hatten eine ausgesprochen schöne, lustige und kurzweilige Zeit miteinander. Auch das ist Fahrtensegeln, Wege kreuzen sich, man lernt einander kennen, schließt Freundschaften, dann trennen sich die Wege wieder. Manchmal schmerzt es, dass die schöne gemeinsame Zeit vorbei ist.

Der nahe liegende Supermarkt macht einen Großeinkauf einfach, nur verlässt oder erreicht man die Marina nicht, ohne wenigstens zweimal von aufdringlichen Typen auf eine Bootsfahrt zu

Delfinen oder entlang der Küste angesprochen zu werden. Diese Leute empfinden wir als sehr unangenehm.

Mit einem vollen Einkaufswagen rattern wir über die gepflasterten Wege zurück zum Schiff, nichts geht über den Anblick gut gefüllter Vorratskisten. Heute ist es schwül heiß, das Beste, was man tun kann, ist, an einem der berühmten weißen Strände der Algarve schwimmen.

Wir verlassen Lagos, möchten wieder segeln. Segeln ist vielleicht nicht das richtige Wort, es ist mehr ein gezieltes Treiben bei Schwachwind. Dennoch, zu tun gibt es immer etwas, im Test sind unsere neuen Fischfänger. Nach Anweisung von Frank und Tini haben wir ein kleines Floß angefertigt, an dessen vorderem Drittel die Angelschnur, am Ende ein Makrelen Köder befestigt wird. Beim Schleppen taucht das Floß unter und ist wieder zurück an der Wasseroberfläche, sobald ein Fisch angebissen hat. Nach einer Weile schaue ich mich um, tatsächlich das Floß liegt auf dem Wasser. „Beate, ich glaube, wir haben einen Fisch gefangen", sage ich mit ungläubiger Stimme. Eine kleine Makrele hat angebissen, sie ist am Maul kaum verletzt, wir entlassen sie in die Freiheit. Wir werfen das Floß wieder ins Wasser und was dann passiert, hört sich nach Anglerlatein an, die Fische beißen wie wild.
Zweimal hängen 2 Fische auf einmal an den Haken, leider nur kleinere. Nachdem wir 4 Stück akzeptabler Größe haben, ist der Fischfang beendet, zumal wir heute auf Crashkurs sind: Im letzten Moment sehen wir unter dem Vorsegel ein Anglerboot und reißen sofort das Ruder herum. Angesichts der drohenden Gefahr, jeden Moment gerammt zu werden, sind die beiden Fischer erstaunlich ruhig. Zuvor verfing sich ein Fischnetz im Kiel, erst durch die Geräusche der mitgezogenen Markierung sind wir darauf aufmerksam geworden. Das Netz rutschte schließlich

unter dem Kiel durch, kein Tauchgang notwendig. Angeln kann spannend sein.

Am späten Nachmittag segeln wir mit leichtem Wind in die Hafeneinfahrt Portimao, vor uns ist ein kleineres Regattaboot, mit drei Seglern an Bord. Sie schauen immer wieder nach achtern, der Abstand wird langsam kleiner. Die Segelstellung korrigieren sie fortwährend, ATHENE ist dennoch schneller. Schließlich über-holen wir sie im Schneckentempo, auf beiden Schiffen ungläubige Gesichter. Einer ruft uns mit einem breiten Lächeln im Gesicht zu, er sollte wohl besser das Schiff wechseln. Unser Vorsprung kann nur auf die größere Segelfläche zurück zu führen sein. Am Steg eines Segelclubs legen wir hinter einer schwedischen Yacht an. Später steht der Skipper in der Kombüse und bereitet stolz Makrelen zu, mit Kräutern gefüllt und Käse überbacken.

Seit Tagen gibt es Anhaltspunkte, die erste Oktoberwoche bringt die erhoffte Wetterlage, die eine sichere Reise zu den Kanaren zulässt. In der Stadt suchen wir ein Internetcafe zum Sichten der Wetterkarten auf. Dort treffen wir Segler, die uns am Vorabend auf die Wetterentwicklung ansprachen, auch sie möchten weiter nach Süden, wie so viele hier. Nach knapp einer Stunde recherchieren lautet das Ergebnis, die Wetterlage stabilisiert sich zu einem Klassiker, ein Hoch liegt über den Azoren, ein Tief über Nordafrika. Allen Vorhersagen unterschiedlicher Wetterdienste zufolge bleibt diese Wetterlage für mindestens eine Woche bestehen. Mit voraussichtlich 5 Tagen Fahrzeit blieben noch 2 Tage in Reserve, das sollte genug sein.

Zurück an Bord wird das Boot vorbereitet, auf Seeordnung umgeräumt. Fahrräder und Booster vorne, Genua, Fock und Schlauchboot achtern. Mit dieser Ordnung ist die Ausrüstung leicht zugänglich, ebenso die darunter liegenden Servicedeckel.

In ein kleines Notfass legen wir den Satelliten-Notsender und Proviant, in ein großes Fass ein Funkgerät, GPS, Proviant sowie einige Kleidungstücke. Während alles gut vertäut wird, überlegen wir, ein drittes Fass zu füllen, mit einem guten Buch und einer Flasche Rotwein, was soll man sonst in einer Rettungsinsel tun? Abschließend besprechen wir noch einmal die Route.

Portugal – Kanaren

Ruhiger Beginn – Sternschnuppen und Robert – Träume in Blau – Selbststeuerung einmal anders – umfangreiche Segelgarderobe - Land in Sicht

1. Seetag

Auch die neusten Vorhersagen über NAVTEX sehen vielversprechend aus. In der Marina wird der Dieseltank gefüllt, mit einer Tankfüllung wäre es möglich, die gesamte Strecke nach Lanzarote, 550 sm, unter Maschine zu fahren. Es ist beruhigend zu wissen, dass diese Option besteht. Aber die gute ATHENE ist ein Segelschiff, wir möchten segeln und hoffen auf entsprechenden Wind. Die Kirchturmglocke läutet soeben 11 Uhr, ablegen, Kurs Lanzarote. Auf dem Atlantik ist es diesig grau, eine leichte Dünung läuft aus Ost. In der Ferne durchpflügt ein Ausflugsboot aus Lagos kommend das Wasser, es ist ein Delfinbeobachter. Mit dieser Geschwindigkeit sollten sie besser für Delfinjagd werben. Slogan: „Lassen Sie sich nicht die Gelegenheit entgehen, auch noch die letzten Delfine zu verscheuchen."

Leider müssen wir einen Teil des soeben gebunkerten Treibstoffes zum Vortrieb verwenden, 6 Knoten mit Motor, zur Zeit ist es schwachwindig, von wegen Wind und Segeln.

Vorsorglich nehmen wir unsere Pillen gegen Seekrankheit, die nach unserer Erfahrung sehr viel mit Psyche zu tun hat. Heute denken wir zuviel über das vorhergesagte Wetter, die lange Strecke und mögliche Risiken nach. Jetzt segeln wir mit großen Löffeln, nur die Begeisterung hält sich in den ersten Stunden in Grenzen.

1230 Uhr, der Wind ist da, N NW 4, Segel gesetzt, Kurs 215 Grad, Motor aus, Ruhe! Wie gewohnt läuft unsere ATHENE kursstabil, die Schiffsbewegungen sind relativ angenehm. Müdigkeit überkommt uns, Beate legt sich im Salon hin, ich im Cockpit. Da Smutje ein Cleverle ist, hat sie am Vorabend vorgekocht, Spagetti mit Hackfleisch und Tomatensoße, das schmeckt.

Leider gibt es ein erstes technisches Problem, der Windgenerator lädt die Batterien nicht. Der Generator ist notwendig zur Stromversorgung des Autopiloten, ohne ihn sind die Batterien nach ca. 80 Stunden entladen. In einer Bodenluke laufen alle Verkabelungen zusammen, ich öffne sie und prüfe die Leitungen durch. Es ist alles so, wie es sein soll. Die Aktion, kopfüber in einer Luke auf einem schwankenden Schiff, ist nichts für die ersten Stunden auf See. Ich schließe den Deckel, nichts wie raus an die frische Luft, das war keine gute Idee. Nein, die Fische gehen leer aus!

An Backbord sichten wir ein Kriegsschiff, das mit Höchstgeschwindigkeit Richtung Sao Vincente läuft. Die Bugwelle des Schiffes ist sehr beeindruckend, das Wasser spritzt bis zur Höhe der Brücke. Warum haben die es nur so eilig? Die Frage beantwortet kurze Zeit später der Sprechfunk, sie sind auf dem Weg zu ihrem Einsatzort bei Sao Vincente zur Frachtschiffkontrolle nach Ladung, Abfahrt- und Zielhafen sowie Besatzung, die gleiche Prozedur wie im Englischen Kanal.
Die Windstärke beträgt mittlerweile 5 Bft, wir machen gute Fahrt, der Stimmungspegel steigt. Beate übernimmt die erste Wache bis 2200 Uhr, es ist jetzt 1930 portugiesischer Zeit, die Sonne geht unter.
Bei Antritt meiner Wache ist es angenehm mild. In Fleece und Jogginghose gekleidet sitze ich auf einem Kissen im Cockpit. Während der Nacht, so ist unsere Vereinbarung, trägt jeder von uns eine Rettungsweste und sichert sich mit einer Leine am Schiff, sobald er das Deckshaus verlässt. Das Cockpit wird grundsätzlich nie verlassen, solange der andere schläft.

Angeleint sitze ich im Cockpit und beginne die Reise zu genießen. Geografisch gesehen verlassen wir jetzt Europa und segeln vor Afrika! Von der afrikanischen Küste ist nichts zu sehen, nur ein Frachtschiff aus Delfzijl, dass bei der Befragung durch das Kriegsschiff angab, Richtung Casablanca zu laufen. Ansonsten ist es ruhig, weit und breit keine Fahrzeuge, keine Fischer, keine Netze, kein Müll – eine Wohltat.
Der nächtliche Sternenhimmel ist faszinierend klar und scheinbar nahe. Gelegentlich sieht man Sternschnuppen und wünscht sich was.
Kurz vor Wachwechsel gibt unser Robertson-Autopilot, wir nennen ihn Robert, eine Fehlermeldung: *Fail Actuator*, d.h. Ausfall der Antriebseinheit! Wir gehen den einfachsten Weg, ignorieren die Meldung und aktivieren den Autopiloten erneut. Er läuft ohne Probleme. Ob Robert auch Wünsche hat?
Das Log fällt kaum unter 6 kn, so macht segeln Spaß. Ablösung, Beate übernimmt von 0100 – 0400 Uhr, dann bin ich wieder an der Reihe, bis zum Morgen. Tagsüber besteht keine feste Wacheinteilung.

2. Seetag

Kaum eine Stunde in der Koje, werde ich durch ungewöhnlich starke Geräusche des rauschenden Wassers wach. Beate sitzt ruhig im Cockpit und ist erfreut über das gute Vorankommen, das Schiff läuft wie ein Uhrwerk. Mein Eindruck ist, die Segel müssen sofort verkleinert werden. Aber gut, sie beobachtet die Situation schon längere Zeit. Ihre Einschätzung ist maßgebend; die Segel bleiben oben.

Am Morgen sind wir verschlafen, die Eingewöhnung an den neuen Tagesablauf benötigt Zeit. Um uns herum ist alles blau, der Himmel, das Wasser, ein intensiver Blauton, den wir bisher noch nicht gesehen haben. Die See ist zur Zeit relativ ruhig, der Motor läuft für eineinhalb Stunden zur Ladung der Batterien mit. Gegen Mitternacht ist der Wind mit N 2-3 Bft. zu schwach zum Segeln. Die Maschine wird erneut gestartet, war es eine Batterie, die Hurra sagte?

3. Seetag

Es ist 0500 Uhr, Halbzeit. Gegen Morgen duschen wir im Cockpit und sprühen die Sitzbänke, das Steuerrad, Haltegriffe und den Klapptisch mit Frischwasser ab. Durch das Salzwasser klebt mittlerweile alles, was man anfasst.
Der Cockpittisch wird aufgeklappt, zwei bequeme Sitzkissen auf die Bänke, schließlich decken wir den Tisch. Die See ist heute so ruhig, wir genießen die Möglichkeit, hier draußen zu frühstücken. Delfine umschwimmen unser Schiff und tauchen unter dem Bug hindurch, 8 Tiere, ungefähr 1 m lang. Das Wasser ist sehr klar, auch unter Wasser sind die eleganten Schwimmer gut zu sehen. Frühstück mit Delfinen.
Unser jetziges Etmal beträgt 143 sm, tags zuvor sind wir innerhalb von 24 Stunden 140 sm gesegelt.
Die Wetterlage ist nach wie vor sehr gut für uns, die Gefahr, mit einem Südwind konfrontiert zu werden, gering. Das Warten auf eine günstige Wetterlage hat sich mal wieder bewährt. Die Frage, die uns jetzt am meisten beschäftigt, ist, wann weht wieder stärkerer Wind? Glaubten wir in der Nacht zuvor, durch Ignorieren der Fehlermeldung eine einfache Lösung für unser Problem mit dem Autopiloten gefunden zu haben, so werden wir nun eines Besseren belehrt: rhythmisches Piepsen des Alarms und Fehleranzeige. Die See ist noch immer ruhig, die Achterkabine wird zum Prüfen der Anlage völlig ausgeräumt. Auf den ersten Blick sieht alles in Ordnung aus, ein Elektromagnet an der Pumpe wird gegen ein Ersatzteil ausgetauscht. Zweifel bleiben.
Nachmittags weht wieder genug Wind, um mit dem Passatsegel weiterzusegeln. Der Autopilot versieht seinen Dienst. Kurz vor

Sonnenuntergang besprechen wir die Besegelung für die Nacht. Ich würde das große Segel gerne stehen lassen, denke an ein ordentliches Etmal, schließlich laufen wir phantastische 6,5 kn. Für Beate hat der Wetterbericht größere Bedeutung und sie schlägt vor, auf der sicheren Seite zu bleiben. Für die nächsten Stunden sind 5-6 Bft. vorhergesagt. Ein Bergemanöver in der Nacht bei starkem Wind ist nicht einfach. Ich stimme ihr zu, Sicherheit schlägt Geschwindigkeit. Um 2000 ist die Genua gesetzt, 5,5 kn Geschwindigkeit bei Wind NO 4.
Während meiner Nachtwache fällt „Robert" aus, außerdem bläst der Wind inzwischen mit 20 kn, was für eine gute Idee, den Booster rechtzeitig geborgen zu haben! Skipper, höre auf deine Frau!

Ich schalte das Gerät aus und stehe 1 Stunde lang selbst am Ruder. Das Steuern in der Dunkelheit ist eine einzigartige Erfahrung. Um das Boot ist nicht viel zu sehen, auf der Wasseroberfläche schimmert ein wenig Mondlicht. Seitlich läuft das grünlich phosphoreszierende Wasser ab, die vielen leuchtenden Wasserteilchen vermitteln ein Gefühl wahnsinniger Geschwindigkeit. Kurshalten ist schwierig, nur auf den Kompass starren anstrengend. So suche ich mir einige Sterne in Kursrichtung und orientiere mich daran. Aber auch diese Art hat nur einen begrenzten Vergnügungsfaktor. Nach einer Stunde am Ruder bin ich völlig übermüdet, mir ist kalt, ich kann nicht mehr sagen, ist das Erlebnis real oder Einbildung. Zum Wachwechsel an Beate schalte ich „Robert" wieder ein und hoffe, er hält bis zum Morgen durch. Das Problem könnte eine Überhitzung der Anlage sein.
Völlig übermüdet falle ich in die Koje und kann dennoch kaum schlafen. Die jetzige Segelführung hat einen Nachteil, das Schiff rollt stärker. Es ist weniger der Einfluss der Rollbewegungen auf den Körper, es sind vielmehr die Geräusche im Schiff, die von lebhaften Schapps und Backskisten herrühren. Über mir im

Schapp stehen Teller, die durch ständiges Anklopfen an die Schranktür ihren Wunsch äußern, lasst uns hier raus. Ganz geschwätzig ist das Gewürzschapp, dort werden offensichtlich lautstark Rezepte getauscht. Die vielen kleinen Dosen lassen sich nicht dauerhaft festklemmen und klappern vor sich hin. Unter der Koje ist einer unserer Wassertanks montiert. Nicht mehr ganz voll, platscht das Wasser hin und her und schlägt manchmal heftig gegen die Wandungen. Wer darüber schläft, empfindet es wie einen Paukenschlag. Musikalisch ausgedrückt, herrscht hier eine Kakophonie mit Donnerschlag.

Der Wind hat inzwischen die Stärke 5 erreicht, der Autopilot fällt immer häufiger aus. Nach einer halben Stunde selbst steuern, läuft „Robert" für ca. 1 Stunde. Auch Beate muss jetzt ans Ruder und macht ihre Sache hervorragend!

4. Seetag

Völlig übernächtigt sitzen wir gegen 0800 Uhr im Cockpit, sind zu müde zum Trinken und Essen, „Robert" steuert im Moment, ATHENE rollt in den von Backbord laufenden Wellen, der unstete Wind lässt uns nicht schneller als 4 kn segeln. Wir suchen nach einer Lösung, um das Rollen zu reduzieren und die Fahrt zu erhöhen.
Das Großsegel wird mit einem Reff gesetzt, dabei verwickelt sich das Großfall im Rigg. Segel runter, 2. Versuch. Jetzt klappt es. Im Ergebnis bringt das Manöver aber nichts. Nächste Änderung, ungerefftes Großsegel und eingerollte Genua. Zurück im Cockpit muss ich leider erkennen, es ist noch schlimmer – das Großsegel schlägt gefährlich. Bevor ein Bullenstander zur Sicherung angebracht ist, schlägt das Groß um – Patenthalse! Es kracht im Rigg. Eine Klemme zum Trimmen des Großsegels zerreißt in Stücke. Glück gehabt, der Schaden ist gering. So geht es nicht weiter, das Groß muss geborgen werden. Wie immer gehe ich mit

Rettungsweste und Sicherungsleine an den Mast. Trotz aller Vorsicht verliere ich am Mast den Halt und gehe in einer Drehung zu Boden. Dank dem glatten Vorschiffsdeck ist nichts weiter passiert, nur der übliche blaue Fleck wird später zu sehen sein. Nachdem das Groß geborgen ist, öffne ich das Großfall zur Sicherung der Leine. Nach Lösen des Schäkels rutscht er mir aus der Hand und fliegt nach achtern weg. Der Schäkel am Ende der Leine kreist wie ein Geier über dem Achterschiff. Beate geht in Deckung. Hilflos stehe ich am Mast und zähle einmal, zweimal um die Achterstagen, eine Pause, und jetzt wickelt sich die Leine auch noch um die Dirk. Dann fliegt sie Richtung Mast zurück und bleibt in einer Want hängen, wo ich sie endlich greifen und sichern kann. Zurück ins Cockpit. Segeln macht heute Spaß!
Die Windgeschwindigkeit beträgt zur Zeit um die 4 Bft., der richtige Wind für den Booster. Kurze Diskussion, das Segel wird gesetzt, eher mühsam als schwungvoll. Kaum getrimmt, legt der Wind zu, das Log zeigt deutlich über 7 kn an, Höchstgeschwindigkeit. Der Wind nimmt an Stärke weiter zu, die Anzeige pendelt um Stärke 5, viel zu viel für den Booster. Das Segel beginnt nach rechts und links zu schwingen. In einem Moment liegt das Schiff nicht richtig auf Kurs, der Wind packt das Segel von einer Seite, es ist kaum nachvollziehbar, so schnell ist es geschehen, der Booster ist verdreht, rechte Seite links, linke Seite rechts. Ein Fotograf hätte seinen Spaß daran gehabt, dort im Vorschiff hängt ein riesiger „Schlauch". Einen Moment später drückt der Wind wieder in die Seite, ein Teil des Segels kommt in die richtige Position zurück. Unter großer Anstrengung bergen wir das Segel, vordere Luke auf, rein ins Schiff mit dem Ungetüm, Luke zu, Gott sei Dank, es ist nichts passiert.
Zurück im Cockpit erwartet mich Galgenhumor. Beate schlägt vor, noch die Kutterfock und das Sturmsegel zu setzen, dann wären alle Segel durchprobiert.
Schließlich laufen wir wieder unter Genua, herrlich, wie gemütlich das Schiff rollt, die Fahrt beträgt satte 4 kn, wie

konnten wir darin überhaupt ein Problem sehen, es ist halt so. „Robert" funktioniert ausnahmsweise mal wieder. Fix und fertig fragen wir uns, warum wir diesen Blödsinn gemacht haben. Unser vordringlichstes Problem ist die automatische Selbststeuerung. An Bord sind zwei Steuerungssysteme, der elektrische Autopilot und die mechanische Windsteuerung, der Windpilot. Nach Montage der Teile zwischen Ruder und Windpilot läuft ATHENE auf Anhieb den richtigen Kurs. Wir beobachten die Anlage kritisch und stellen bald mit Erleichterung fest, sie funktioniert genauso gut wie „Robert" zu seinen besten Zeiten. Der Punkt ist endlich erledigt. Es herrscht wieder Ruhe im Boot. Das Gepiepse für Warnung „Steuerungsausfall" bleibt uns nun erspart.
Gegen Mittag läuft wieder Bordroutine an. Die Windgeräusche aus dem Mast sind Musik für unsere Ohren, Wunschkonzert, unser Lieblingswind, NE 4-5 Bft. Der Tag ist sehr schön, blauer Himmel mit entsprechendem Sonnenschein. Ich sitze ganz hinten im Cockpit und schaue den von achtern heranrollenden Wellen zu. Manchmal denke ich, hoppla, jetzt müssen wir uns gut festhalten. Irrtum, irgendwie passen Schiff und Welle immer wieder gut zusammen, kein Problem.
2000 Uhr, Beate und die Sonne beenden gemeinsam den Tag, die letzte Nacht auf See, wir stehen ca. 90 sm nördlich von Punta Delgada.
Die Nacht ist kühl und unangenehm feucht, dafür die Wettervorhersage ausgezeichnet. Bis Mitternacht erwartet uns NE 5-6, dann NE 5 und schließlich E 4, Wellen sind mit 2,5 – 3m gemeldet. Das ist durchaus möglich, die Wellenhöhe zu schätzen, ist sehr schwer. Dennoch, der untere Teil des Niedergangs wird verschlossen, falls mal eine Welle ins Cockpit schwappt. Bisher ist es nicht geschehen, nicht einmal im Ansatz.
Die Wache bleibt diese Nacht im Schiff. Das Radar ist mit einem Warnkreis von 10 sm rings um das Boot programmiert, wenn ein anderes Schiff in unsere Nähe kommt, löst es einen unüber-

hörbaren Alarm aus. Und so machen wir es dann: Alle ca. 30 min ins Cockpit, sorgfältig herumschauen, einen Moment dem Windpiloten zusehen, einen Blick in das Vorsegel und zum Schluss auf die Instrumente (Fahrt, Kursabweichung). Zum Wachwechsel wird dann die aktuelle Position in die Seekarte eingetragen. Während der Nacht ist ein Kreuzfahrtschiff, später ein Frachtschiff auf Gegenkurs.
Meine Nachtwache nutze ich zur Analyse unseres morgendlichen Aktionismus. Wenn man müde ist, neigt man zu Fehleinschätzungen und Fehlentscheidungen. Die dringlichste Aufgabe war, die Selbststeuerung wieder herzustellen. Wir wissen, jede kleine Crew kommt nur so gut erholt an, wie der Autopilot funktioniert. Segelmanöver können anstrengend sein. Es war keine gute Idee, übermüdet die halbe Segelgarderobe auszuprobieren. Wenn, so hätten wir es nach einer Pause gegen Mittag tun sollen, das Schiff lief bereits die ganze Nacht mit der Genua gut.

Auf dem Radar ist bereits die Nordspitze Lanzarotes zu sehen, Beate übernimmt jetzt, ich freue mich auf die Koje.

5. Seetag

Land in Sicht, der Roque del Este, schemenhaft ist der Berg im Dunst zu erkennen, wir haben es geschafft. Im Schiff wird es immer wärmer, fast 30°, der Wind hingegen lässt mehr und mehr nach. Unser heutiges Etmal beträgt 133 sm. Um 1450 Uhr fällt der Anker im Hafen von Arrecife. Nach 99 Stunden und 50 Minuten sind wir auf Lanzarote angekommen, 550 sm liegen im Kielwasser, eine Strecke, die wir sofort wieder segeln würden!

Zwei Stunden später geht der Anker wieder auf, er hält nicht an der kurzen Kette. Die Platzverhältnisse sind durch die vielen ankernden Yachten sehr beengt, mehr Kette stecken nicht mög-

lich. Der Ankergrund aus Lava ist auch kein Traum. Am Steg wird zufällig ein Platz frei, wohin wir sofort verholen.
Abends gehen wir in Arrecife zum Essen und stoßen an Bord mit einem Glas Sekt auf die gelungene Überfahrt an. Einen solchen Törn macht man nicht jeden Tag. Fahrtensegeln, wir leben unseren Traum.

Tage später prüfen wir den Windgenerator. Die Isolierung eines Kabels hatte sich durchgescheuert und den Generator kurzgeschlossen. Am Autopiloten waren die Kohlen des Elektromotors verstaubt. Wurden sie heiß, so saßen sie fest und unterbrachen die Stromzufuhr. Nach Austausch der Kohlen funktioniert er wieder.

Lanzarote

Ein Hundeleben – seriöse Briten, französische Spaßvögel - Wasser im Schiff – Leinen im Propeller – Cocktailparty - Fischfang und Neptuns Rache

Auf dem Steg begrüßt uns freudig der Boxer Ali. Er ist Franzose und lebt auf einem Schiff, das direkt an der Anlegebrücke liegt, der Weg zum Land ist kurz. Gaya, seine große schwarze französische Freundin, eine Mischung aus Dogge-Schnauzer, muss für „Gassi gehen“ jedes Mal mit dem Schlauchboot an Land gebracht werden, das Schiff liegt vor Anker. Die Prozedur ist immer wieder lustig zu beobachten: Zuerst steigt der ca. zehnjährige Junge ins Schlauchboot, dann springt der Hund vom Achterschiff ins Beiboot, das durch das schwere Tier erst mal richtig ins Wasser platscht. Stehend, den Blick fest aufs Land gerichtet, fährt der Hund im Schlauchboot langsam zu unserem Steg. Für einen Moment verschwindet das Boot aus dem Sichtbereich, dann hören wir Gaya über den Steg laufen. Geschafft, Stuhlgang für Fahrtenhunde.
Fast jede französische Yacht hat einen Hund an Bord und nicht selten einen großen. Vielleicht waren es auch Franzosen, die die ersten Hunde mit auf die Kanaren brachten, denn der Name leitet sich möglicherweise von Canis, Hund, ab.

Unsere erste Woche gehen wir sehr ruhig an, mit dem Betreiber der „Marina“, ein Steg mit Wasser und Stromanschluss sowie einem Gittertor zur Straße, ist ein Rabatt für die Liegezeit bis Ende Oktober vereinbart. Von Puerto Calero, unserem ursprünglichen Zielhafen auf Lanzarote, haben wir vorerst Abstand genommen, erstens sind wir hier mitten im Geschehen, Arrecife ist nicht als Schlafstadt ausschließlich für Touristen gebaut, zweitens bestehen mehrere Einkaufsmöglichkeiten in Marinanähe und nicht zuletzt regt sich hier kein Gast eines Terrassenrestaurants auf, wenn ein Skipper mit Farbdose in der Hand durch sein Blickfeld läuft. In dieser Marina nimmt der Chef gelegentlich die Bohrmaschine selbst in die Hand, hier sind wir richtig. Und so wird nicht lange gezögert, im Cockpitbereich stören einige Rostflecken, überhaupt kann hier manches frische Farbe gebrauchen.

Frischer Wind weht bei unserem ersten Ausflug mit den Bordrädern. 20 Knoten Gegenwind, dazu noch Wege mit Steigungen, das ist uns leider doch zuviel, der nächste Ausflug erfolgt motorisiert.
Im Laufe der ersten Woche erreichen immer mehr Yachten den Hafen, die weiterhin günstige Wetterlage nutzen viele Segler zur Überfahrt von Portugal oder Gibraltar. Am Steg sind alle Plätze belegt, die Zahl der Yachten, die direkt vor der Stadt ankern, hat sich mit 20 annähernd verdoppelt. Die Mehrheit segelt unter britischer Flagge.

Die Kanaren sind ein idealer Platz für den Absprung von Europa in die Karibik. Hier werden Schiffe für die Überfahrt vorbereitet und verproviantiert. Ende November, wenn die Gefahr der Hurrikane in der Karibik vorbei ist, segeln sie dann los, für dieses Jahr werden Zahlen herumgereicht, die von 1000 Yachten sprechen. Dieses Geschäftsfeld, Atlantiküberquerung, hat vor einigen Jahren ein Engländer entdeckt und die ARC (Atlantic Rally for Cruisers), eine Regatta für Fahrtenyachten ins Leben gerufen. Damit auch schön zu sehen ist, wer daran teilnimmt, erhält jeder Teilnehmer eine große weiß-blaue Flagge mit dem Schriftzug ‚ARC 2002, Gran Canaria - St. Lucia'. Diese Flagge wird im Hafen gesetzt, im Moment sind fünf zu sehen.
Viele Segler spotten über die ARC, es sei totaler Blödsinn, mit einem Fahrtenschiff eine Regatta zu segeln, es nimmt auch

niemand mit einem Wohnmobil an einem Autorennen teil. Wer diese Regatta gewinnen möchte, und das möchten wohl alle, sonst macht die Teilnahme keinen Sinn, muss Tag und Nacht mit vollen Segeln fahren. Das belastet das Schiff sehr stark und kann speziell bei einer kleinen Crew gefährlich sein (Segelmanöver in der Nacht). In jedem Fall riskiert man, dass die Segel zerreißen. Es ist dem guten Marketing des Veranstalters der ARC zu verdanken, die Rally auch noch unter dem Gesichtspunkt der Sicherheit zu verkaufen.
Ganz sicher ist, auf der anderen Seite des Atlantiks, in St. Lucia, warten die Abzocker. Anscheinend ist das einigen Regatta Teilnehmern auch schon aufgefallen, wie wir Gesprächen entnehmen konnten. Allgemein herrscht ein ständiges Kommen und Gehen auf dem Steg zwischen den Crews der ARC Boote, auf diskrete Art.

Kakteen, überall Kakteen verschiedenster Sorten und Größen. Wir sind im Kaktusgarten, angelegt von Cesar Manrique, einem bekannten Architekten und Künstler Lanzarotes, der 1992 bei einem Autounfall starb. Er hatte auf die Entwicklung der Insel einen entscheidenden Einfuß. Seinen Werken begegnet man im Laufe des Inselaufenthalts immer wieder. Der Kaktusgarten ist eine Sammlung von Kakteen aus aller Welt, die großen Exemplare sind meist amerikanischen Ursprungs. Die Vegetation hat es schwer auf Lanzarote, auf schwarzer Vulkanerde wachsen Kakteen allerdings recht gut.

Im Laufe der zweiten Woche arbeiten wir uns durch die Schiffstechnik durch, einige Kleinigkeiten, aber immer wieder ärgerlich. Einer Aktion fällt unsere Schiffstoilette zum Opfer, wir tauschen alles bewegliche darin aus, um eine Undichtigkeit zu finden. Nach 2 Tagen suchen und probieren, ist ein Ventil als Ursache gefunden, das durch Ablagerungen nicht richtig schloss.

Öl darauf und einige Mal kräftig hin- und herbewegt und die Sache ist wieder klar. Darauf muss man nur kommen.

Infolge einer Windwarnung ist der Hafen überbelegt. Der Wind hat auf Südwest gedreht, viele Ankerplätze sind gefährlich geworden, da sie gegen Wellen aus dieser Richtung ungeschützt sind. Tatsächlich wurde im Süden Lanzarotes eine holländische Yacht Opfer des Starkwindes. Der Anker hielt nicht, der Skipper, ein Einhandsegler, wollte mit Motorhilfe den Platz verlassen, die Maschine sprang aber nicht an, so musste er hilflos zusehen, wie sein Schiff auf die Felsen gedrückt und schwer beschädigt wurde. Das Schiff erlitt Totalschaden, den die Versicherung bezahlte, der Segler blieb zum Glück unverletzt.

Samstag ist Waschtag, innen die Vorhänge und außen der gesamte Aufbau, jetzt ist klar, warum die Insel Lanzarote heißt und nicht Lanzablaue. Alles ist mit rotem Staub bedeckt.

Ron und Cindy von der amerikanischen Yacht VOYAGER konnten heute morgen, mit viel Glück, einen freien Platz am Steg finden. Der Südwind hat sie in den Hafen geweht, während des letzten Anker-auf-Manövers ging das Getriebe des Motors endgültig zu Bruch, eine teure Reparatur ist notwendig. Ron ist sauer: „Ich habe mein ganzes Leben lang gearbeitet und dachte, später segelst du mit einer Yacht um die Welt. Und jetzt? Jetzt arbeite ich genauso wie vorher auch. Unsere Kinder sagen, ihr seid total verrückt." Wir fragen, ob es für Ausländer schwieriger geworden sei, in den USA zu segeln. „Ja", meint Ron, „seit dem Terroranschlag am 11. September wird viel kontrolliert, ihr könnt euch nicht mehr so frei bewegen. Und wenn ihr an die Ostküste wollt, dann solltet ihr einen Sack voll Geld mitnehmen, es ist nicht preiswert, zwischen Washington und Boston zu segeln." Wir hoffen, das Getriebe hat Rons amerikanischen Optimismus nicht beeinträchtigt.

Unser Leihwagen steht bereits in der Marina, Ron versorgt uns mit den letzten Tipps, wo man bei Besichtigungen Eintrittsgelder sparen kann.
Wir werden uns heute den Nordteil der Insel ansehen, angefangen mit der Fundacion de Cesar Manrique, dem Wohnhaus des Künstlers. Freunde haben nach dem Tod Manriques das Haus in eine Stiftung eingebracht, das nun ein Museum ist. Bemerkenswert, wie anders man bauen kann, wenn die Temperaturen im Durchschnitt über 20 Grad liegen. In Deutschland wäre das Haus bestenfalls im Sommer bewohnbar, an einem regenarmen Ort.

Der Mirador del Rio ermöglicht einen tollen Blick zur Insel Graciosa, wo einige Yachten in einer Bucht vor Anker liegen. Bei unserer Ankunft auf Lanzarote sind wir nicht dorthin gesegelt, weil eine Detailkarte fehlte. Von hier oben erkennt man an den verschiedenen Blaufärbungen des Wassers, wie einfach die Navigation ist, immer schön in der Mitte zwischen den beiden Inseln bleiben. Dort müssen wir unbedingt hinsegeln.

Durchs Gebirge geht es weiter nach Orzola, einem Ort direkt unterhalb des Mirador. Die Küste ist sehr zerklüftet, die Brandung stark, es ist uns zu riskant, hier zu baden, außerdem melden unsere Bäuche mächtigen Hunger. Im Ort suchen wir uns ein Restaurant, das möglichst abseits der üblichen Touristen Lokalitäten liegt und werden fündig, die Speisekarte ist nur in spanisch. Mit uns sitzen noch 2 spanische Familien im Lokal. Es gibt Suppe, Fisch, Melone, dazu 1,5 l Wasser und zwei kleine Cafe. Das Lokal ist erfreulich preiswert.
Nicht so günstig ist der folgende Besuch in der Cueva de los Verdes, einer riesigen Lavaröhre. Die Führung dauert ca. 45 min und ist ihr Geld wert.
Um 1800 Uhr verlassen wir die Tiefen der Erde und fahren zur Hafenbesichtigung nach Puerto Calero. Die Marina ist schön angelegt, alles ist sehr gepflegt und sauber, die Stege sind in

einem ausgezeichneten Zustand. Den Blick zum Meer verdeckt eine gewaltige Mauer, nur im Südwesten ist in der Einfahrt ein kleines Stück blauer Atlantik zu sehen. Im Marinabereich sind sehr viele kleine Restaurants angesiedelt, mit einer großen Terrasse zur Hafenseite, die leicht erhöht, einen guten Blick über die Marina ermöglicht. Palmen und viele Grünpflanzen lockern das nüchterne Bild der Restaurantgebäude auf. Wir gehen an zwei, drei Stegen vorbei und was sehen plötzlich unsere Äuglein? An einem Schiff weht eine grüne Flagge, darauf ist ein Känguru mit roten Boxhandschuhen abgebildet, Boxing Kangaroo, die australische Yacht SAOIRSE, von Jane und Noel. Wir trafen sie bereits in Portosin, Spanien. Dort erzählten wir ihnen, der beste Hafen auf Lanzarote sei unseren Informationen zufolge Puerto Calero, sie folgten unserem Rat. Umso überraschter sind sie, als sie hören, uns gefällt es ebenso in Arrecife. Sie hätten sich schon gefragt, wo die ATHENE nur bleibt? Die Beiden überholen ihr Schiff für die bevorstehende Heimreise, nach 10 Jahren Segeln ist vieles verschlissen oder korrodiert.
Auf dem Rückweg zum Boot stürmen wir einen Supermarkt, einkaufen mit Auto liegt 4 Monate zurück.

Rons Tipp folgend sind wir möglichst früh im Timanfaya Nationalpark und es stimmt, nur wenige Auto stehen vor uns an der Eingangsschranke. Auch sein zweiter Tipp ist gut: nehmt sofort einen Bus zur Rundfahrt, ihr verliert sonst zuviel Zeit mit Warten.

Faszinierend ist das Wechselspiel von Licht und Schatten auf den Vulkanen, hervorgerufen durch Sonne und Wolken. Mal leuchten einige Berge rötlich, während andere dunkel verdeckt sind und so den Eindruck größerer Tiefe, Entfernung vermitteln. Ein anderes Mal sind die Vulkankegel einheitlich hell, die Strukturen der Lavaströme treten deutlich hervor. Mit dem Stand der Sonne ändert sich im Laufe des Tages der Effekt von Licht und Schatten, neue Motive entstehen.

Bei El Golfo, direkt an der Westküste, liegt ein grüner Lavasee, der unterirdisch vom Meerwasser gespeist wird. An den Felsen der Küste brandet der Atlantik sehr spektakulär. Obwohl die Dünung heute mit ca. 2 m nicht sehr hoch ist, spritzt das brandende Wasser meterhoch. Viele Hobbyfotografen warten hier auf „ihre Welle", so auch wir.

Zum Abschluss unserer Südfahrt besuchen wir ein Weingut mit Museum. Der Wein wird hier hinter halbkreisförmigen Lavawällen angebaut, als Schutz vor dem vorherrschenden Nordost Wind. Die Erde ist mit einer feinen Lavaschicht bedeckt, die in der Nacht die Feuchtigkeit der Luft aufnimmt und tagsüber an die Pflanzen weitergibt. Die Weinberge sind nicht steil, wie bei uns im Ahrtal, dennoch scheint der Weinanbau auch mühsam zu sein.

Am späten Abend steuern wir einen weiteren Supermarkt an und decken uns mit gutem Lanzarote Wein ein.
Kaum zurück von der Wagenrückgabe, steht Ron vor dem Schiff und erkundigt sich nach unserem Inselausflug. Wir laden ihn und Cindy zum Abend zu einer kleinen Plauderrunde ein, die er sehr gerne annimmt.
Pünktlich sind die Beiden abends an Bord. Sie fragen nach unseren Besichtigungen, einschließlich dem Weinanbaugebiet. Offensichtlich kennen sie den hiesigen Wein nicht, wir öffnen eine gekühlte Flasche, im Laufe des Abends folgen weitere. Ron wird immer lustiger und gesprächiger, für uns besteht kaum eine Chance zu antworten, wer uns, speziell den Autor kennt, weiß, was das heißt!

Ron und Cindy lebten am Lake Michigan, in einem kleinen Ort, 80 Meilen von Chicago entfernt. Vor 2 Jahren sind sie dann los-

gefahren, den St. Lorenzstrom hinunter, an Neufundland vorbei nach Irland. Der europäischen Atlantikküste folgte ein Jahr Mittelmeer. Speziell für Ron war die Reise eine Entdeckungstour. Er findet es bemerkenswert, dass in Europa ein Segler dem anderen beim Anlegen hilft. „Hey, die lassen ihre Sachen liegen und kommen, um mir zu helfen. Bei uns ist das undenkbar. Und damit nicht genug, die reden noch mit mir, geben Informationen zum Ort, zur Marina. Ich mache das heute auch, wäre früher jemand gekommen, nur um mit mir zu reden, dann hätte ich ihm gesagt, Mister ich habe besseres zu tun, als hier rumzuquatschen."
Rons Europatour endet mit der Feststellung, mehr Amerikaner sollten die Welt kennen lernen.

Es klopft am Boot. Ron steht auf dem Steg und wirkt nervös. In den Nachrichten hörte er, ein US-Diplomat sei in Jordanien erschossen worden. Zudem sagte er was von Spanien, wo eine Demonstration gegen die Kriegspläne der US Regierung stattfinden soll. Er ist sichtlich beunruhigt, unter amerikanischer Flagge zu segeln und hat sich entschlossen, heute nach Teneriffa zu fahren, Anfang Dezember weiter Richtung Karibik. „Ich weiß nicht, wie es in der Welt weitergeht, vielleicht kehren wir bald zu unserem neuen Haus in Florida zurück. Und wenn ihr nichts besseres zu tun habt, so kommt vorbei, ihr seid gerne eingeladen." Kurze Zeit später verlassen sie den Hafen. Am nächsten Morgen hören wir im *Fishnet*, einer Informationsrunde unter Langstreckenseglern auf Kurzwelle, VOYAGER ist in Teneriffa angekommen.

Am Steg liegt eine englische Yacht, gesegelt von einem Paar im vorgezogenen Ruhestand. Sie erzählen ihre Geschichte, die in England durch die Presse ging: Ann war Mitseglerin auf einer britischen Yacht. Peter flog einen Rettungshubschrauber der Coast Guard. Auf der Yacht schlug nach einem Segelmanöver das Großsegel gefährlich hin und her. Das Schiff halste, der Großbaum kam über. Urplötzlich spannte sich dabei eine Leine und traf Ann an den Kopf, sie hatte schwerste Verletzungen. Der Rettungshubschrauber wurde herbeigerufen, geflogen von Peter. Im Spiegel seines Hubschraubers beobachtete er, wie seine Leute eine verletzte Frau an Bord zogen. Oh, sagt er sich, die sieht aber gut aus. Ann hat Glück und überlebte den Unfall. Sie machte die Anschrift des Helikopter Piloten ausfindig und bedankte sich bei ihm und seiner Crew für die Rettung. Er hingegen war völlig überrascht, normalerweise bedankt sich niemand für einen Rettungseinsatz. So schrieb er zurück ... sie antwortete ... die Dinge nahmen ihren Lauf ...

Der Oktober geht jetzt in die letzte Woche, mit Ann und Peter ist die letzte britische Yacht am Steg Richtung Gran Canaria abgesegelt. Nach dem Abzug der Engländer nehmen nun die Franzosen die Steganlage in „Besitz“, sie kommen hauptsächlich aus dem Mittelmeer und sind in der Mehrheit auf dem Weg in ihre französischen Kolonien in der Karibik. Es ist interessant zu beobachten und zu hören, wie unterschiedlich die Mentalitäten sind. Die Briten waren ruhig, fast „unsichtbar“, gelegentlich arbeitete jemand an seinem Boot. Völlig konträr gehen die Franzosen eher lautstark über den Anleger. Damit nicht genug, der Steg ist Werkstatt für alle und alles, schleifen, bohren und lackieren. Ein Segler stellte heute Morgen einen Stuhl auf den Steg und schon war der Friseursalon eröffnet. Alle anderen standen um dem Maestro und sahen ihm zu.
Briten segeln oft als Paare, die Boote sehen *passabel* aus, die Decks sind aufgeräumt. Französische Langfahrt-Yachten sind oft selbstgebaut, meist aus Stahl, bunt angemalt, die gesamte Familie ist an Bord, häufig mit Kindern im Vorschulalter. An Deck dieser Yachten liegen vielfach Ausrüstungsgegenstände, man muss sich einen Moment vor das Schiff stellen, um die diversen Dinge zuordnen zu können. Uns gefällt die lockere Umgangsform der

französischen Segler, die Gruppe hier scheint aus Spaßvögeln zu bestehen. Leider ist die Verständigung schwierig, wer zwischen dem „kalten“ und dem „heißen“ Frankreich segelt, muss nicht viel englisch sprechen können. Aus unserer Sicht können wir einmal mehr sagen, die ideale Langfahrt Crew spricht englisch, spanisch, französisch und portugiesisch, wenn man daran interessiert ist, mehr zu erfahren, als das Notwendigste.

Die Woche beginnt sehr heiß, gegen Mittag beträgt die Temperatur im Schiff fast 30 Grad, die Luftfeuchtigkeit liegt unter 40%: Durst, Durst und nochmals Durst. In Deutschland wütet ein Orkan, kaltes Herbstwetter.

Eine kuriose Meldung erreicht uns über NAVTEX, dem Warndienst für die Schifffahrt:
Von Marokko kommend besteht die Gefahr, dass eine Heuschrecken Plage die kanarischen Inseln und Südspanien erreichen könnte. Alle Schiffe werden gebeten, die Küstenstationen zu informieren, sobald ein Schwarm gesichtet wird.

Ich sichte meinen Schwarm, sie sitzt im Cockpit und genießt das hochsommerliche Wetter.

Leider kommen über NAVTEX in jüngster Zeit viele Suchmeldungen. Kürzlich die Meldung, ein Segelschiff verließ Casablanca Richtung Kanaren und ist seither spurlos verschwunden. Die Yacht meldete sich täglich über Kurzwelle im zuvor erwähnten Fishnet, man weiß nicht, was geschehen ist, von heute auf morgen verschwunden.
Auf dem Steg wird die Geschichte von 2 Yachten erzählt, einem entmastetem Katamaran und einer Sloop, die man fand, jedoch weit und breit keine Spur von der Crew. Am Mittwoch wurde auf Gran Canaria eine große Suchaktion nach einem vermisstem

Taucher eingeleitet. Heute, Freitag, kommt die Meldung, die Suchaktion sei noch immer im Gange.
Ganz aktuell ist die Suchaktion nach einer deutschen Yacht, die auf dem Weg nach Norwegen war. Man vermutet das Schiff im Seegebiet Kap Finisterre. Der Sturm in Deutschland zog an diesem Gebiet vorbei.

Nach vier Wochen Arrecife wird es Zeit für einen Ortswechsel. Aus Puerto Calero erfahren wir, sie haben noch freie Plätze. Schön, am Montag werden wir dorthin segeln, ein wenig Luxus tut auch mal gut. Außerdem sind dort unsere „Kängurus“, Jane und Noel haben soviel erlebt, es ist immer interessant, ihnen zuzuhören.

„Die Motortemperatur ist normal, auch riecht hier nichts verbrannt”, ruft mir Beate aus dem Schiff zu. Kurz nach dem Ablegen in Arrecife röhrt die Maschine wie ein schwedischer Elch, wenn er einen Daimler sieht. Möglicherweise ist die Seewasserkühlung nicht in Ordnung. Normalerweise durchströmt das angesaugte Wasser den Motor, tritt dann zusammen mit den Abgasen aus dem Auspuff heraus und dient somit auch zur Schalldämpfung. Ich sehe kein Wasser ausströmen, jetzt besteht die große Gefahr, dass die Auspuffanlage nach einer gewissen Zeit verschmort, da sie aus Gummi gefertigt ist. Anlegen ist wegen Starkwind und den beengten Platzverhältnissen kaum möglich. Aus irgendeinem Grund kommt nach einer Weile wieder Wasser, vielleicht hatte sich etwas vor die Ansaugung gesetzt, wir verlassen den Hafen und setzen Segel Richtung Puerto Calero. Nach Abstellen der Maschine öffne ich eine der Bodenluken und sehe, alles steht unter Wasser, irgendwo am Motor strömt noch weiteres Seewasser nach. Nach Schließen des Seeventils stoppt der Zufluss. So weit es geht, prüfe ich, kann aber keinen Fehler finden, im Bereich der Seewasserpumpe ist alles nass. Unmittelbar vor Puerto Calero beschließen wir, die

Maschine zu starten und zu versuchen, selbst in den Hafen zu kommen, andernfalls müssten wir um Hilfe bitten.
Der Motor springt sofort an und bereitet während der folgenden Hafenmanöver keine Probleme, aber es fließt wieder Wasser ins Schiff. Am Steg heißt es sofort Maschine aus und in Ruhe nachsehen. Unsere Bordkasse kommt noch einmal gut davon, Ursache ist ein Kühlwasserschlauch, der, dicht an der Lichtmaschine verlegt, durchgescheuert wurde. Kleine Ursache, die fast den Ausfall des Motors zur Folge gehabt hätte. Willkommen in Puerto Calero.

Am nächsten Morgen klären wir im Hafenbüro unseren Aufenthalt ab, trotz enormem Andrang weiß man hier die richtigen Prioritäten zu setzen und gibt uns einen prima Liegeplatz. Nach Verlassen des *Oficinas* gehen wir zum größten Schiff im Hafen, einen Zweimaster, 43.5 m lang, englische Flagge. Das Schiff ist im klassischen Stil gebaut und hat wunderschöne Aufbauten aus Holz, die zur Zeit neu lackiert werden. Das ist genau der Punkt, für den sich die Handwerker in uns interessieren. Ein Crewmitglied gibt uns freudig Auskunft und erklärt, der gesamte Aufbau wird zweimal pro Jahr abgeschliffen und neu lackiert, die deutschen Eigner möchten das so. Auf Nachfragen sagt sie uns, 6 Leute sind permanent an Bord, zum Segeln kommen dann noch 2 weitere Personen hinzu, einschließlich der Eigner segeln dann 10 Leute das Schiff.
Unsere Crew stellt sich in einer Reihe nebeneinander auf und geht zurück zum Einmaster ATHENE. Hier leben permanent 2 Leute an Bord, die deutschen Eigner haben sich selbst als Crew eingeteilt und möchten dass das Schiff heute waschen und polieren. Nun, dann mal los. Gut 6 Stunden später sind wir fertig, wir meinen fertig. Ein spiegelnder Rumpf ist jetzt der Lohn der Mühe.
Anruf zu Hause, Schwiegervater hat heute Geburtstag. Wir verholen, nicht ganz stilecht, in einen englischen Pub und heben

einige Gläser auf sein Wohlergehen. Zwei Stunden später geht es uns fast wie Ron nach der Weinprobe bei uns an Bord, die Kommunikation fällt immer leichter.
Zurück zum Boot. Unser ausgesprochen lebenslustiger deutscher Nachbar sitzt alleine im Cockpit, die Familie schläft schon. Wir wechseln einige Worte, auf einmal sagt er zu uns: „Ich saß hier im Cockpit und habe still vor mich hin geweint. Mein bester Freund liegt im Sterben." In unserer Bierlaune trifft uns das völlig unvorbereitet. Wir hören ihm zu, er spricht sich kurz aus, dankbar, dass wir ihm unsere Aufmerksamkeit schenken. Mir geht durch den Kopf, wie konträr das Leben sein kann. Gut, dass wir das Sabbatjahr jetzt realisiert haben und nicht bis zum Sankt Nimmerleinstag davon sprechen. Unser Nachbar bedankt sich für das Zuhören und wünscht eine gute Nacht. Im Bauch das Bier, im Kopf die Auswirkung: buenas noches.

Dagmar und Peter sind zu Besuch, sie segeln ein Schwesterschiff von ATHENE und entfliehen per Flugzeug den vorwinterlichen Temperaturen in Deutschland. Vor drei Jahren lernten wir sie während der Überführungsfahrt von Deutschland nach Holland auf Norderney kennen. Seither sind wir verbundene Cumulanten. Kommen 4 Segler zusammen, so gibt es viel zu klönen... tut uns gut, während 4 Monaten Segeln erlebt man viel...
Zwei Tage später verabreden wir uns wieder, das Angebot mit dem Wagen zum Einkaufen zu fahren, ist zu verlockend, der Marina Supermarkt ist schlecht sortiert und extrem teuer. Im Schlauchboot verlassen wir am Nachmittag die Marina, im Zufahrtsbereich ist ein abgetrennter Bereich zum Baden und Schnorcheln: Beate wie ein Fisch, der Skipper erkennt, sein Platz ist auf dem Boot.
Am Sonntag fahren wir gemeinsam zum Markt nach Teguise. Dieser Markt ist sehr beliebt, entsprechend ist der Andrang. Fast alles Mögliche wird angeboten, ob Kupfermagnete, Schweizer Breitling Uhren oder eine Rarität, echte Steine, handbemalt.

Beate findet einige Kleidungsstücke, die ihre Sommergarderobe bereichern. Unsere Küche wird durch die Anschaffung eines kanarischen Soßenbuches ergänzt.

Hoch über Teguise liegt das Castel Santa Barbara, mit einem fantastischen Blick über die Insel. Es folgt ein spanischer Tagesausklang, Paella essen in einem der Marina Restaurants. Dort beschließen wir, zu viert in die Papagayo Bucht im Süden Lanzarotes zu segeln, Baden und Schnorcheln.

Mangels Wind ist am folgenden Tag segeln leider nicht möglich, so folgt Altbewährtes - Fahren unter Maschine. Zwei Stunden später fällt der Anker. Peter ist zuerst im Wasser, taucht kurz und ruft: „Jürgen, ihr habt einen Tampen im Propeller." Zuerst glauben wir an einen Scherz, selbst im Wasser sehen wir, wie viel sich um den Propeller gewickelt hat, es sieht nach Teilen eines Fischernetzes und Leinen aus. Dünung und Strömung machen es uns schwer, den tiefsitzenden Propeller zu erreichen.
Zielstrebig und sehr ehrgeizig rücken Dagmar und Beate dem „Gestrüpp" um den Propeller mit dem Bootshaken zu Leibe und entfernen mühsam Stück für Stück die Netze. Rund eine Stunde später ist das Werk vollbracht. Auf dem Rückweg zur Marina können wir ein kleines Stück unter Segeln laufen, so sind auch Dagmar und Peter auf dem Atlantik gesegelt. Wir hoffen sehr, es ist für die Beiden nur der Anfang gewesen ... das Schiff dafür haben sie ja.

Die Gläser lässig in den Händen, die Segelgarderobe gegen den besten an Bord befindlichen Zwirn getauscht, so sehen wir am Abend die ersten Partygäste. Jose Calero, der Besitzer des Hafens, hat die „Captains" mit Crew zu einem informellen Cocktail eingeladen. Senor Calero begrüßt uns zuerst, danach Händeschütteln mit den niedrigeren Chargen in einer Reihe hinter ihm. Es folgt eine kleine Ansprache, Herr Calero freut sich über die

zahlreichen Gäste und hofft, alle im nächsten Jahr wieder zu sehen. Viele lachen als er das sagt, fast alle Yachties werden die kanarischen Inseln verlassen und über den Atlantik segeln. Dennoch, die Einladung der Marina zur Cocktailparty ist ungewöhnlich, es wird sich herumsprechen.
Im Gegensatz zur Ungezwungenheit auf den Stegen ist die Atmosphäre hier von Eitelkeiten geprägt. Wir haben den Eindruck, es gilt das Motto: Rede niemals über dich selbst, aber über die anderen, wenn sie weg sind. Die Engländer wollen an diesem Abend lieber unter sich bleiben, die Deutschen sowie die schweizerischen und österreichischen Bergsegler tun letztlich dasselbe.
Im Laufe des Abends frage ich einen Herrn, Ende 40, ob er der Eigner des 43 m Schoners sei? Auf dem Rückweg von unserem Badeausflug sahen wir jemanden auf dem Schiff, der ihm ähnlich sah. Er grinst und meint, ja, der bin ich. Er erzählt, das Aluminium-Schiff sei 1994 bei Royal Huisman in Holland gebaut worden. Im Jahr hat er ca. 10 Wochen Zeit zum Segeln und er denkt, das sei genug, um seine 145 Fuß Yacht ausreichend zu nutzen. Dieses Jahr bereiste er Schottland und Norwegen und ist begeistert, wäre nur das Wetter dort besser. Den Caledonian Canal konnte er nicht befahren, eine Straßenbrücke ist leider *nur* 33 m hoch, sein Großmast hingegen 44 m. Morgen laufen sie Richtung Karibik, nach St. Maarten, aus, im nächsten Sommer folgt die amerikanische Ostküste nach Maine.

An der Theke wird immer wieder laut gelacht, ich erkenne einen dänischen Segler im Gespräch mit mir Unbekannten. Der Skipper von CLEO sieht mich, lacht über das ganze Gesicht und schwankt wie bei Windstärke 5 auf dem Atlantik. „Hi, hi“, sagt er und hält sich kurz an mir fest: „Kaum 3 (er lacht), kaum 3 Tage im Hafen und wir können zur Cocktail Party gehen.“ Jetzt muss er herzhaft lachen und trinkt sein Glas Bier leer. „Eine gute Idee von Mr. Calero, (er stoppt einen Moment) uns hier, hier, ich meine uns einzuladen." Er dreht sich um, sieht Senor Calero am anderen Ende des Tresens stehen: „Wir, wir ... sollten zu ihm gehen und ... (er lacht wieder, so genial scheint der Gedanke zu sein) und ihm sagen, er soll noch mehr Marinas bauen." Jetzt ist er nicht mehr zu halten, nimmt einen kräftigen Schluck Whisky, den er soeben bekam und ordert wieder ein Bier. Während ich bei ihm stehe, ist die Trinkfolge auf 2 Glas Bier ein Whisky. Zwischendurch murmelt er von Hafengeld vertrinken und dem Ärger mit seiner Frau am nächsten Tag. Zu meinem Erstaunen wechselt er auf einmal vom Englischen ins Deutsche, was er deutlich besser spricht, mit dieser Grundlage allerdings keine Überraschung.

Am Ende der Marina liegt eine kleine Werft, in der Schiffsreparaturen durchgeführt werden. Häufig hebt man dort Schiffe aus dem Wasser, um das Unterwasserschiff vor der Atlantiküberquerung neu zu streichen. In der Karibik ist das nicht so einfach und sehr teuer. Neugierig, welche Möglichkeiten hier bestehen (man weiß ja nie), sehen wir uns auf dem Gelände um und sehen JAN VAN GENT, das gestrandete Schiff aus der Papagaya Bucht. Im Rumpf sind faustgroße Löcher, das Schiff stand völlig unter Wasser. Die Werft hat das Boot gekauft und möchte es ausschlachten, der Mast und diverse Teile sind noch als Ersatz verwendbar. Jemand von der Werft sagt uns, das Boot war 3 Tage der tosenden See zwischen Felsen ausgesetzt, bevor man es dort wegziehen konnte. Innen würde es aussehen, als wäre das Schiff in der Waschmaschine gewesen, der Ausbau ist komplett zerstört. Ein Albtraum für jeden, der zur See fährt.

Heute ist Mittwoch der 13.11.02. Ein uns seit Wochen völlig unbekanntes Naturereignis ereilt uns, es regnet! Der erste Regen auf Lanzarote, wir glaubten bereits, das sei hier nicht möglich. Und damit nicht genug, das Schauerwetter wird uns bis zum Wochenende begleiten. Der Wind bläst mit 5-6 Bft., der Seewetterbericht meldet Wellenhöhen bis zu 4 m. Im Hafen ist es sehr ruhig, allerdings hat der Wind die Richtung geändert, anstatt von See weht er über Land und hat viel Staub im Gepäck, der sich jetzt auf den Schiffen verteilt. Leider ist es auch kalt geworden, am Tag sind es nur noch 25 Grad, in der Nacht ca. 18 Grad. Da müssen wir halt durch.

Einer unserer abendlichen Spaziergänge führt uns zur Hafeneinfahrt. Dort liegen üblicherweise sehr große Schiffe, die kaum in den Hafen passen, so auch Katamarane. Heute sind gleich mehrere dieser Ungetüme zur See zu sehen, einer ist entmastet. Uns erstaunt immer wieder, was hier passiert. In diesen Tagen wurden über NAVTEX häufiger Warnungen verbreitet, gekenterter Katamaran auf Position so und so, teilweise Positionen nahe den Inseln. Liest man entsprechende Literatur über diese Boote, so kentern Katamarane nur sehr selten. Unser Eindruck ist, bei dieser Äußerung scheint mehr der Wunsch Vater des Gedankens zu sein. Drei Kenterungen in sechs Wochen sind keine vertrauenerweckende Quote.

Es ist angenehm warm, der Wind weht wieder mit seiner üblichen Stärke aus Nord bis Nordost, wir werfen die Leinen los. Auf dem Programm steht Einsegeln ins Revier (häufig böiger Wind) und Justierungen am Autopilot überprüfen. In den Tagen zuvor erzählten unsere Nachbarn von ihren Fischfängen erzählt, heute werden auch wir unser Glück versuchen.

Fischfang und Neptuns - Rache

Schnell läuft ATHENE Höchstgeschwindigkeit, der Autopilot darf Crewmitglied bleiben, es könnte immer so weiter gehen, aber wir möchten vor Puerto Calero kreuzen. Der Angelrute schenkten wir bisher nicht die geringste Aufmerksamkeit, kurz nach einer Wende sagt Beate: „Sieh mal, wie sich die Rute biegt, da stimmt was nicht." Ausgerechnet jetzt. Infolge der Kursänderung segeln wir einen anderen Winkel zum Wind, das Großsegel muss gerefft werden, das Schiff ist schwer zu steuern, es läuft fast 8 Knoten. Der Fisch muss warten. Minuten später ist das Boot annähernd ausbalanciert, ich beginne zu kurbeln, mindestens 150 m Schnur wollen eingeholt werden. Manchmal geht es ziemlich schwer, viel Zug ist auf der Leine, dann wieder leichter, die Gelegenheit nutzend kurbele ich weiter. Hier und da sehen wir etwas Schwarzes auf der Wasseroberfläche, von wegen Fisch, irgendein Tuch wird es sein, das jemand achtlos über Bord warf. Das schwarze Etwas kommt langsam näher. Wahnsinn, ein Fisch hat angebissen! Der Widerstand lässt auf einmal deutlich nach, der Fisch ergibt sich kampflos seinem Schicksal, die Geschwindigkeit beträgt immer noch weit über sieben Knoten, vielleicht ist das zuviel für ihn. Bald ist das gute Stück ins Boot gehoben und wir können nicht glauben, was am Haken hängt: ein Thunfisch, ca. 45 cm lang!

Einen Thun auf dieser Reise zu fangen war immer mein Wunsch, der mit diesem Fang Wirklichkeit wurde.

Der Angelhaken geht ein zweites mal zu Wasser, eine Viertelstunde später biegt sich die Angelrute erneut, wieder hat ein Thun angebissen. Leider kann er sich durch sein wildes Zappeln vom Haken lösen und fällt ins Wasser zurück.

Nichts spornt mehr an als Erfolg, so versuchen wir unser Glück noch einmal. Die Segelei ist plötzlich zur Nebensache geworden, die Angelrute steht im Mittelpunkt. Die Zeit vergeht, kein neuer Biss. Wir entfernen uns mehr und mehr von der Küste, aus Nord droht eine dunkle Wolkenwand mit Regen. Der Entschluss ist klar; Umkehr nach Puerto Calero.

Wir fahren eine sportliche Wende a la Ijsselmeer, das heißt wenden fast auf der Stelle. Woran wir nicht denken, die Schnur ist noch ausgerollt und neben der Angelrute drehen sich munter die drei Flügel des Windgenerators.

Was jetzt passiert, ist ein Stück aus dem Tollhaus:

Infolge der Kursänderung wird die Leine nicht mehr achteraus geschleppt, sie bewegt sich Richtung Windgenerator. Der drehende Propeller erfasst die Leine, die durch die Angelrute genau in dessen Höhe gehalten wird, und wickelt sie um sich selbst. Gleichzeitig schiebt sich das Boot über die weitausliegende Angelschnur, glücklicherweise ist der Schiffspropeller blockiert, unter Wasser kann nichts ähnliches passieren.
Die Situation ist nicht gefährlich, aber auch nicht lustig. So, wie wir die Leine Hand über Hand unter dem Schiff durchziehen, wickelt der Windgenerator diese Leine mehr und mehr um sich selbst. Schließlich kommt er zum Stehen. Im Cockpit ist ein Wirrwarr von Angelleine, die gesamte Schnur einschließlich Köder.

Der Skipper findet sich schließlich mit einem großen Messer bewaffnet am Windgenerator wieder, um das Ding in geduldiger Schneidarbeit zu befreien. Zurück in der Marina läuft der Generator wieder einwandfrei, den Nachbarn die peinliche Geschichte zu erzählen, bleibt uns erspart. Nach einem kurzen Fototermin heißt es Fisch filetieren, wir werden 2 Tage frischen Thunfisch genießen.

Und unsere Nachbarn? Sie können nicht glauben, wie prächtig unser Fang ist. Bisher fingen sie nur kleine Fische oder eine Krake, mit der sie nichts anfangen konnten. Das sah die Krake übrigens genauso, sie konnte sich mit einem ihrer Fangarme an Deck festhalten, befreite sich vom Haken und verschwand wieder in „Octopussys Garden“.

Fuerteventura

Der Manager von Castillo – Massentourismus – stürmisches Wochenende – ein makaberer Scherz

Dunkle Regenwolken ziehen am Morgen über die roten Vulkane, es nieselt leicht. Bald klart es auf, ablegen, Kurs Fuerteventura. Im Windschatten der Berge läuft der Motor, dann kommt Wind auf, der uns fast bis zum Zielort Puerto del Castillo schiebt. Unterwegs wird geangelt, zweimal ist ein Fisch am Haken, jedoch können sich beide rechzeitig vor der drohenden Bratpfanne befreien. Unsere Angeltechnik muss in diesem Punkt – Fisch an Bord ziehen – dringend verbessert werden.

Die Einfahrt zur Marina ist wegen der vorgelagerten Riffe knifflig, so fahren, besser tasten, wir uns vorsichtig hinein. Der Hafen ist sehr klein, am Steg ist aber noch ein Platz frei. Nach Südost ist der Hafen zum Atlantik offen, uns gefällt das nicht so sehr, zumal wir direkt im Einfahrtsbereich liegen, weiter innen wäre es geschützter.

Einen kleinen Vorgeschmack auf die Fuerteventura Preise bekommen wir im Hafenbüro, der Liegeplatz ist gut 50 % teurer als in der Luxusmarina Puerto Calero.

Im Laufe der Reise lernten wir viele Hafenmeister kennen, den von Puerto Castillo werden wir so schnell nicht vergessen. Eigentlich sollte ich nicht Hafenmeister schreiben, er trägt ein Schild auf seinem hellgrünen T-Shirt, der Mann ist demnach Manager. Im Büro nimmt er aus einer Schublade ein Formular, wirft es auf den Tisch: „Hier, ausfüllen." Er setzt sich auf einen Stuhl, legt die Füße auf einen anderen und blättert demonstrativ gelangweilt in einer Zeitschrift. Derweil füllen wir das spanische Formular aus, ein Wort ist unbekannt, nachfragen. In erster Reaktion schaut er an die Decke: „Das ist spanisch." Ausgezeichnet, der Mann weiß, in welchem Land er ist, möglicherweise ist er Sprachwissenschaftler mit Hafenmeister im Nebenberuf. Er nennt das Wort in englisch und wirft die Zeitschrift neben sich auf den Boden. Seine Kollegin am Computer bittet ihn mit leiser Stimme um Hilfe, sie kann die Rechnung nicht ausdrucken. Dem Gespräch können wir wegen fehlender Vokabeln nicht folgen, es ist auch nicht notwendig, sein Verhalten spricht Bände. Wir verlassen das Büro mit der heimischen Freude, von Computern hat er keine Ahnung. Nach seinem Einwirken funktionierte nichts mehr. Seine Kollegin quittierte es mit einem schadenfrohen Lächeln.

Ortsbesichtigung. Der Ort ist eine Miniausgabe von Las Vegas oder eine große Version der Brighton Pier für die offensichtlich vielen englischen Touristen. Überall blinken irgendwelche großen bunten Werbetafeln. Im Supermarkt ist es im Vergleich zu Lanzarote doppelt so teuer. Dafür werden die Kunden mit sehr lauter Discomusik berieselt, nichts wie raus hier. Vor einem englischen Pub werden wir vom Personal auf der Straße angesprochen, ein junger Mann verteilt Handzettel für ein Restaurant, wo sind wir hingesegelt? Die Leuchtreklame eines anderen Supermercados blinkt wie für ein Casino. Klar, wer hier beim Pokern zwei kleine Käse setzt, legt locker über 10 Euro auf den Tisch.
Enttäuscht von der Rummelplatz Atmosphäre gehen wir zum Boot zurück, überlegen, welche Möglichkeiten bestehen. Auf Fuerteventura gibt es laut unseren Revierführern nur einen guten Hafen, in dem sind wir jetzt. Auf dem Nordatlantik ist Sturmzeit, für uns bedeutet es westliche Winde, das Weitersegeln nach Gran Canaria ist im Moment nicht möglich. Wir könnten versuchen, zurück nach Lanzarote zu segeln und bei entsprechender Wetter-

lage mit einem Südwest Kurs nach Gran Canaria. Letztlich entscheiden wir uns, einen Wagen zu mieten, die Hauptstadt einschließlich Hafen anzusehen sowie eine weitere Marina im Süden. Vielleicht ergeben sich hier Alternativen.

Mit einem Opel fahren wir nach Puerto del Rosario, der Inselhauptstadt. Der Hafen ist den Bedürfnissen der Großschifffahrt angepasst. Es gibt einen mehr oder weniger akzeptablen Steg für Boote, aber schön ist es hier nicht. Der Hafen ist sehr offen, schon jetzt, bei wenig Wind und Schiffsverkehr, rollen die Yachten im Schwell. Die Stadt scheint nur aus verfallenen Häusern und Baustellen zu bestehen. Hier ist keine Atmosphäre wie in Arrecife mit der schönen Strandpromenade. Gut, dieser Punkt hat sich erledigt, keine erwägenswerte Liegeplatzmöglichkeit. Wir widmen uns unserem Einkauf und suchen einen großen Supermarkt, finden bald einen der typischen „Hiperdino“ und decken uns reichlich mit Proviant ein, zu Lanzarote-Preisen. Unseren dänischen Nachbarn, Christian und Gitte von der Yacht CLEO, nehmen wir eine Palette Bier mit. Gestern erzählten sie uns mit mitleidiger Stimme wie teuer das Bier ist, 1 Euro für 0.33 L in Puerto del Castillo, 0.19 Euro die Dose hier im Supermarkt.

Zurück zum Boot, Proviant verstauen. Die Dänen schauen sehr überrascht, als sie von uns 24 Dosen Bier für knapp 5 Euro erhalten, sie strahlen über das ganze Gesicht, der „kein Bier-Blues“ ist vorbei.
Nach der Mittagspause, man beachte den Tagesablauf an Land, fahren wir Richtung Süd, fast 100 km bis Morro Jable, dem südlichsten Hafen.
Auf dem ersten Fahrabschnitt erinnert Fuerteventura an Lanzarote, überall Vulkangebirge, aber weitläufiger. Je weiter wir nach Süden kommen, desto mehr wechselt die Landschaft von groben rotbraunen Steinen in feinen hellen Sand. Die Strände

leuchten weißgelb in der Sonne, das Wasser ist hellblau am Strand, dunkelblau weiter im tiefen Bereich, der Übergang ist gleitend.

Der Hafen liegt am Ortsende von Morro Jable, zuvor haben wir das zweifelhafte Vergnügen, die Konsummeile zu durchfahren. Reklametafeln rechts und links der Straßen zeigen Werbung in deutsch, auf einem steht *Einkaufzentrum am Zeil*, auf einem anderen wirbt *Ihre Parfümerie Douglas* usw. Fliegen die Menschen in Urlaub, um sich wieder mit den Dingen zu umgeben, die sie ständig sehen?
Schließlich erreichen wir den Hafen, er ist ebenfalls für Großschifffahrt gebaut, durch die weite Einfahrt läuft Dünung hinein, allerdings scheint die Steganlage neu zu sein. Der einzige gut geschützte Bereich ist ein Ankerplatz, direkt hinter der Hafenmauer. Sobald das Wetter es zulässt, werden wir hierher segeln, als Absprunghafen nach Gran Canaria ist der Platz in Ordnung. Über Antigua (!) führt der Weg zurück nach Puerto del Castillo, wo uns Christian mit einer weniger guten Nachricht empfängt, nein, nicht das Bier ist ausgegangen, es gibt eine Sturmwarnung. Für Sonntag sind zunächst West 6-7, später Südwest 8-9 Bft. vorhergesagt. Für uns ist der Wind das kleinere Problem, die Frage ist, wie stark wird der Schwell im Hafen sein? Soviel ist klar, Sonntag wird Hafentag.

Der Tag beginnt mit 25 Grad angenehm warm, der Himmel ist fast wolkenlos, eine angenehme Brise weht aus West. Da ATHENE in Nord-Südrichtung liegt, ist unsere jetzige „Terrasse" nach Süden ausgerichtet, so sitzen wir in der Sonne und lesen. Gelegentlich fährt ein gelbes Glasbodenboot vorbei, tief unten im Schiff sitzen Leute, die die Unterwasserwelt beobachten, während der Skipper, oben auf dem Schiff, hinter dem Ruder, Musik hört und dabei tanzt. Ab und zu unterbricht er seinen Tanz, greift in einen Eimer und wirft in kleinen Mengen Fischfutter über Bord,

die Gäste sehen die angelockten Fische. Anscheinend macht er seine Sache gut, das Boot fährt mehrmals am Tag hinaus.
Der Crew eines großen Katamarans mit Tagesgästen an Bord bereitet die bestehende Sturmwarnung auch keine Probleme, sie laufen auf die offene See aus. Kommerz und Sicherheit, zwei sehr unterschiedliche Geschwister, mein Eindruck ist, im Zweifel gewinnt der kommerzielle Gesichtspunkt, ganz sicher weiß keiner der Gäste von der Sturmwarnung für die gesamten kanarischen Inseln und den damit verbundenen Gefahren.
Heute ist auch der Starttag zur ARC in Gran Canaria, die bereits erwähnte „Regatta" über den Atlantik. Die Leute zahlen sehr viel Geld, de facto für die Illusion einer sicheren Überquerung in einer Flottille. Was macht der Veranstalter? Er lässt die Boote auslaufen, trotz Sturmmeldung und Wellen von bis zu 5 m Höhe. Alles ist durchgeplant, wie kann dann das Wetter diese schönen Pläne stören?
Am späten Nachmittag erreicht uns eine neue Sturmmeldung, eine sehr interessante, sie sagt, dass der Sturm in der Nacht um 0300 Uhr endet. So genau war bisher keine Meldung, wir sind froh, wenn die Vorhersage für den nächsten Tag stimmt.
Im Ort mischen wir uns unter das sichtlich zufriedene Urlaubsvolk und kehren gut eine Stunde später zur Marina zurück. Schon von weitem ist zu sehen, wie die Schiffe schwanken, es laufen Wellen in den Hafen. Jetzt ist Hochwasser, die Wellen können relativ gut über das vorgelagerte Riff laufen. An Bord versuchen wir, die Schaukelei zu verringern, bringen zusätzliche Leinen aus. Die Aktion dauert gut eine halbe Stunde, ATHENE liegt jetzt ruhiger, auch besteht keine Gefahr mehr, dass sie irgendwo an den Steg stößt. Segler bieten uns Hilfe, an das Boot zu verlegen, sollte es schlimmer kommen. Uns ist es lieber, zunächst zu warten, die Party endet ja um 0300 Uhr.
Kurz nach einem spektakulären Sonnenuntergang – feuerrote Wolken vor einem hellblauen Himmel – ist Ruhe eingetreten. Der Wind ist schwächer und hat seine Richtung geändert, er weht

ablandig. Peter, von der englischen Yacht RACHAEL JANE, erfasst die Situation mit einem Sprichwort: „Red sky in the night, sailors delight.“ In der Nacht zeigt uns der Wind, dass er doch noch da ist, für ca. 2 Stunden pfeift es im Rigg mit 7-8 Bft.

Nächster Morgen, Peter klopft am Schiff. Er erzählt eine unglaubliche Geschichte: Jemand warf eine Handvoll Innereien eines Hähnchens oder Fisches in die Lüftung ihres Schiffes. Es stank fürchterlich. Er sieht uns fassungslos an und fragt, wer tut so was? Auch wir sind sprachlos, diese Marina ist sehr gut abgesichert, Zugang haben nur die Bootsleute. Später erzählt er es dem Hafenmeister und der erwidert, es war bestimmt eine Katze. Peter sarkastisch: „Sicherlich eine, die sich gut mit Schiffslüftung auskennt.“

Von der Fahrt nach Gran Tarajal gäbe es eigentlich nichts zu berichten, wäre da nicht unsere schöne neue Vorsegelanlage. Diese besteht aus mehreren Profilrohren, die alle miteinander verschraubt sind.
Auf dem Rücken liegend, sehe ich auf dem Vordeck in das Vorsegel und beobachte das Spiel der Trimmfäden im Wind. Mein Blick fällt irgendwann auf die Vorsegelanlage, deren Rohre deutlich sichtbare Spalten aufweisen. Oh Schreck, die Verbindungen haben sich gelöst. Im Hafen Gran Tarajal nehmen wir uns der Sache sofort an, Christian und Gitte – sie sind bereits einen Tag zuvor hierher gesegelt – helfen uns. Dreimal zieht Christian mich mit Hilfe einer Winsch in die Höhe, damit ich alle Verbindungen nachziehen kann, zwei Schrauben sind bereits verloren gegangen, zum Glück ist Ersatz an Bord. Nach vollbrachter Arbeit stoßen wir mit Bier, Kaffee und Brandy an.
Es ist wohl jedem klar, bei dieser Vorgabe dauert die Klönrunde genauso lange wie die eigentliche Arbeit. Einmal mehr zeigt dieses Erlebnis, was Segeln ausmacht: Man hat immer Arbeit am Schiff, selbst wenn die Teile neu sind, und man findet unter

Seglern immer eine hilfsbereite Hand. Es sind letztlich die Menschen, die diese Art des Reisens erlebenswert machen.

Endlich, Gran Tarajal ist ein Ort, der unseren Vorstellungen entspricht, weit und breit kein Pub und keine Würstchenbude! Ja, es ist sogar möglich, auf ein Holá einen entsprechenden Gruß in spanisch zu hören.

Wer segelt und sich eine angenehme Passage wünscht, richtet seinen Terminplan nach dem Wetter, ausreichende Zeit vorrausgesetzt. Unser Wunsch ist ein schneller Törn nach Gran Canaria und diese Wetterbedingung ist übermorgen erfüllt. So fahren wir heute weiter nach Morro Jable, dem südlichsten Hafen auf Fuerteventura, als Ausgangspunkt für Gran Canaria. Auf dem Weg dorthin fangen wir unseren bisher größten Thunfisch, ein ca. 50 cm langes Exemplar. In Morro Jable gehen wir vor Anker, der Ankergrund ist schlecht, aber wir werden nach 8 Stunden weitersegeln.

In der Nacht wecken uns ungewöhnliche Geräusche. Obwohl fast windstill ist, hält der Anker nicht, vulkanisches Gestein ist kein guter Ankergrund. Einmal wach, geht der Anker auf.

11

10

12

4

13

1

15

17

18

9 Madeira Blick auf Funchal
10 Gomera - Degollada de Peraza
11 Gelungener Fang
12 Gomera - Teneriffa Nebel zieht auf
13 Porto Santo - Sinfonie in Blau
14 Segeln am 1. Januar ist für unsere Gäste keine ernste Angelegenheit
15 Teneriffa Karneval
16 Madeira Wanderweg entlang der Levadas
17 Delfine spielen in der Bugwelle
18 Traumstrand auf Isla Graciosa

Gran Canaria

Rauschefahrt – Computer und Segeln – hochsommerliches Vorweihnachten – ein gefährliches Stadtgebiet

Mit passieren der südlichsten Spitze Fuerteventuras erreicht uns der vorhergesagte Nordost Passat, ATHENE läuft annähernd Höchstgeschwindigkeit Richtung Las Palmas. Kurz vor Gran Canaria fangen wir einen Thunfisch. Der Angelköder geht ein weiteres mal heraus, ein zweiter Fisch ist für unsere dänischen Segelfreunde bestimmt. Tatsächlich beißt kurz darauf ein kapitaler Bursche an, die Rute biegt sich wie nie zuvor, ich muss sie mit zwei Händen halten. Nachdem die Hälfte der Angelschnur eingezogen ist, fährt ein deutlicher Ruck durch die Rute und der Fisch ist weg. Schade, ich hätte ihn gerne einmal gesehen. 3 Meilen vor Las Palmas beißt ein dritter Fisch, das Schicksal meint es nicht gut mit ihm, er ist mittlerweile filetiert.

Vor der Hafeneinfahrt erwartet uns eine üble Überraschung, auf dem Wasser schwimmt eine dicke, nicht enden wollende Dieselschicht. Es stinkt fürchterlich, die Wasseroberfläche ist glatt, trotz Seegang. Ich bitte um Nachsicht, so eine Sauerei haben wir noch nie erlebt.

Nach 10 Stunden sind 60 Seemeilen gesegelt, in der Marina Las Palmas besteht im westlichen Hafenteil freie Platzwahl, mit absegeln der ARC Yachten eine Woche zuvor sind reichlich Liegeplätze vorhanden. Den Hafen säumen Hochhäuser, von der Straße kommt Großstadtlärm herüber. Die letzte Großstadt, die wir besuchten, war Lissabon. Seitdem sind zwei Monate vergangen, in den nächsten Tagen lassen wir Las Palmas auf uns „einwirken“.

Der Hafen bedeutet für uns Wiedersehen mit Seglern verschiedener Nationen, die wir im Laufe der vergangenen Monate kennen lernten. Astrid und Dieter von der WINDLISE hielten es nur kurz in ihrem Haus auf Porto Santo aus, der Lockruf der Ferne ist stärker. Unsere holländischen Mitsegler von der Yacht WILLEMIJN bereiten sich auf den Absprung in die Karibik vor. Die dänische CLEO Crew wird hier überwintern. Peter und Lynn von der englischen Yacht RACHAEL JANE sind auf dem Weg in die Karibik dem Reiz der Großstadt verfallen. Peter lebte lange in London, er sagt, was auch wir empfinden: „Nach all den Touristenorten ist die Stadt für mich Leben. Irgendwo ist immer was los, es gibt zahlreiche Geschäfte und viel zu sehen, mir macht das richtig Spaß. Und der Stau auf den Straßen gehört irgendwie dazu, wir sind davon nicht betroffen."
Die Metropole und Hafenstadt Las Palmas hat in der Tat mehr zu bieten als Sonnengrills und Amüsiermeilen. Wir sind häufig in der Stadt unterwegs, nutzen die Kilometer lange Strandpromenade zu einem Ausflug per Fahrrad. Laut unseren Reiseführern ist die Hafenanlage ebenfalls mehrere Kilometer lang. Per Rad haben wir uns auch den kommerziellen Hafenteil angesehen, hier liegen supermoderne Containerschiffe neben üblen Rostlauben. In einem Hafenbecken sehen wir eine sehr große Segelyacht unter englischer Flagge. Wie sich im Gespräch mit einem Crewmitglied herausstellt, ist das Schiff noch größer als die Yacht der deutschen Bänker in Puerto Calero. Diese Yacht ist 174 Fuß lang, rund 52 m. Ob das noch Spaß macht, so ein Schiff zu segeln?

Spaß hat jedenfalls Astrid, sie hat einen neuen Notebook Computer gekauft. Man mag es kaum glauben, wie groß der Einfluss dieses Elektronikteils an Bord ist. Peter erzählte uns eine Geschichte von einem Paar, das den gesamten Pazifik ohne Selbststeueranlage durchsegelt hat, immer stand einer von beiden am Ruder. Einen Autopiloten wollten sie nicht, er sei zu anfällig,

außerdem hätte man früher auch von Hand gesteuert. Jetzt sind sie auf ihrer zweiten Weltumseglung, diesmal mit einem Computer an Bord. Und was ist die Folge? Sie können nicht auslaufen, weil irgendetwas mit dem Computer Betriebssystem nicht stimmt.
Auf der WINDLISE geht jeder, der etwas von Computern versteht, ein und aus. Schließlich funktioniert alles und Dieter darf wieder ein normales Seglerleben führen, so hofft er.
Am zweiten Adventsonntag scheint hier die Sonne wie in Deutschland im Hochsommer. Bei über 25 Grad lesen und werkeln wir über den Vormittag in der Sonne. Wie viele Einheimische auch, gehen wir nachmittags in die Stadt, die großen Geschäfte haben geöffnet. Auf uns „Nordlichter" wirkt es schon einwenig befremdlich, wenn im Kaufhaus Frank Sinatra singt, an Weihnachten sei er zu Hause. Unsere Vorweihnachtsstimmung ist erfreulich sommerlich.

Es wird Zeit, die Insel mit dem Auto zu erkunden, beginnend mit der Nordküste nach Puerto de las Nieves mit dem El Dedo de Dias, dem Finger Gottes, einer markanten Felsformation. Weiter nach Agaete, dort liegt der Zugang zum wunderschönen Tal Los Berrazales. So weit möglich, fahren wir mit dem Wagen den Berg hinauf, nach ungefähr der Hälfte des Anstiegs endet die Straße. Einige Wanderer folgen einem Weg zum Gipfel, ja das Gebirge ist ein schönes Wanderrevier.

Von Agaete führt eine Straße entlang der Westküste Richtung Süden. Diese Straße ist für jeden Autofahrer ein Muss. Schier endlos windet sich der Weg durch steile Schluchten an der Küste entlang. Kaum ein Stück der Straße verläuft gerade, ständig Kurven und Steigungen.
Nach ca. 30 km endet die abenteuerliche Fahrt in San Nicolas – passend zur Weihnachtszeit – einem Ort, der vom Tomatenanbau lebt. Um die Mittagzeit ist alles wie ausgestorben, Siesta. Ein ku-

rioses Geschäft am Marktplatz, „Musica y Pesca", hat Musikinstrumente und Angelzubehör im Angebot. Die Inselumrundung führt uns wieder ins Gebirge, leider auch in Wolken und kurze Zeit später in strömenden Regen. Von der Landschaft ist so gut wie nichts zu sehen, manchmal gibt der Regen für einen Augenblick die Sicht frei, es muss toll sein. So bleibt uns nicht anderes übrig als weiterzufahren, eine weitere Serpentinenstrecke liegt vor uns.
Der Besuch des Bergortes Mogan fällt buchstäblich ins Wasser. Wir nehmen eine Regendusche und einen guten Eindruck vom Ort mit. An der Südküste klart es wieder auf, in Puerto Mogan ist es hochsommerlich warm, gut auch für unsere feuchtnasse Kleidung.

Puerto Mogan, ein Ferienzentrum, ist eine wohltuende Ausnahme an dieser Küste. Die Integration von Hafen, Bistros und anderen Geschäften kann man als gelungen bezeichnen. Wer hier mit dem Boot hinkommt, muss sich aber im klaren sein, er ist Teil der Staffage. Tag und Nacht laufen und plärren Leute herum, sehen sich den Hafen an oder sitzen in einer der Kneipen.

Jetzt folgt die Tour der Bausünden, rechts ein Hotelklotz, links einer, in der Mitte die Schnellstraße zum Flugplatz. Die Dünen von Maspalomas hätten wir uns gerne angesehen, der aufziehende Regen macht dieses Vorhaben aber zunichte: Kurs Richtung Las Palmas.

Am folgenden Tag teilen wir uns den Wagen mit Peter und Lynn. Regen und Sonne wechseln sich in schneller Folge ab. Vielleicht haben unsere englischen Mitfahrer das Wetter bestellt und möchten sich wie zu Hause fühlen. Auch diese Tour führt durch den Norden der Insel, der uns wesentlich besser gefällt als der Süden Gran Canarias. In Aruca, einer Stadt in den Bergen, schauen wir uns die Kathedrale sowie einen Park an. Der Ort könnte durchaus irgendwo in den Voralpen sein, wären da nicht die Palmen. In einer originellen Bodega ist Kaffeepause.

Jetzt wird es sehr religiös, weit oben in den Bergen liegt Teror. Dazu unser Reiseführer:

In der Basilika Terors, dem wichtigsten Wallfahrtort und religiösem Zentrum Gran Canaria, wird die Statue der Inselpartonin Virgen del Pino, deren Anbetung bis ins 15 Jh. zurückreicht, aufbewahrt. Kopfsteingassen, lauschige kleine Plazas und altehrwürdige Bürgerhäuser mit kunstvollen Holzbalkonen bestimmen das Bild einer der typischsten und schönsten Städte der Insel.

Dem ist noch hinzuzufügen, die Straßen sind weihnachtlich geschmückt, bei Temperaturen um 13 Grad, einschließlich Regen, nicht unähnlich zu Hause.

Nach einem Mittagessen in einem der typischen „Restaurants" besichtigen wir einen Vulkankrater, der vom Pico de Bandama, 582 m hoch, gut zu sehen ist. Manchmal geben die Wolken den Blick bis Las Palmas frei, beeindruckend. Im Vulkankrater liegt ein kleiner Bauernhof, ganz sicher einer der ungewöhnlichsten Plätze zum Wohnen.

Viele träumen von San Francisco, also nichts wie hin. Die Zufahrtstraße führt durch ein hässliches Industriegebiet mit Dutzenden ebenso hässlicher Hochhäuser. Doch begibt man sich in die Altstadt – San Francisco –, sind viele hübsche Häuser und Gassen zu sehen. Zurück in Las Palmas laden uns Peter und Lynn auf ihr Schiff ein, wir klönen bis Mitternacht. Der angekündigte Starkwind hat nun die Insel erreicht, es wird ungemütlich, wir verholen in unser Boot.

Hafentag. Die ganze Nacht wurde das Schiff vom Wind durchgeschüttelt, immer wieder regnete es. ATHENE liegt mit dem Bug zum Wind, für uns sind keine weiteren Sicherungsleinen nötig. Die Skipper der Boote auf der anderen Seite des Steges brachten während der Nacht zusätzliche Leinen aus, die Schiffe drohten gegen den Steg gedrückt zu werden.

Freitag, der 13.12.02. Im Gegensatz zu gestern herrscht heute hochsommerliches Wetter, die Temperatur liegt bei 30 Grad, stahlblauer Himmel, ideale Bedingungen zum Fotografieren. In der Stadt suchen wir zunächst ein Postamt auf, gehen von dort, eigentlich ziellos, in Richtung eines Berghanges, wo viele kleine bunte Häuser stehen. Die Art der Wohngegend macht nicht den Eindruck, dort Luxusherbergen anzutreffen, aber die Sicht von oben dürfte bestimmt gut sein. Schließlich stehen wir vor einem langen steilen Treppenaufgang, der direkt zwischen den Häusern zum Berg hoch führt. Langsam gehen wir hinauf, sehen uns gelegentlich um, die Sicht ist fantastisch, ein weiterer Aufstieg scheint lohnend. In etwa der Mitte der Treppe stehen und sitzen 4 junge Männer und sehen uns zu, wie wir die Treppe hinaufkommen. Ich habe grundsätzlich eine Abneigung gegen eine Gruppe „herumlungernder" Männer, ganz besonders bei recht jungen. Diese hier schauen uns an, als kämen wir vom Mars. Schließlich sind wir auf deren Treppenhöhe angekommen, einer von denen steht in der Mitte der Treppe, spricht mich mit einem breiten Grinsen an und zeigt mit dem Daumen der rechten Hand die Treppe hoch. Die anderen 3 Männer lachen auf seine Bemerkung. Ich sage nichts zu ihm, wie auch, ich habe ihn noch nicht einmal verstanden. Endlich sind wir oben, die Treppenstiege endet in einer Straße, die jetzt nach links oder rechts führt. Beate geht ein kleines Stück nach links, von dort kann sie auf eine alte Festung blicken. Sie nimmt die Kamera aus ihrer Tasche, schaut durch den Sucher, als uns plötzlich eine dunkle Männerstimme etwas zuruft.

Eine Straße unter uns steht ein kräftiger, untersetzter Mann und macht durch seine Gestik deutlich, diese Gegend fotografiert ihr nicht. Beate zeigt auf die Festung, die sie ablichten möchte, er hebt den Daumen, das ist in Ordnung. Beate macht ihr Bild, wir sind nun verunsichert, zuerst die seltsamen Männer, dann einer, der hier aufpasst. Wir gehen einige Schritte, schon brüllt der Mann wieder. Diesmal deutlich lauter, sagt immer dasselbe, und deutet mit der Hand an, geht zurück. Das tun wir aber nicht, gehen die Straße runter, hinter ihm her. Er sieht uns, dreht sich um und kommt auf uns zu. Wieder redet er lautstark auf uns ein und unterstreicht seine Worte mit klaren Handbewegungen: Wenn ihr hier weiter geht, werdet ihr ausgeraubt, geht sofort die Treppe hinunter zurück. Er unterstreicht seine Entschlossenheit, indem er sich demonstrativ vor uns stellt und wartet, bis wir zurück gehen, was wir dann auch tun. Die Straße mündet in eine Linkskurve, dort sitzt ein zweiter älterer Mann und nickt zustimmend. Er zeigt mit der Hand ebenfalls in Richtung einer Häusergruppe, schließlich auf uns und bewegt schließlich den ausgestreckten Zeigefinger seiner rechten Hand hin und her: nichts für euch, geht die Treppe hinunter.

Mir gefällt das nicht, vielleicht ist es ein abgestimmtes Spiel, die Alten schicken den Jungen die Beute. Andererseits, hätten sie uns in eine der Gassen weiter gehen lassen, wäre der Schutz für die Täter viel besser. Zügig gehen wir die Treppen hinab, vermeiden aber jede Hast und Unsicherheit. Die vier Männer sind im Gespräch mit einem fünften. Sie sehen uns, zeigen aber zum Glück kein Interesse. Nur derjenige, der mich ansprach, scheint überrascht, uns so schnell wieder zu sehen.

Ein kurzes Stück zur Hauptverkehrsstraße und wir sind endlich wieder in sicherer Umgebung. In 5 ½ Monaten Reisen ereignete sich nicht irgendeine, auch nur ansatzweise, bedrohliche Situation. Heute hatten wir Glück.

Mit dem Aufzug fahren wir einen Turm in der Kathedrale Santa Ana hinauf und genießen den Blick über die Stadt, dieser Platz ist sicherer.

Von den Azoren kommend hält uns wieder ein Tiefdruckgebiet im Hafen fest. Die Vorhersagen lauten auf Windgeschwindigkeiten bis zu 75 km/h, die Wellenhöhe soll im Durchschnitt beachtliche 4 m betragen. In der morgendlichen Plauderrunde über Kurzwelle wird berichtet, in Santa Cruz, Teneriffa, steigen die Wellen über den Wellenbrecher in den Hafen.
In Las Palmas hält am Nachmittag ein großer Schoner das segelnde Volk in Atem. Er versucht, bei Wind von Backbord querab und annähernd Sturmstärke, in einen Liegeplatz für Großsegler zu fahren. Es folgen mehrere Ankermanöver im Hafen und massiver Einsatz von Schlauchbooten, die versuchen, das Schiff zu drehen. Einmal sieht es fast so aus, als hätte der Skipper die Kontrolle über das Schiff verloren, es treibt genau volle Breitseite auf uns zu. Alle unsere Nachbarn verlassen ihre Schiffe und schauen gespannt und nervös, was sich so dicht neben uns abspielt. Glück für uns alle, dem Skipper des Schoners gelingt es, das Schiff zum Stehen zu bringen und seiner Crew, eine Leine an Land zu befestigen. Alle bleiben für einen Moment, trotz Regen, stehen, um sich zu vergewissern, die Gefahr ist wirklich vorbei.
Wesentlich ruhiger verlief unser Vormittag, außerhalb von Las Palmas liegt der „Jardin Canario“, einer der größten botanischen Gärten Europas. Der Garten erstreckt sich über ein Tal und einen Berghang. Die gesamte Anlage ist äußerst gepflegt und sehr schön angelegt. Leider regnete es während unseres Besuches, der Winter ist nicht die beste Besuchszeit. Es bedarf nicht viel Phantasie, wie es hier aussieht, wenn alles in voller Blüte steht.

Es hat sich Besuch auf Teneriffa angesagt, wir werden so bald wie möglich nach Santa Cruz verholen.

Teneriffa

Anstrengendes Seglerleben auf Partys und Konzerten – mit Salsa Rhythmen ins neue Jahr – Traumtörn – Inselerkundung – Donald Duck

In den frühen Morgenstunden legen wir in Las Palmas, Gran Canaria, bei Windstille ab. Typisch für diese Jahreszeit ist schwacher Wind oder die gefürchteten Südwestlagen, die stärkeren Wind bringen. Ungefähr 10 sm vor Santa Cruz begleiten uns Delfine. Es ist eine ungewöhnlich große Schule von mindestens einem Dutzend Tieren. Sie spielen ständig in der Bugwelle und tun das, auch ungewöhnlich, gut 15 Minuten lang. Die Tiere wechseln sich ständig ab, einmal ist der Größte vorne, ein anderes mal das kleinste Tier der Gruppe. Sie schwimmen so dicht, dass sie sich ständig berühren. Ein Delfin zeigt uns, was er von unseren schlappen 6 Knoten Bootsgeschwindigkeit hält. Er schwimmt quer unter dem Boot durch, springt dann aus dem Wasser, überschlägt sich in der Luft, um schließlich mit der Schwanzflosse zuerst ins Wasser zu schlagen. Am Bug stehend, kommt Spritzwasser über.
Eine halbe Stunde später begegnen uns fünf Pilotwale, Beate beobachtet die Tiere, ich konzentriere mich auf den Bereich vor dem Bug, eine Kollision könnte unangenehm sein.

In der Marina Santa Cruz ist erfreulich viel Platz, unsere Überlegung, die Kanaren im Winter zu besuchen, erweist sich als richtig. Kein Stress mit Liegeplätzen, das Personal ist freundlich, die Preise günstig. Am Steg treffen wir wieder Bekannte, überschwenglich teilen sie uns sofort die wichtigsten Ereignisse der kommenden Tage mit:

Die Party in der Marina am 23.12., eine weitere Party, organisiert von Seglern, am 25.12. sowie ein großes klassisches Weihnachtskonzert im Hafenbereich am gleichen Abend.

Santa Cruz, was für eine Stadt! Wenig Straßenlärm, eine große verkehrsberuhigte Fußgängerzone, viele Bäume säumen die Innenstadt, alles ist weihnachtlich geschmückt. Dazu das Panorama, Santa Cruz liegt am Fuß der umliegenden Berge, die leicht begrünt sind.
Keine Stadt auf den kanarischen Inseln hat uns spontan so gut gefallen wie diese. Soviel ist uns sofort klar, hier bleiben wir gerne einige Wochen. Der reiselustigste Teil unserer Verwandtschaft lässt sich vernünftigerweise die Gelegenheit nicht entgehen und besucht uns über Weihnachten und Neujahr. Bei Tagestemperaturen um 24 Grad und den ganzen Tag Sonne bestimmt keine schlechte Alternative zum verregneten Deutschland.

Am späten Abend hören wir an Bord einen Chor, der irgendwo in der Stadt weihnachtliche Lieder singt, andere, als wir sie kennen. Unserer Müdigkeit zum Trotz gehen wir hin. Auf einem Marktplatz musiziert und tanzt die Folklore Gruppe „Los Majuelos". Hiesige Weihnachtslieder sind tendenziell fröhlich, sie laden zum Mitklatschen ein. Während des letzten Liedes verteilen die hübsch und traditionell gekleideten Tänzerinnen Süßigkeiten ans Publikum, auf der Tüte ist ein Zettel befestigt: „!LE DESEA FELICES FIESTAS!"

Ein Radausflug führt uns einen Tag später nach San Andrés in den Norden der Insel. Wir können die gesamte Strecke von 8 Km auf einem Radweg zurücklegen. San Andrés hat den einzigen Sandstrand in der nächsten Umgebung, nur wenige Badegäste sind anzutreffen. Der Sand wurde mit Schiffen von Afrika hergebracht. Am Nachmittag gehen wir zur Marina Party. Der Hafenmeister begrüßt uns, wünscht uns im Namen des Personals frohe Weihnachten und ein gutes neues Jahr. Er erzählt, die Party veranstalten die Mitarbeiter der Marina, alle Segler sind herzlich einladen. Ungläubig der Worte, bestätigt mir Beate, das Personal ist Gastgeber!

Mit einem Amerikaner komme ich ins Gespräch. Aufgrund der Meldungen in den Nachrichten der vergangenen Tage zum Thema Irak frage ich ihn nach seiner Meinung zur amerikanischen Außenpolitik. Vor mir steht offensichtlich kein Patriot, er schimpft sehr heftig: „Unser jetziger Präsident ist schiesswütig und ist auch nur von solchen Leuten umgeben, aber was kann man von einem Texaner auch anderes erwarten. Ich fürchte, er wird das Ansehen Amerikas für lange Zeit schädigen."

Heute ist Heiligabend, ein wunderschöner Tag, es könnte ein Hochsommertag im Norden sein. Einige Schönwetterwolken stehen über den Bergen, die Sicht auf den Atlantik ist wolkenfrei. Nicht nur Beate trägt als angemessene Kleidung einen Badeanzug. Gegenüber spielen kleine Kinder auf dem Steg und plantschen im Wasser. Die Biergärten der Stadt sind schon am Morgen gut besucht, kein heißer Grog steht auf den Tischen, meist Kaffeetassen oder Biergläser. Im Supermarkt tragen die Kassiererinnen rote Weihnachtsmützen mit weißem „Bommel".
Unser Empfinden entspricht mehr einer Spätsommer-Stimmung. Für uns ist das der Idealzustand, nach einem schönen langen Sommer geht es langsam in den Spätsommer über, dem bald der nächste Frühsommer folgt.
Eine warme Brise weht durch den Hafen, sie transportiert auch die verschiedensten Stimmen und Geräusche. Im Cockpit sitzend, höre ich von gegenüber Kinderstimmen, Franzosen und Kanadier spielen miteinander. Von unserem Steg dringt gelegentlich die dunkle Stimme eines Spaniers durch, er weist eine Chartercrew ein. Hinter mir durchmisst ein Engländer die Länge seines Schiffes, er geht ständig auf und ab, vom Bug bis zum Heck, das

Telefon am Ohr. Das Glockenspiel der Rathaus Uhr läutet zu 1645 Uhr. Die Melodie erinnert sehr stark an Holland. In diesem Hafen geht es unter den segelnden Völkern sehr friedlich zu. Irgendwie, so mein Eindruck, sind heute alle besonders nett zu einander. In der Tiefe der Seele haben wahrscheinlich viele einen nordeuropäischen Appendix. Feliz Navidad!

Am Abend des Weihnachtstages besuchen wir das *IX Concierto de Navidad.* Im Eingangsbereich werden an die Zuhörer rote Mützen verteilt. Die Übertragung der Veranstaltung erfolgt im spanischen Fernsehen, das Gesamtbild ist schöner, wenn eine große Anzahl Weihnachtsfrauen und Weihnachtsmänner im Publikum sitzen. Ein Herr tritt ans Mikrofon, er ist ein Repräsentant der Firmen im Hafenbereich, die das Konzert finanzieren. Nach kurzer Rede spielt das „*Orquesta Sinfónica de Tenerife*" unter der Leitung von Victor Pablo Pérez ein Stück zur Solidarität mit Galicien, während über große Bildschirme Bilder von der Ölkatastrophe des Tankers PRESTIGE gezeigt werden, schreckliche Bilder. Wir verbrachten eine sehr schöne Zeit in Galicien, jetzt ist alles mit Öl verdreckt.

Dann beginnt das eigentliche Programm, mit Ausschnitten aus Opern von Rossini, Verdi, Wagner, Puccini und Mozart. Total begeistert ist das Publikum von den beiden Sängern, Ildar Abdrazakov (Bariton) und Maria José Moreno (Sopran), mit einem leichten Vorteil zugunsten der Sopranistin. Das Orchester wird durch einen Chor von ca. 100 Personen stimmgewaltig unterstützt, einschließlich Orchester musizieren auf der Bühne ungefähr 160 Personen. Zum Ende des Konzertes wird das kanarische Weihnachtslied „Una sobre el mismo Mar" angestimmt, ein Lied, das den sieben Inseln der Kanaren gewidmet ist. Nach zwei Stunden endet das unvergessliche Konzert.

Am Silvestertag erledigen wir unsere Einkäufe, am 1. Januar bleiben die Geschäfte geschlossen. Wie wir mittlerweile gelernt haben, heißt das was! Sonntags fahren die Wagen der Müllabfuhr, es werden Straßenlampen aufgestellt, grundsätzlich sind viele Geschäfte geöffnet und das in einem sehr religiösen Land. Heute ist der Andrang so groß, wir sind geneigt, den Vergleich mit zuhause zu ziehen.

Kurz vor Mitternacht gehen wir zur Plaza de Espana, ein großer Platz direkt vor dem Verwaltungsgebäude aller kanarischen Inseln. Dort ist eine große Bühne aufgebaut, eine Band spielt Salsa Rhythmen. Das Publikum ist sehr unterschiedlich gekleidet, vom „kleinen schwarzen“ bis zur legeren Strandkleidung ist alles dabei. Die Temperatur liegt bei angenehmen 19 Grad. Schlag Mitternacht knallen die Korken, Glocken läuten das Jahr 2003 ein. Im Hafenbereich wird ein tolles halbstündiges Feuerwerk voller Überraschungen abgebrannt, Spanien und Feuerwerk gehören irgendwie zusammen. Anschließend spielt die Band bis in den frühen Morgen, es wird getanzt und gesungen, wir feiern noch eine Weile mit.

Neujahrstag, Ansegeln der neuen Saison bei stahlblauem Himmel und weit über 20 Grad. Gegen Mittag segeln wir mit unseren Gästen hinaus auf den Atlantik, ein gemütlicher Törn. Bald ist auch die Angelschnur ausgeworfen. Kaum eine halbe Stunde später biegt sich die Rute, ein Thunfisch akzeptabler Größe hat angebissen, für unser Abendessen - Filets in Olivenöl gebraten und mit Salz und Pfeffer gewürzt - ist somit gesorgt. Nach 2 Stunden wenden wir auf 2000 m Wassertiefe und segeln zurück. Wieder haben wir Glück, diesmal sind es Pilotwale, die unseren Kurs mehrfach kreuzen. Was für ein Jahresauftakt!

Auf Teneriffa befindet sich der höchste Berg Spaniens, der Teide. Alexander von Humboldt musste damals den gesamten Aufstieg zu Fuß bewältigen, heute führt eine 40 km lange kurvenreiche Straße durch den Nationalpark. Der Berggipfel ist per Seilbahn erreichbar. Für Segler, als individuell Reisende, ist diese Umgebung ein kleiner Schock, Massentourismus. Allein der Gedanke, sich schön brav zwei Stunden in eine Schlange für ein Seilbahnticket zu stellen, lässt uns schaudern und davon Abstand nehmen.

Weiter in westlicher Richtung ist die Vulkanlandschaft grandios, in Farben und Formen. Im Süden liegt Masca malerisch in die Schluchten des Teno Gebirges eingebettet. Eine schmale Serpentinenstraße führt zum Ort und ermöglicht einen Blick auf die Nachbarinsel Gomera.
Am westlichsten Punkt Teneriffas steht der Leuchtturm *Faro del Teno.* Einige Kilometer vor dem Ziel warnen große Tafeln vor dem Befahren der Straße. Bald sehen wir den Grund, am Straßenrand und teilweise auf der Straße liegen Steine, Teile der Berghänge sind beim letzten Unwetter abgerutscht. Unser Gast Ben sagt folgerichtig: „Wem so ein Stein auf den Kopf fällt, dem hilft auch kein Aspirin mehr“. Wir erleben einen wunderschönen Sonnenuntergang, genießen den Blick auf Gomera und La Palma und sind von den brechenden Wellen der Brandung begeistert.

Der Januar ist nicht der Beste Monat zum Teide Aufstieg, Teile des Weges sind vereist, uns fehlt die notwendige Ausrüstung, so werden wir die Seilbahn nehmen. Segler sagten uns, wenn ihr sehr früh an der Station seid, ist von Massentourismus keine Spur. Dem Rat folgend, fahren wir am nächsten Morgen, zusammen mit alpin ausgerüsteten Wanderern, per Seilbahn den Teide hoch. Der Himmel ist wolkenfrei, das Panorama von hier oben

majestätisch. Zum Besteigen der letzten 200 m des Teide Gipfels ist eine Genehmigung erforderlich, am Tag dürfen nur 135 Personen das Naturschutzgebiet betreten, bei einer maximalen Aufenthaltsdauer von zwei Stunden.
An der Bergstation treffen wir Wanderer, die den Teide Aufstieg in der Nacht begannen und gut 6 Stunden benötigten. Das letzte Stück ist vereist, sonst war es nicht schwierig, ist deren Kommentar.

Wir sehen uns im Süden der Insel um, zu Los Cristianos, einem Fähr- und Yachthafen, bemerkt ein nautischer Revierführer: Massentourismus, ein richtiger britischer Fish & Chips Ort. Dem ist nichts hinzuzufügen.

Im Norden Teneriffas liegt das von unserem Liegeplatz aus zu sehende Anaga Gebirge. Mit einem Ticket für schönes Wetter erleben wir das 1000 m hohe Gebirge wolkenfrei, was selten ist, oft stehen Passatwolken darüber. Möchte man zu einem der Küstenorte, so ist es im Anaga erforderlich, eine steile und oftmals enge Straße zu befahren, die den Höhenunterschied überwindet. Das bedeutet Kurven, Kurven und nochmals Kurven und häufiges bremsen.

In Punta del Hidalgo, ganz im Norden, begeistern uns ein moderner Leuchtturm und Brandungswellen. Auch auf Teneriffa haben die Straßen ein Ende, im Nordosten endet sie in Chamorga, einem kleinen Ort tief in einem Tal, in dem wir ein Stück dem Wanderweg Richtung Meer folgen. Teilweise kommt es uns so vor, als wäre das Tal ein angelegter Garten.

Für spanische Kinder ist der 5. Januar ein sehr wichtiges Datum. An diesem Abend erhalten sie ihre Geschenke, die die heiligen drei Könige mitbringen. Heute fällt der Tag auf einen Sonntag, die Geschäfte sind geöffnet, auf den Straßen herrscht hektischer

Betrieb, mehr als in der Woche. Abends ziehen die drei Könige durch die Stadt und werfen Süßigkeiten, wie bei uns an Karneval. Zum Abschluss gibt es ein kleines Feuerwerk, das scheint aber nicht sehr bibelgetreu zu sein.

Aufregung im Hafen. Ein ungefähr 40 m langer Zweimaster ist eingelaufen, der Eigner steht selbst am Ruder und manövriert die Yacht sehr ungeschickt. Trotz oder vielleicht wegen, vieler technischer Hilfsmittel, wie 2 Schiffschrauben und je ein Querstrahlruder an Bug und Heck, treibt das Schiff quer durch den Hafen in die am Steg liegen Yachten. Viele Hände bemühen sich, das Schlimmste zu verhindern, der Hafenmeister versucht mit seinem Boot, das Schiff wieder wegzuziehen. Aber selbst sein Boot mit dem starken Außenbordmotor vermag die große Yacht nicht zu bewegen. Das Schiff liegt jetzt quer zum Wind, der mit 10–15 Knoten nicht besonders stark weht. Nach mehreren Versuchen kann die Yacht letztlich an der Hafenmauer anlegen. An einigen Yachten und der Steganlage ist Bruch entstanden. Die betroffenen Segler sind sauer. Der Verursacher schickt seinen Skipper zur Schadensregulierung, er hält es nicht für nötig, sich persönlich zu entschuldigen, dafür hat man ja seine Leute.

Seltsame Gespräche habe ich mit einigen deutschen Landsleuten. An einem Mittag kommt ein Herr ans Schiff und spricht mich auf die Liegeplatzmöglichkeiten auf Teneriffa an. Er erzählt, sein Schiff liegt im Mittelmeer, nun wollte er zu den Kanaren segeln. Kaum habe ich ihm seine Frage beantwortet, spricht er nur davon, wie schön das Mittelmeer im Vergleich zu den Kanaren sei, hier sei alles Mist. Es gäbe keine weißen Strände, die Häfen lägen weit auseinander, nur wenige Ankerbuchten seien vorhanden. Später sehe ich ihn im Gespräch mit Seglern auf einem Steg an der gegenüberliegenden Seite, dieser Mist hier scheint ihn doch sehr zu interessieren.

In der Woche kommt ein anderer Deutscher zu uns ans Schiff, ein Mittfünfziger, mit einer Frisur, die ihn aussehen lässt wie ein „zerstreuter Professor“ aus einem Kinderfilm. Er erzählt, eigentlich wollte er sich über den Winter die Kanaren in Ruhe ansehen, aber jetzt hätte er genug, die Spanier klauten wie die Wilden. Ich frage ihn, woher er wüsste, dass es Spanier seien und was im gestohlen wurde? Er zählt diverse Ausrüstungsgegenstände auf, die ihm auf Ankerplätzen abhanden gekommen seien. „Auf Ankerplätzen?“ frage ich erstaunt nach, „wie sollen denn, mit Ausnahme von Fischern, die Einheimischen dort hinkommen? Meiner Einschätzung nach waren das Yachties, die die Gegenstände gut gebrauchen konnten. Die Einheimischen, so ist unser Eindruck, haben das nicht nötig.“ Er sieht mich verwundert an, zögert einen Moment, und meint, daran hätte er auch schon einmal gedacht: „Ja, ja, ich bin der segelnde Donald Duck“, sagt er und geht. Donald Duck? Nicht mit dieser Mähne, aber das denke ich mir. Ich erzähle die Geschichte Beate und frage sie, wofür steht Donald Duck? „Er hat einen reichen Onkel“, ist ihre Antwort.

Ende Dezember ist der letzte große Tross der „Karibik Fraktion“ abgesegelt, in der Marina Santa Cruz ist jetzt überreichlich Platz. Die, die jetzt noch hier sind, werden entweder für längere Zeit auf den Kanaren bleiben oder wieder Richtung Nord zurücksegeln. Somit ändern sich auch die Themen, wurde noch bis Dezember über die beste Strategie und Ausrüstung für eine Atlantiküberquerung diskutiert, gehen die Gespräche jetzt auf das Thema „Hoch am Wind“ über, das heißt, anstatt mit dem Wind soweit möglich gegen den Wind segeln.

Auch wenn wir im Moment weniger unternehmen, so ist es hier auf keinen Fall langweilig. Fast täglich treffen wir jemanden aus der segelnden Gemeinde, es gibt Einladungen und Gegeneinladungen. Die Gespräche erstrecken sich über alle möglichen

Themen, Segelreviere, Ausrüstungen, Segeltechniken, aber auch Weltpolitik, Heimatland und häufig über den Beruf. Die Themen Heimatland und Beruf betreffend, gibt es eine große Auffälligkeit an Gemeinsamkeiten:

Bis auf einen, unseren Freund Peter aus England, sind alle Männer mit der Situation zu Hause unzufrieden und sehnen sich nach Veränderung. Die Methoden in der Wirtschaft sind erbarmungslos hart geworden, bevor jemand einen Handschlag macht, erzählt er, was er für die Stunde erhält, für die Arbeit interessiert er sich nicht. Es ist die Politik der Regierung, die unglaubwürdig und kurzatmig ist. Interessanterweise sehen viele in einem andern Land bessere Möglichkeiten als zu Hause. Von Seiten der Männer haben wir noch keinen kennen gelernt, der sagte, ich fühle mich wohl im meinem Land, auch nicht Peter.

Und die Frauen? Sie sehen diese Probleme zwar auch, können sich aber besser mit den Gegebenheiten arrangieren. Amanda, zum Beispiel: „Ich kann jederzeit nach England zurückgehen und dort weiter machen, wo ich aufgehört habe. Ich kenne das Land und die Arbeitsbedingungen und sehe nicht, dass es woanders alles in allem einfacher oder besser sein soll."
Es gibt noch einen auffallenden Unterschied, Männer verlieren auf See eher ihre Seele und Gedanken, segeln downwind oder kreuzen irgendwo, obwohl sie längst wieder zu Hause sind, ihre Anwesenheit ist mehr körperlich. Frauen kommen an Land scheinbar immer komplett an, mit Körper, Geist und Seele. Man könnte darüber lachen, wären nicht schon Ehen dadurch zerbrochen.

Nach fast fünf Wochen Santa Cruz ist es für uns an der Zeit, Körper, Geist und Seele auf eine andere Insel zu bringen, Gomera.

Gomera

Idyllischer Hafen – Wandern – Letzte Hippies in Valle Gran Rey – Flotte Dänen – Kinder und Segeln

Ein Brite hat einmal gesagt, ich bin mein ganzes Leben gesegelt, oft als Profiskipper, habe mehrfach die Welt umsegelt, aber eins habe ich nie ablegen können, das komische Gefühl im Magen, bevor ich den Hafen verlasse. Diese Worte sind am Tag unseres Aufbruchs in meinen Kopf. Das Schiff habe ich in der Woche wenigstens zweimal durchgecheckt und alles für in Ordnung befunden.

Kurz vor acht Uhr legen wir ab und müssen zunächst fast drei Stunden unter Motor fahren. Der gemeldete Ostwind wird in den Morgenstunden durch den Landwind aus West fast aufgehoben, an Bord ist es windstill. Dann setzt sich der Ostpassat durch, legt bald auf 20 – 25 Konten zu und schiebt uns zügig Richtung Süden, das komische Gefühl ist mittlerweile gewichen. Nach dem Passieren des letzten Leuchtturms an der Küste, bei Los Cristianos, spielt der Wind ein wenig verrückt. Entweder, wir haben Böen bis 30 Kn, die wir noch willkommen heißen, da sie aus der richtigen Richtung wehen, oder weniger lustig, der Wind dreht eben mal um 90 Grad auf Süd, unserem Vorsegel gefällt das überhaupt nicht, es schlägt um und Sekunden später mit voller Wucht zurück. Es rappelt und schüttelt im Rigg, wir baumen es aus. Ungefähr fünf Seemeilen westlicher ist es windstill. Auf den verbleibenden 20 Meilen bis nach San Sebastian auf Gomera wechselt sich fast die gesamte Segelpalette ab, einmal hoch am Wind, dann halber Wind, anschließend sogar aufkreuzen und wieder Motorfahrt. In der Marina machen wir nach 68 sm fest. Der Hafenmeister hilft uns beim Anlegen, sagt aber, dieser Steg muss repariert werden. Er bittet mich mitzukommen, er wolle mir freie Liegeplätze zeigen. Der gute Mann spricht ausschließlich spanisch, seltsam, ich habe ihn dennoch sofort verstanden und lasse mir gerne die freien Plätze zeigen. Wir verholen mit seiner Hilfe an einen anderen Platz und haben jetzt einen Schweizer als Nachbarn. Gerne höre ich den Hafenmeister sagen: „Papeles manana.“ Papierkram morgen, klasse Leute diese Spanier.

Die Formalitäten erledigt am nächsten Tag eine Spanierin, zum Glück haben Männer nicht auch noch die Tendenz, ihre Augen auf See zu lassen ...

Wir sehen uns die Stadt an. Erster Eindruck, es geht hier sehr ruhig und gelassen zu. Die Inselhauptstadt beherbergt rund 5000 Einwohner, Las Palmas hingegen 480000. Wir finden drei Supermärkte und fünf Internetcafes, Spanier verstehen Prioritäten zu setzen. Das Regierungsgebäude ist von zwei Alleen umgeben. Apfelsinenbäume, in denen zahlreiche gelb-rote Organen hängen, säumen die Straßen. Vielleicht bin ich zu sehr deutsch, habe mich jedenfalls sofort gefragt, was das bei uns bedeuten würde, wenn so eine prächtige Orange auf ein darunter parkendes Auto fällt? Ja, ja ich kenne die Antwort ..., eine Beule hier wie dort, aber wer bezahlt den Schaden?

Direkt am Hafen liegt ein Mirador, ein Aussichtspunkt, landschaftlich ist das die schönste Marina der Kanaren.
Zurück im Hafen ist ein kleiner Schnorchelgang angesagt, am Tag zuvor entstand der Eindruck, irgendetwas ist im Propeller, das Schiff lief unter Maschine deutlich zu langsam. Schwimmen im Hafen ist immer ein begrenzter Spaß, unser Propeller ist OK, so bin ich auch schnell wieder aus dem Wasser. Unser Schweizer Nachbar hat die Aktion mit Interesse verfolgt und kommentiert in seinem schönen schweizerdeutsch: „Heute ist es so schön warm, ein Sprung ins Wasser ist bestimmt nicht schlecht.“

Am Nachmittag habe ich das unendliche Vergnügen, mit einem Spiegel in der Hand die „Schwalbennester“ im Cockpit zu untersuchen. Aus einer dieser Ablagen hatte Beate gestern ein Stück abgefallenen Rost gezogen! Abgefallener Rost? Auf unserem Schiff? Undenkbar! Mit dem Spiegel in der einen Hand, einem Schaber in der anderen, gehe ich dem Übel auf den Grund und kratze und kratze, werde fündig und brumme eine neue Variante des Stahlschiff Blues vor mich hin. Ein Engländer sitzt in Cockpit seines Kunststoffbootes, sieht gelegentlich zu mir herüber, grinst anhand meiner Verrenkungen und liest demonstrativ genüsslich in einem Buch.

Gomera heißt wandern. Mit dem Bus fahren wir zum Degollada de Peraza, einem Pass. Von dort wandern wir per Pedes zurück nach San Sebastian. Was machen Segler in freier Natur ohne Fahrwassertonnen oder GPS? Klar, zuerst einmal verlaufen. Wir bemerken unseren Irrtum bald, gehen ein Stück zurück und arbeiten uns auf einem schmalen Weg voran, der augenscheinlich nicht oft betreten wird. Nach einer Stunde sind wir vielleicht 2 Km voran gekommen. Die Hoffnung, dass der restliche Weg einfacher ist, wird leider enttäuscht. Der Weg ist kaum markiert, wir laufen über Felder, klettern kleine Felsen hinab. Ob das alles so richtig ist? Unsere Wanderkarte aus der Touristeninformation gibt leider nicht sehr viel an Information her, der Maßstab ist zu groß. Nach gut fünf Stunden in sehenswerter Landschaft sind wir wieder in San Sebastian, wenn auch ziemlich geschlaucht. Unsere nächste Verbesserung wird ein vernünftiger Wanderführer sein. Am Boot angekommen, erkundigen sich unsere Bergsegler nach der Wanderung. Jetzt denke keiner, Schweizer seien gewitzter, auch sie haben sich bei ihrer ersten Tour verlaufen.

Kurz vor Sonnenuntergang steht eines der zwei Paare von der englischen Yacht am Schiff und erkundigt sich nach unserer Selbststeuerung. An Bord fachsimpeln wir über den „Windpi-

loten". Penny und David, beide seit ihrer Kindheit Segler, sind auch beruflich der Segelei verbunden. Ein Windpilot ist an ihrer Yacht montiert, damit sie eine einfache Steuerung haben, wenn sie von einer Hochseeregatta zurück nach Hause segeln. „Ach so, ja klar", mein Kommentar dazu, komme mir einmal mehr vor wie ein Anfänger.
Jeder wird diese Erfahrung gemacht haben, manchmal begegnet man Menschen und glaubt, sie bereits seit Jahren zu kennen. Es ist die Chemie, die irgendwie stimmt. Bei den Beiden ist das ganz klar der Fall. Eigentlich sind wir infolge unserer Wanderung erschöpft, aber die Einladung auf deren Schiff nehmen wir gerne an.
Dort lernen wir Derek und Diane kennen, David und Derek sind Brüder. Sie erzählen uns, die Yacht gehört einem Briten, der viel Geld, aber keine Zeit hat, so segeln sie für ihn das Schiff in die Karibik.
Der Abend mit der Viererbande ist wirklich lustig. Dafür sorgt auch eine Verwirrung bei den Briten gleich zu Anfang, eine Geschichte, die uns schon mehrfach passiert ist. Wir werden über die Niederlande befragt, so, als seien wir Holländer. Unser Schiff ist ein typisches Boot im „Holland Design" (für Kenner), dazu der Heimathafen Makkum. Warum keiner auf unsere Nationale schaut, verstehen wir nicht, so denken auch die Briten, wir sind Holländer. „Nein", sage ich, „wie ihr bestimmt an unserem Akzent gehört habt, wir sind Deutsche." Großes Gelächter, ja das erklärt manches, sagt jemand aus der Runde. Hätte zu gerne gewusst, was, möchte den Punkt aber nicht vertiefen.

Am nächsten Morgen verabschieden wir die lustige Mannschaft, sie haben uns versprochen zu schreiben, wie der Überführungstörn verlaufen ist. Wir sind uns sicher, sie werden ihr Versprechen halten.

In einer Buchhandlung erstehen wir einen Wanderführer, mit genauer Beschreibung der Wege, wie gesagt, unerlässlich für Gomera. Ein Besuch im Internet-Cafe drückt auf die Stimmung, die Weltpolitik mit der Aussicht auf einen Krieg kann auch in Seglerkreisen nicht ignoriert werden. Auf unserem Steg gibt es dazu einige Diskussionen.

Gegen Nachmittag gehe ich ins Schiff, schließe alle Luken, da ich mit dem Saxofon üben möchte. Was ich nicht ahne, wir sind offensichtlich von Jazzfans umgeben. Ein Däne, so erzählt mir Beate später, sitzt im Cockpit, grinst und schaut öfters herüber. Ja, an dieser Stelle ist eine andere Interpretation möglich.
Auf dem Steg treffen wir uns später, kurze Begrüßung und direkt die Frage, ob jemand von uns das Saxofon gespielt hat. „Eh, ja, ja ich", sage ich vorsichtig. „Hey, das war Klasse, kannst du noch öfters machen. Hast du schon einmal in Dänemark gespielt?", fragen sie weiter. „In Dänemark? Nein", antworte ich ziemlich irritiert und denke mir, den Dänen kämen Tränen. Durch das Saxofon haben wir im Laufe der Zeit bestimmt ein halbes Dutzend Leute kennen gelernt, mit denen wir sonst nie ins Gespräch gekommen wären. Das alleine ist schon die Mühe wert.

Den Wanderführer in der einen, Beate an der anderen Hand, so ziehe ich zur Wanderung Nr. 2 los. Eine super Tour, von San Sebastian aus über einen Gebirgspass, vorbei an einer Cristobal Statue, hinab zum Strand und wieder zurück. Diesmal alles ohne Probleme.

Samstag, 1. Februar 2003, die zweite Hälfte unserer einjährigen Auszeit bricht an, Beates Korkensammlung, jeder Korken mit Datum des jeweils herausragenden Reiseereignisses beschriftet, wird um einen weiteren bereichert.

Wer mit einem Boot unterwegs ist, darf niemals glauben, alles im Schiff ist in Ordnung, es gibt immer eine Überraschung. Routinemäßig öffne ich eine der Bodenluken und sehe erstaunt, dort steht Wasser in der Bilge. Unser Schiff ist seit Jahren nusstrocken. Zunächst räumen wir die Bilge aus, eine 50 m lange Ankerleine hat sich voll Wasser gesaugt, unsere Tupper-Schüsseln fahren „Boot". Eine Geschmacksprobe zeigt, es ist kein Salzwasser im Schiff. Nach gut einer halben Stunde ist der Übeltäter gefunden, eine Dichtung am Wassertank hat sich aufgelöst. Der Tank wird entleert, es folgt eine ziemlich langwierige Demontage diverser Ventile und schließlich des Tankanschlusses. Nebenbei möchte ich bemerken, der ideale Schiffsmonteur ist ein Mensch vom Type „Krake", am besten mit zusätzlichen Augen auf dem Handrücken. Jedenfalls keine Arbeit für Ungeduldige.
Den Schaden am Tank wurde um 20 Uhr entdeckt, um 0100 Uhr in der Nacht ist die Reparatur beendet. Boating is fun.

Für heute ist purer Sonnenschein vorhergesagt, die Gelegenheit nutzend, fahren wir ins Tal des großen Königs, Valle Gran Rey. Dieses Tal war eine Hochburg der Hippies in den siebziger Jahren, auch heute leben noch viele Hippies dort.
Die Busfahrt von 50 km dauert fast 90 Minuten, die Landschaft ist wieder atemberaubend. Von einer Berghöhe windet sich eine enge Straße fast 1000 m hinunter zum Meer. Die Kurven sind mit großen weißen Steinen markiert, ohne diese Sicherung könnte man glauben, die Straße führt ins Nichts. Seitlich aus dem Fenster blickend, sehen wir steile Abhänge, wir haben Vertrauen in den Busfahrer und seinen neuen Bus.

Ein Hinweis, welche Nation das Tal heute hauptsächlich bereist, gibt es an einer Straßenkreuzung, ein Witzbold hat das Schild VALLE GRAN REY bearbeitet. Nach Entfernen einiger Buchstaben weist das Schild in Richtung ALLE RAN EY, das Tal ist fest in deutscher Hand.

Unser Wanderführer bewährt sich einmal mehr, anhand der genauen Wegbeschreibung ist es einfach, dem alten Königsweg zu folgen, der Anstieg erfolgt von Meereshöhe bis hinauf auf 800 m. Wir benötigen gut 90 Minuten, auf dem Hochplateau angekommen wird gerastet. Der gewählte Platz liegt an einem Steilhang, mit einem spektakulären Blick auf das Meer. In Küstennähe schwimmen große Wale langsam im Kreis.

Während wir dort rasten, gesellt sich ein junger Mann zu uns, ein Deutscher, den wir beim Berganstieg mehrfach sahen. Bereits seit drei Monaten auf Gomera, nimmt er eine kleine Auszeit als Journalist, um einen Roman zu schreiben. Klasse, denke ich mir, eine interessante Begegnung. Sein Roman soll ein sozialkritisches Werk werden. Es geht im wesentlichen um das Thema, welche Veränderung die neue Mobilität in Verbindung mit Handy und Internet mit sich bringt. Eine Entwicklung könnte sein, dass die Bindung des Arbeitsplatzes an einen festen Ort zukünftig nicht mehr nötig ist. Man könnte irgendwo auf der Welt seine Arbeit erledigen. Das wird Veränderungen im sozialen Umfeld, Familie, Freunde usw. zur Folge haben. Wir erzählen ihm von einer amerikanischen Familie, bei denen dieses Leben heute schon Realität ist. Seit zwei Jahren reisen sie mit ihrer Yacht durch Europa, die älteste Tochter (16) besucht in den Staaten eine boarding school, Sohn (14) und Tochter (8) sind auf der Yacht, wo die Mutter sie unterrichtet. Der Vater ist im Vorstand einer großen amerikanischen Telefongesellschaft, er fliegt zweimal im Monat in die USA oder nach Genf. An Bord hat er mehrere Telefone, die er auch benötigt, kürzlich hatte er eine Telefonkonferenz über 7 Stunden. Das Thema dieses langen Gespräches war unter anderem, er soll zum Präsidenten der Company gewählt werden. Es ist also offensichtlich, man kann die Tätigkeit eines Vorstandsmitglieds von einer Yacht aus erfüllen, ja es reicht sogar für den Vorstandsvorsitz.

Zurück im „Valle", schauen wir uns im Ort um. Vereinzelt begegnen wir in die Jahre gekommenen Hippies, einer sieht aus wie Dennis Hopper im Film Easy Rider. Das Durchschnittsalter der Herrschaften dürfte bei gut 60 Jahren liegen, Rentnerhippies.

Die deutschen Bewohner des Tals haben ein eigenes Magazin aufgelegt:

Der Valle Bote

*Das ultimative Gomera-Magazin * unabhängig * überparteilich* abgedreht.*

USA 1.80$ - Schweiz 2.75 sfr. - England halbes Pfund – Marokko halbes Gramm – Hongkong kostenlos.

Was läuft im Valle? Dazu der Berliner Tagesspiegel vom 02.11.02:

Fast 4000 Km von der Heimat und nur rund 350 Km westlich vom afrikanischen Kontinent entfernt, findet sich dort alles, was es auch in Deutschland gibt: Träumer oder Spinner, aber auch Profilneurotiker und skrupellose Geschäftemacher ... Ob es sich um die gefloppte Fernsehshow „Girlscamp" auf der Nachbarinsel El Hierro handelt oder um die Tücken der Einführung des Euros. Schreckensnachrichten über den ersten Gartenzwerg im Aussteigerparadies schmücken schon mal die Titelseite...

Wir setzen uns am Abend im Valle an den Strand und beobachten den Sonnenuntergang. Genauer gesagt, wir beobachten die Leute, wie sie den Sonnenuntergang zelebrieren. Eine Gruppe Trommler steht zu unserer rechten, ein Althippie entsteigt soeben dem Meer. Hunde laufen am Strand herum und sorgen für das richtige Feeling bei den Badegästen am folgenden Tag. Um uns herum

wird ausschließlich deutsch gesprochen, mit TUI zum Hippielager. Handys klingeln, würde mich nicht wundern, wenn am anderen Ende ein Bänker ist.
Aber, man hat ja Stil und umgibt sich mit den Insignien, die einen Hippie ausmachen: Ausschließlich selbst gedrehte Zigaretten – wir sehen sehr, sehr viele Raucher, Männer wie Frauen – dazu einen Sundowner in der Hand. Männer, die wirklich originell sind, haben den Rest ihrer vorhandenen Haare zu einem Zopf gezwungen. Alle sind vom Type lässig.
Bereits am Tag sind uns einige alleinreisende Frauen aufgefallen, so finden sich auch hier viele Damen ein.

In der Marina können wir langsam unseren Wortschatz in Schweitzerdeutsch aufbessern. Patrick und Sabina bereiten sich auf ihren Törn nach Brasilien und später Patagonien vor. Sie sind mit ihren beiden Söhne (um die 9 Jahre) zum zweitenmal unterwegs. Die erste Pazifik-Reise dauerte 4 Jahre, führte sie in die Magellan Straße, zu den Pitcairn- und Osterinseln, mal eben nach Hawaii, dann Bora Bora und schließlich wieder nach Feuerland. Ihr Boot, ein 8,9 m langes Segelschiff. Jetzt möchten sie für 5 Jahre segeln. Patrick: „Man kann über die Schweiz sagen was mal will, aber ein Gutes hat sie, wir verdienen genug Geld, um dann einige Jahre segeln zu können. Und Arbeit hat's immer zu Haus.“ Ihr jetziges Schiff ist ein brandneues Aluboot aus französischer Produktion. Meine Bewunderung wich, als er uns die miserable Verarbeitung zeigte, das Schiff hat bereits erste Korrosionsschäden. Stahlschiffe sind doch nicht so schlecht, sagt auch Patrick.

Mit der Fähre verholen wir am Morgen auf dem Wasserweg ins südliche Valle Gran Rey, zu einer Gebirgswanderung. Regnerisches Wetter ist gemeldet, Sonnengarantie findet man, wie auf allen kanarischen Inseln, im Süden, im Schutz der Berge. Zügig marschieren wir nach La Calera, dort ist der Einstieg in den

„Kirchpfad“, der steil zu einem Pass in 800m Höhe führt. Die Navigation ist heute schwieriger, links oder rechts gehen, ist die Frage an einer Weggabelung. Vor uns sind mehrere Wanderer, sie haben sich für den linken Weg entschieden, wir folgen. Nach ca. 15 min. gibt es einen Stau auf dem Wanderweg. Die führende Gruppe ist sich nicht mehr sicher, ob sie richtig abgebogen ist, alle anderen rätseln mit. Schließlich gehen wir zurück und folgen dem anderen Pfad. Die Lehre daraus ist dieselbe wie auf dem Wasser: Dort heißt es, folge niemals einem lokalen Boot, hier, folge niemals irgendwelchen Touristen im Gebirge. Der Anstieg dauert länger als gedacht, Umkehr, die Fähre um 1600 Uhr möchten wir nicht verpassen. Außerdem fehlt hier oben der Schutz der Berge, es ist regnerisch und kühl.

Zurück in San Sebastian sehen wir, die Schweizer Nachbarn sind abgesegelt, Kurs Bahia, Brasilien. Patrick sagte gestern beiläufig, mal schauen, ob wir rechtzeitig zum Karneval dort sind. Wir wünschen ihnen genauso viel Glück und Optimismus wie zuvor!!!

Unsere dänischen Nachbarn von CARPE DIEM erwähnten in einem Gespräch, sie seien schon seit vielen Jahren praktizierende Amateur-Friseure. Die Gelegenheit nutzend, kommt Bente zu uns an Bord und schneidet Beate die Haare, passend zum Wetter, Windstärke 6 Frisur.
Mit dem neuen Haarschnitt ist auch das Schlechtwetter abgezogen (etwa Flautenschnitt?). In Vallehermosa starten wir zur unserer längsten Wanderung. Der Weg ist einfach zu finden, vom Marktplatz aus beginnt ein steiler Anstieg. Uns folgt ein Hund aus dem Dorf, egal wo wir hin gehen, er läuft uns hinterher. So wandern wir mit Hund über die Gebirge, oft durch Wachholderwälder, immer eine super Sicht.

Unser Hundchen hat Spaß, läuft oft vor, bleibt dann stehen und sieht uns provozierend an, wo bleibt ihr bloß? Leider verschlechtert sich das Wetter, die Wolkendecke wird immer dichter, es ist kühl und windig auf dem Berg. Nach gut 90 Minuten Aufstieg erreichen wir den höchsten Punkt der Wanderung, der Weg führt jetzt entlang einer Straße zu einem Restaurant. „Unser“ Hund jagt uns einen Schreck ein, als er beginnt, mit viel Gekläffe die vorbeikommenden Autos zu verfolgen. Erstes Opfer: die Guardia Civil, anschließend noch einige Mietwagen.
Der Hund hat diese Einlage überlebt, wenn auch einmal eher knapp. Bis zum Restaurant möchten wir das nicht mitmachen, so rufen wir ihn, wenn ein Fahrzeug kommt, sagen ganz simpel „Sitz“ und er macht, was wir fordern. Es gibt keine Probleme mehr. Anders das Wetter, inzwischen ist es kalt, die Kleidung hart an der Grenze. Wir gehen ins Restaurant, der Hund bleibt draußen. Unser Essen dauert länger als erwartet, nach Verlassen des Lokals ist der Hund nicht mehr da, hat sich wahrscheinlich anderen Wanderern angeschlossen. Andererseits, wir hatten Fleisch zum Essen...
Da uns immer noch kalt ist, marschieren wir flott einen schönen Forstweg entlang, der teilweise durch den Nationalpark führt.
Schließlich mündet der Weg in eine Straße, die durch mehrere kleine Orte, entlang eines Tals führt. Wir sehen viele kleine Bananen- und Orangenplantagen, Menschen bei der Feldarbeit, Maschinen sind aufgrund der kleinen Flächen und Steillagen nicht möglich. Die Zeit scheint stehen geblieben zu sein, ein Dorf aus den 60er Jahren.
Einkehr in eine Bar, der Bus fährt erst in 2 ½ Stunden zurück, heute hatten wir die Turbosocken an.
Der Bus kommt, der Fahrer ist schlecht gelaunt. Uns fällt auf, er lässt den Motor laufen, normalerweise tun das die Busfahrer auf Gomera nicht, wenn sie 15 Minuten später abfahren. Ein Spanier steigt noch zu, so fährt der große Bus mit 3 Fahrgästen die 40 km nach San Sebastian zurück. Die Straßen sind sehr eng, kurven-

reich, Busfahrer auf den Kanaren ist kein Traumjob. In Hermigua, ca. die halbe Strecke nach San Sebastian stoppt er vor einer Tankstelle, zwei Wanderer steigen zu, anfahren, zack, der Motor ist aus. Der Fahrer schlägt in erster Reaktion wütend auf das Lenkrad. Oh, oh, denken wir, der wird seinen Grund haben. Den erfahren wir sogleich, der Motor ist nicht in Ordnung, er kann die Maschine nicht mehr starten, wie praktisch, das es vor der Tankstelle passierte. Fahrer und Mechaniker der Tankstelle gehen zum Heck des Busses. Einige Startversuche, der Motor läuft wieder. 5 Km weiter, in einer steilen Kurve, bleibt der Motor wieder stehen, diesmal auf freier Strecke. Irgendwie kann der Fahrer die Maschine wieder starten, ich weiß nicht, was er tat, er stinkt fürchterlich nach Diesel.
Die Steigungsstrecken sind bewältigt, von jetzt an geht es nur noch talwärts. Mit dem letzen Schwung vor der Station startet er noch mal den Motor und wir können 1 Stunde und 40 Minuten später tatsächlich im Busbahnhof aussteigen. Die Sache hat aber was Gutes, wir sind mit dem Spanier neben uns ins Gespräch gekommen, Internetcafe Betreiber auf Mallorca und Segler. Na so was! Was macht man mit so einem Menschen? Einladen! Prompt besucht uns Rafael am nächsten Tag Bord. Interessant ist seine Antwort auf die Frage, wie er die kanarischen Spanier versteht? „So gut wie nicht, fast jedes Mal muss ich nachfragen. Die Betonung ist anders, aber was noch viel schlimmer ist, die sprechen bestenfalls die Hälfte der Worte aus. Es ist ähnlich wie in Südamerika.“ Rafael verabschiedet sich, er will uns schreiben, wie seine Geschäfte in Palma de Mallorca laufen.

Die Rache der dünnen Kleidung hat uns erreicht. Es ist ironisch, seit 7 Monaten sind wir mit dem Boot unterwegs und hatten nicht die kleinste Erkältung, infolge einer Wandertour nun doch. Gut ist, nach wenigen Tagen ist der Spuk vorbei.

Im Hafen verholt eine Yacht von einem anderen Steg zu uns herüber, die FAMILY AT SEA aus Norwegen. Der jüngste Sohn der Familie, 6 Jahre alt, ruft zu uns herüber, „hello we're the family at the harbour". Die Norweger erzählen uns, sie waren auf dem Weg in die Karibik, bereits nach drei Stunden segeln haben die Kinder gestreikt und sie sind wieder umgekehrt. Den Stress wollten sie sich und den Kindern nicht 3 Wochen zumuten. Jetzt witzeln die Urheber, dass sie im Hafen sind.
Zur Zeit liegen in San Sebastian mehrere Yachten mit Kindern an Bord. Mit Kindern zu segeln, stellt ganz sicher beide, Eltern und Kinder, vor besondere Herausforderungen. Für die Jüngsten an Bord herrschen zur Zeit paradiesische Zustände, Spielkameraden sind genug vorhanden, der geschützte Hafen lädt zum Toben auf dem Wasser mit Surfbord, Schnorchel oder Schlauchboot ein. Jedoch kann manchmal der Kontakt zu gleichaltrigen zu einem Problem werden, wenn weit und breit keine andere Yacht mit Kindern im Hafen ist. Als Folge werden Freundschaften schneller geschlossen, man geht „schonender" miteinander um, die Auswahl ist ja nicht so groß.
Bei Familien auf Langfahrt unterrichten die Eltern. Wie Patrick uns erzählte, ist dazu viel Disziplin auf beiden Seiten notwendig, schließlich haben auch Eltern hin und wieder keine Lust.
Der Sprachunterricht hingegen erfolgt sprichwörtlich spielend. Soweit wir es beurteilen können, sprechen diese Kinder eine Fremdsprache flüssiger, selbstverständlicher und meist besser als ihre Eltern.
Mein Eindruck ist, durch das Leben auf dem Schiff werden Kindern andere Werte vermittelt. Es ist nicht die Frage der Designerklamotten, die den Wert eines Menschen ausmacht, es ist viel mehr Aufrichtigkeit, Respekt vor einander, Toleranz und vor allem Vertrauen. Letzteres lernen sie sehr schnell, ohne Vertrauen zu einander kann man kein Schiff über die Meere segeln. Alle Kinder, die wir bisher kennen lernten, waren selbstbewusst und kontaktfreudig.

Unsere Schweizer Nachbarn hörten wir manchmal bis in unser Boot, wenn einer der Söhne keine Lust zum Lernen hatte. Das Schimpfen klang vertraut ländlich. Wie haben sich die Kinder später im „normalen“ Leben zurecht gefunden? Häufig wird erzählt, sie gingen zur Universität und sind heute Arzt, Anwalt, Professor. Ausnahmen? Bestimmt, zeigt aber, es geht auch auf andere Art.

Peter schreibt uns aus der Karibik, Santa Lucia. Sie hatten eine tolle Überfahrt, bei der ihnen eine schöne Dorade an den Angelhaken ging. Der Fisch war über einem Meter lang und so schön in den Farben, dass sie überlegten, ihn wieder ins Wasser zu lassen. Der Hunger siegte.

Penny und David sitzen auf den Kapverdischen Inseln fest. Sie warten auf ein Ersatzteil für ihren elektrischen Autopiloten, nicht gerade der beste Platz für solche Ersatzteile. Ein zweiter mechanischer Autopilot ist nicht an Bord. Elektrischer Autopilot und Ersatzteile, diese Geschichte klingt vertraut. Im Radio singt soeben Louis Armstrong: „Someday you'll be sorry“. Eines Tages wird es dir leid tun, ja das passt.

Mit einem Leihwagen erkunden wir die Plätze auf der Insel, die mit dem Bus schwer oder überhaupt nicht zugänglich sind. Auf dem Weg zum Alto de Garajonay, dem höchsten Punkt auf Gomera machen wir an den zahlreichen Aussichtspunkten halt. Die Wettervorhersage liegt heute richtig, vorhergesagt ist Sonne pur, wunderbare Sicht. Vom „Gomera Gipfel“, 1487 m hoch, sind El Hierro, La Palma, Teneriffa und Gran Canaria zu sehen. Unsere nächsten Ziele liegen im Garajonay Nationalpark, wo wir mehrere kleine Wanderungen durch den Lorbeerwald machen möchten.

Der Wald im Inselinneren ist dem Passat zugewandt, er liegt fast das ganze Jahr in einer Nebelschicht. Laut unserem Reiseführer ist dieses Gebiet einzigartig auf der Welt. Die UNESCO es zum Weltkulturerbe erklärt. Durch die ständige Feuchtigkeit sind Baumstämme mit Moos begrünt, in deutschen Wäldern kleine Farne wachsen hier mannshoch. Eine zweite Wanderung führt in einen Wald mit vielen Baumheiden und Lorbeerbäumen.

Schließlich fahren wir nach Alojera im Nordwesten, eine zum Teil abenteuerliche Fahrt auf engen Straßen oder Wegen, auf denen kurz zuvor ein Teil des Berghanges abgerutscht ist. Wer Abgeschiedenheit sucht, ist hier richtig, allerdings sollte man nicht sonnenhungrig sein, der Norden ist oft in Wolken gehüllt. Agulo ist das größte Bananenanbaugebiet der Insel.

Nach einem erlebnisreichen Tag kehren wir gegen 17 Uhr in die Marina zurück, Kaffeepause. Die Sonne versinkt soeben hinter einem Berg und bringt uns auf die Idee, noch einmal zum Alto de Garajonay zu fahren, Sonnenuntergang beobachten.

In dänischer Begleitung mit Gitte und Christian fahren wir die Berge hinauf, bis zu einem Mirador. Teneriffa ist von der untergehenden Sonne rot beleuchtet, auf dem Wasser zwischen Teneriffa und Gomera liegt eine weiße Wolkenschicht, ein beeindruckendes Naturschauspiel. Die Zeit drängt, flott geht es weiter zum Parkplatz am Alto, von dort sind es 2,5 km Fußweg zum Gipfel. Leider ist mit dem Weg auch ein Höhenunterschied von gut 400 m verbunden. Unsere Dänen sind darauf nicht vorbereitet, eine nicht völlig abgeklungene Erkältung erschwert ihnen den Aufstieg. Um den Sonnenuntergang noch rechtzeitig fotografieren zu können, trennen wir uns. Kurze Zeit später ist im Dunkeln des Waldes ein Schnaufen zu hören, die Dänen kommen. Auch sie finden die Sicht von hier oben toll. Mehr oder weniger im Dunkeln tasten wir uns vorsichtig durch den Wald zurück zum Wagen, der Tag war für alle ein Erlebnis.

Leider hat auch auf Gomera für einige Tage der Winter Einzug gehalten, kanarischer Winter, Regen und Temperaturen um die 20 Grad. Nach gut 3 Wochen ist das unser erster Regen auf Gomera. Unsere britischen Nachbarn witzeln: „Zieht von der Temperatur 15 Grad ab und ihr seid in Schottland. Jetzt wisst ihr, warum wir hier sind."
Unser erlebnisreicher Gomera Aufenthalt endet nach vier Wochen, der südlichste Punkt unserer Reise ist erreicht.

Teneriffa

Dieselblues und Salsa – Karneval und Feuerwerk – Toni und Teenager – Wind und Wellen

Um acht Uhr verlassen wir San Sebastian mit Kurs Santa Cruz de Teneriffe, der Wind weht ordentlich mit 20 – 30 Kn, ATHENE fliegt Richtung Los Cristianos, dem südlichen Ende Teneriffas. Dieser Törn hält eine große Überraschung für uns bereit, die uns lange beschäftigen wird.
Zunächst steigt auf dem Weg nach Los Cristianos eine Welle ins Cockpit ein, Beate ist vollkommen nass (dank richtiger Kleidungswahl nur außen), im Cockpit steht für einen kleinen Moment das Wasser, ehe es abläuft. Am Cockpitboden befinden sich „klugerweise" auch die Belüftungen für die Tanks, die jetzt ebenfalls unter Wasser stehen. Zunächst ignorieren wir das, bis uns ganz heiß einfällt, der übliche Korken zum Verschluss des Dieseltanks fehlt. Mit einem Sprung bin ich am Belüftungsloch und verschließe mit einem Putzlappen die Öffnung. So weit so gut.
Umrunden der Südspitze Teneriffas, urplötzlich ist es windstill. Das ist das Verrückte am Segeln auf den Kanaren, nach Runden einer Ecke hat man völlig andere Windverhältnisse. Der Motor wird gestartet, er springt sofort an, läuft ca. 2 Minuten und bleibt schließlich stehen, aus dem Auspuff qualmt es wie aus einer Dampfmaschine. Diagnose, kein Diesel mehr im Wasser! Nein, andersherum, zuviel Wasser im Diesel. Das Schiff treibt an der Küste, kein Wind zum Segeln, ein zur Zeit unbrauchbarer Motor, klasse! Der nächste Ankerplatz ist mit Las Galletas nur eine Meile entfernt, aber wie dort hin kommen? Zufällig begegnet uns eine größere Yacht auf Gegenkurs. Wir rufen sie mehrfach über Funk an, keine Reaktion. Währenddessen steuert ein Katamaran auf uns zu, CARBON COPY, drei ältere englische Herren, die

einen kleinen Ausflug unternehmen. Wir winken sie heran und fragen sie, ob sie uns zum Ankerplatz schleppen können? Sie sehen darin kein Problem und ziehen uns mit ihrem kleinen Katamaran, der durch einen 25 PS Außenbordmotor angetrieben wird, zum Ankerplatz. Für die Strecke über eine Meile benötigen wir eine Stunde. Der Anker fällt, die Herren warten, bis wir ihnen signalisieren, der Anker hält. Der Katamaran dreht aufs Meer hinaus ab, endlich können sie den Tag unter Segel genießen. Später kommt die CARBON COPY Crew noch einmal in Rufweite vorbei und erkundigt sich, ob wir zurecht kommen. Schnell greifen wir in unsere Kühlbox, nehmen einige Dosen kaltes Bier zum Dank heraus, sie winken ab und möchten nichts für das Abschleppen haben, ein Danke können wir ihnen noch zurufen. Wir hoffen, noch einmal die Möglichkeit zu haben, sie irgendwann zu treffen, um uns in anderer Form zu bedanken, so kann das nicht stehen bleiben.

Unsere Stimmung ist nicht die Beste, wer weiß, wie viel Wasser im Dieseltank ist, auch ist völlig offen, ob mit Bordmitteln der Tank zu entwässern ist. Mit einer alten, undichten Handpumpe pumpen wir mühsam 5 Liter in einen Kanister, es ist reines Wasser. Beate leert einen zweiten Wasserkanister, glücklicherweise hatten wir im Supermarkt neue Kanister mit Trinkwasser gekauft, andere verschließbare Behälter sind nicht an Bord. Das ausgepumpte Wasser über Bord zu schütten, ist auch nicht die feine Art, Spuren von Dieselöl sind immer darin enthalten. Den zweiten Kanister füllt ein gelb-weißes Diesel-Wasser-Gemisch. Im Schiff stinkt es nach Diesel, der Boden ist nass von tropfendem Kraftstoff, verursacht durch die undichte Handpumpe und tropfende Dieselfilter, diese müssen ja auch getauscht werden. Die Aktion beschäftigt uns fast 5 Stunden. Nachdem der Motor entlüftet ist – wieder eine vergnügliche Angelegenheit – läuft die Maschine wieder.

Der Wind hat inzwischen prächtig zugelegt, am Ankerplatz weht es mit 20-25 Knoten, zum Glück hält der Anker. Die Briten riefen uns zu, wir ziehen euch dorthin, da ist der beste Ankergrund, danke für diese Voraussicht.
Der Wind ist gut zum Weitersegeln, aber wir sind müde und eine Ankunft in Santa Cruz um 2 Uhr in der Nacht macht wenig Sinn. So beschließen wir, über Nacht hier zu bleiben, Cockpitdusche, Essen, Sonnenuntergang.

Mit uns liegt eine Ketsch am Ankerplatz. Nachdem es dunkel ist, stehe ich im Cockpit und sehe mich um. Da entdecke ich etwas weißes, dass hinter der Yacht aufs Meer hinaustreibt. Neugierig nehme ich mir das Fernglas und kann nicht glauben, was ich sehe, die Herrschaften haben ihre Mülltüten einfach ins Wasser geworfen. Hoffentlich erwischt sie der nächstbeste Dreck im Wasser, in einem Moment, in dem sie es nicht gebrauchen können ... und Neptun spukt ihnen ins Gesicht.

Unsere Maschine läuft am nächsten Tag wie eine Nähmaschine. Jetzt folgt wieder Routine, Segeln bis zur nächsten Huk, dann windstill, diesmal bis Santa Cruz, obwohl die Vorhersage ... auch Routine.

Santa Cruz

In der Marina liegen nur wenige Yachten. Im Gegensatz zu vier Wochen zuvor ist es in Santa Cruz sehr warm, im Boot beträgt die Temperatur 26 Grad. Die Innenstadt ist in ein Meer von roten Laternen getaucht, die in allem, was nach Baum aussieht, hängen. China ist das diesjährige Karnevalsthema.

Unter den Seglern befinden sich einige englische Schiffsbauingenieure, die ich zu unserem Tankproblem befrage. Die Meinungen gehen auseinander, aber soviel ist sicher, uns erwartet eine arbeitsreiche Woche. Die Belüftung muss umgebaut, Rohrleitungen ausgetauscht und bessere Filter eingesetzt werden. Sollten diese Maßnahmen nicht zu einem sauberen Dieselkraftstoff führen, wird ein Werftaufenthalt zum Tank Aufschweißen unvermeidlich sein. Mit dem Wasser im Diesel sind auch Bakterien in den Tank gezogen (erstaunlich, wo die leben können) und haben Schlamm hinterlassen, der unbedingt raus muss.

Es mag eigentümlich klingen, aber irgendwie sind wir froh, dass das Malheur mit dem Dieseltank jetzt passiert ist. In Santa Cruz bestehen fast alle Möglichkeiten, das Schiff zu reparieren, später auf Madeira oder den Azoren ist es deutlich schwieriger und teuerer. So machen wir uns an dem definitiv letzten Teil unseres Schiffes, den wir noch nicht von innen sahen, an die Arbeit, dem Dieseltank. Clever, wie die Werft war, hat sie den Inspektionsdeckel des Tanks unter dem Motor angebracht, man muss erst die Maschine ausbauen, um den Tank zu kontrollieren, ist doch logisch, oder? An einem zweiten Tankdeckel laufen alle Tankanschlüsse zusammen, darüber befindet sich die Propellerwelle. Es müssen „nur“ die Batterie und ein Teil des Auspuffes ausgebaut werden.
Nachdem die Teile entfernt sind, ist die Ursache für unser Wasser im Diesel Problem sofort zu sehen, der Anschlussdeckel wurde einfach auf den Tank geklebt und ist jetzt undicht. Das von der darüber gelegenen Wellendichtung tropfende Wasser floss direkt in den Kraftstofftank.
Die Erfahrung haben wir schon einmal gemacht, wenn ein Schiffsbauer keine rechte Lust an seiner Arbeit hat, klebt oder spachtelt er. Mit Vorliebe Teile, die nicht mehr zugänglich sind, oder später große Probleme bereiten können. Bei dieser Schlauheit frage ich mich, wie die Leute abends den Weg nach Hause finden?

Sei es drum, wir sind einen Schritt weiter, öffnen den Tank und pumpen gut 50 Liter Diesel-Wasser ab. Mit dem letzten Kanister ist unser Wasserproblem gelöst, es ist nur noch Diesel im Tank, auch die Bakterienschlammschicht ist weg, eine Schwierigkeit ist beseitigt. Im Tank ist viel Dreck, auf dem Tankboden liegen so viele Ablagerungen, man könnte glauben, im Sand zu stochern, es knirscht. Mit einem geraden Kupferrohr, dass über einen Schlauch und einen Filter mit einer elektrischen Pumpe verbunden ist, saugen wir den Schmutz ab, letztlich fast ein halbes Kilo an Rost, Kleberresten, einen Nagel und Dichtungsmaterial, kurz die Dinge, die man üblicherweise in einem Bootstank findet und in der Werft nicht mehr benötigt werden. Beate hält die Rücklaufleitung in einer Hand, in der anderen einen weiteren Filter, von dem der Diesel wieder in den Tank zurückfließt. Die Arbeit ist für uns beide kein Vergnügen, im Schiff ist es heiß, die Luft steht fast. Dennoch, wir können uns selbst helfen und den Tank reinigen.
Mit dazu beigetragen hat ein Schiffszubehörhändler, bei dem wir unsere Materialien kaufen. Insgesamt habe ich mehrere Stunden bei ihm verbracht, um Lösungen des Tankproblems zu diskutieren, danke Luciano.
Und noch ein Danke. Ich kann mir nicht vorstellen, dass es so viele Frauen gibt, die diese Art Bootsprobleme mitmachen. Und selbst wenn, einen Dieseltank im Schiff zu reinigen, ist eine sehr spezielle „Herausforderung", der tropfende Treibstoff, der Geruch und schließlich der Dreck. Beate steigt nicht aus, sondern sie hilft mit, das Problem schnell in den Griff zu bekommen!!!

Abends sehen wir uns die Show zur Wahl der Karnevalskönigin an. Sechszehn Kandidatinnen stehen zur Wahl. Sie präsentieren sich in aufwendigen riesigen „Gewändern". Die Vorstellung dauert bis Mitternacht und ist unbedingt sehenswert. Eine Jury tritt zusammen und befindet innerhalb der nächsten Stunde, wer Königin wird. Zwischendurch treten diverse Musikgruppen auf,

immer begleitet von sehr schön gekleideten Tänzerinnen und Tänzern.
Bei unserem letzten Einkauf fragt uns Luciano: „Na, seid ihr gut vorbereitet auf heute Abend?” Aber klar, wir lassen uns doch nicht den Karnevalsumzug entgehen. Er beginnt um 1930 Uhr und dauert bis weit nach Mitternacht. Nachtleben ist auf den Kanaren wörtlich zu nehmen, eine volle Kneipe findet man um 0200 Uhr vor, um 2200 Uhr sitzen bestenfalls ein paar Leute drin. Wie im deutschen Karneval ziehen verschiedene Gruppen durch die Straßen und tanzen. Aber einige Unterschiede gibt es schon und die liegen nicht nur in den Temperaturen. Auffallend ist, es wird kein Alkohohl getrunken (der folgt nach dem Umzug), es werden so gut wie keine Süßigkeiten geworfen, motorisierte Fahrzeuge sind die Ausnahme. Die Leute sitzen auf Stühlen am Straßenrand, niemand schubst oder drängelt. Häufig sehen wir Gruppen, die von ca. 5 bis 15 „Trommlern” begleitet werden. Uns gefällt das rhythmische Schlagen und die damit verbundene Lautstärke sehr gut. Manche Komparsen haben eine beachtliche Vielfalt an Rhythmen, es ist lebendig und nicht monoton.

Die Kostüme sind fantastische, schöne, einfallsreiche und farbenprächtige Entwürfe. Oftmals fragen wir uns, wie viel Arbeit mag die Anfertigung bereitet haben, allein die Liebe zum Detail ist beachtlich. Fast alle Darsteller tragen einen Sticker: „No a la guerra“. Aznar, auch dein Volk will keinen Krieg.
Uns macht es Spaß, diesen mehr „dörflichen“ Umzug zu sehen, Jecken zum Anfassen. Anfangs zögerlich, dann routinierter, stelle ich mich vor die Gruppen und mache Fotos. Irgendwann kommt eine Tänzerin und sieht mich mit der Kamera. Sie bleibt stehen und breitet die Arme aus. In dieser Pose fotografiere ich sie. Sie steht ruhig, nur der Oberkörper wackelt mit allem was sie hat. Caramba!

Kurz nach Mitternacht ist die Karnevalsprozession für uns beendet, jetzt folgen nur noch Wagen mit lautstarker Musik. Auf dem Weg zur Plaza de Espana, im Zentrum der Stadt, sehen wir in vielen Fenstern Lautsprecher enormer Größe und viel schlimmer, die tun, was ihr Name sagt: laut sein. Auch der Nachbar hat Lautsprecher, der Laden um die Ecke, ganz zu schweigen von der nächsten Kneipe, die gleich eine ganze Batterie an Dröhnkisten vorzuweisen hat. Alles zusammen lässt sich mit zwei Worten beschreiben, ohrenbetäubender Krach.
Auf der Plaza ist eine riesige Bühne aufgebaut, eine personalstarke Band quält sich durch ein Salsa Stück, selten so was langweiliges gehört. Vielleicht ist es auch nur warm spielen? Da das Publikum nicht die Art Mensch ist, die zur See fährt, gehen wir zum Boot und trinken dort in Ruhe unser Bier.

Schattenseiten

Der zuvor erwähnte Krach ist unglaublich. Die Marina liegt Luftlinie ca. 300 m von der Plaza de Espana entfernt. Im Boot hören wir den Krach, so, als würde ein Jet von einem nahegelegenen Flugplatz starten. Das „Geräusch“ ist das gleiche, nur mischen sich ab und zu noch einige Musikinstrumente darunter, die seltsamerweise für Momente klar zu hören sind. Der Lärm beginnt gegen 2200 Uhr und dauert bis 0800 Uhr am nächsten Morgen! Wir können nicht erkennen, was daran so toll sein soll. Tinitus lässt grüßen.

Sonntag, 2. März 2003. In der Stadt ist es mit 25 Grad angenehm warm und windstill. Wir unternehmen einen kleinen Spaziergang durch Santa Cruz und sind geschockt. Mit Ausnahme der Hauptgeschäftsstraßen ist die Stadt ein einziges Urinal! Mann hat ganze Arbeit geleistet. In einigen Straßen versuchen Bedienstete der Stadt mit Reinigungsgeräten dem Übel abzuhelfen, aber sie sind gegen so eine massive Verschmutzung machtlos. Denke bitte keiner, die Stadtverwaltung nimmt es mit dem Dreck nicht so genau. Oft sind am Tag, aber vor allem in der Nacht, Kehrmaschinen unterwegs, nicht nur zur Karnevalszeit. Die Städte auf den Kanaren sind, soweit wir es beurteilen können, sauber.

Die ruhige Atmosphäre von Santa Cruz ist im Moment Vergangenheit. Es herrscht hektisches Treiben, im Gegensatz zu Januar haben viele Touristen die Stadt im Griff. Man wird oft von irgendwelchen Leuten angepöbelt. Sehr massiv sind die „Damen“, die Blumen verteilen. Sie tun so, als sei es ein Geschenk und wollen anschließend 5-10 Euro dafür haben. Bin ich alleine unterwegs, werde ich normalerweise nicht angesprochen. Auf dem Weg zum Schiffshändler sprach mich kürzlich eine an. Meine Stimmung war nicht gerade die Beste. Zuerst habe ich „no“ gesagt, dann wollte sie mir eine Blume für Carnaval mit Gewalt in die Hand drücken. Das zweite „no“ viel heftiger aus, sehr viel heftiger. Könnte ich Feuer spuken, wäre sie auf der Stelle abgebrannt.

Rosenmontag ist fast normaler Alltag, die Geschäfte sind jedoch nur bis 17 Uhr geöffnet. Karnevalsumzug a la Köln? Fehlanzeige. A la Brasilien? Weit gefehlt. Macht nichts, wir erfreuen uns an den steigenden Temperaturen und arbeiten im Schiff weiter. Abends sehen wir auf der großen Bühne im Stadtzentrum einen Teil einer Show, Musik und Tanz. Toll gemacht.
Auffallend viele Männer laufen in Frauenkleidern herum. Nicht Touristen, hauptsächlich Einheimische. Machos in femininer Schale. Freud hätte bestimmt seinen Spaß daran.

Am Dienstag sieht die Karnevalswelt völlig anders aus. Gegen 16 Uhr beginnt die Parade, es ist die gleiche, die wir bereits Freitagnacht sahen. Diesmal im Sonnenschein, die bunten Kostüme sind noch schöner. Der Andrang ist enorm, um die Marina herum

sind alle Parkplätze mit Bussen belegt. Es sollen über 100.000 Menschen nach Santa Cruz gekommen sein.
Abends gibt es das vierte Feuerwerk seit der Wahl der Königin am Mittwoch. Ein Feuerwerk mit enormen Donnerschlägen.

Am Aschermittwoch, so heißt es im Lied, sei alles vorbei. Wir hoffen, es stimmt in bezug auf unser Dieseltank Problem. Neue Leitungen sind installiert, der gesamte Kraftstoff ist gefiltert, er sieht jetzt so aus wie er aussehen soll, dunkel. Am Nachmittag kommt der Tankwagen, der Dieseltank wird gefüllt, alles ist dicht, der Motor hört sich wieder kernig kräftig an. In die Belüftungsleitung des Tanks haben wir einen Zwischenbehälter montiert, sollte Seewasser eindringen, sammelt es sich zunächst dort.

Am Abend wird die Karnevals-Sardine beerdigt. Die Masse der in schwarz gekleideten Trauernden wälzt sich kreischend, weinend in einem Korso durch die Stadt. Unter den Trauernden sind „Geistliche“, die alles segnen, was nicht weg laufen kann. Als „Bibel“ halten sie einen roten Michelin Restaurantführer in der Hand. Die in allen Situationen erprobten Reporter des kanarischen TV interviewen die Trauergäste. Manche Leute fallen beim Anblick der Kamera sofort in Ohnmacht, liegen „bewusstlos“ auf der Straße. Tragische Augenblicke im Leben eines Karnevalisten.
Um Mitternacht folgt ein weiteres Feuerwerk. Damit sollte der Karneval zu Ende sein, aber nicht auf den Kanaren. Das offizielle Programm läuft bis Sonntag.

Wir laufen auch, diesmal durch das Anaga Gebirge. Eine Wanderung, die über 4 Stunden strammes Gehen von Almáciga, vorbei am Leuchtturm im Nordosten bis zum Ort Chamorga führt, von wo der Bus uns wieder nach Santa Cruz zurückbringt. Es ist so heiß, am besten würde man in der Badehose wandern.

Im Gegensatz zu unserem Kurzbesuch in Chamorga im Januar ist jetzt der Frühling eingezogen. Das Tal beginnt in den Farben gelb, rot und weiß zu blühen.

„Toni, Toni, Toni“ rufen die Teenager um uns herum. Mit uns stehen einige tausend Menschen vor der großen Bühne auf der Plaza de Espana und warten auf Toni Santos. Er ist spanischer Popstar, die vielen Teenies sind nervös, angespannt, sie können es kaum erwarten, ihn zu sehen. Nach knapp einer Stunde Warten spurtet er auf die Bühne, die Teenies kreischen und winken ihm zu. Viele halten ihre Arme in die Höhe und bewegen die Hände, als wollten sie ihn anfassen und festhalten. Verrückt, einem Saxofonisten wird soviel Begeisterung nie entgegen gebracht. Toni ist Ende Zwanzig, schlank und hat einen blonden Wuschelkopf. Die Musik gefällt auch uns, seine Hits *Ave Maria* und *Soy Latino* hörten wir häufig, nun Live.
Am nächsten Abend wird noch einmal eine LKW-Ladung Feuerwerk abgebrannt, der Karneval ist nun endgültig zu Ende.

In der Stadt beginnen die Abbau- und Aufräumungsarbeiten. Die Straßen werden mit einem Desinfektionsmittel abgesprüht, überall sind modernste Kehrmaschinen neben traditionellen Palmwedeln unterwegs. Hiesige Behörden sind ausgesprochen gut ausgestattet, die Polizei fährt die neusten Wagen aller Größen und Arten, hat sportliche Motorräder verschiedener Marken und Motorroller.

Am Boot führte eine Zwischenüberholung zum Austausch des Haupttoilettenventils, eine knifflige Arbeit über und unter Wasser. Nach dem dritten Versuch passen alle Teile und sind dicht. Neben einer kleinen Inspektion des Unterwasserschiffes ist auch der Propeller mit einer Drahtbürste gesäubert, einige wenige Seepocken saßen daran fest. Hoffentlich ergibt sich eine weitere

Möglichkeit der Kontrolle des Schiffes unter Wasser bei besserer Sicht.

In der Dienstagsausgabe einer lokalen Zeitung ist auf der Titelseite eine riesige Welle abgebildet. Das Foto wurde in Puerto de la Cruz aufgenommen, im Vordergrund sieht man ein, im Vergleich zur Welle, winziges Meeresschwimmbad. Elf Menschen wurden durch die Welle verletzt, sie haben sie zu spät gesehen und wurden vom Wasser weggespült. Die Wellenhöhe betrug an diesem Tag ca. 5 m.

Gitte und Christian von CLEO sind knapp in der Zeit, Anfang Mai müssen sie in Dänemark sein. Mit dieser Planung haben sie leider auch die größte Gefahr beim Segeln heraufbeschworen, Fahren unter Zeitdruck. Heute Nacht sind sie ausgelaufen, Kurs Madeira, das heißt nach Norden, gegen Wind und Welle. Am liebsten hätte ich mit Christian diese Entscheidung diskutiert, tat es aber nicht, die Beiden verfügen über viel Erfahrung und sollten wissen, was sie tun.

Nach reiflicher Überlegung sind wir zu dem Entschluss gekommen, den Heimweg über Lanzarote anzutreten. Zum einen haben wir die Möglichkeit, das Schiff zu testen, zum anderen ist der Winkel zum Nordostwind nach Madeira günstiger, anstatt Nord ist Kurs Nordwest segelbar.
Große Verabschiedung am Steg und los geht es, Kurs Lanzarote, Entfernung 128 sm. Die Vorhersage aller uns bekannten Dienste lauten auf Nordwind, 20 Knoten, damit könnten wir unser Ziel ohne Kreuzen erreichen. Der Seegang ist mit leicht angegeben, das heißt Wellen bis 3m.

Im Windschatten des Anagagebirges wird motort, dann kommt Wind auf und ab geht die Post. Leider bleibt es nur für kurze Zeit lustig. Zuerst fällt der Robertson Autopilot aus. Normalerweise beträgt die Stromaufnahme ca. 4 Ampere, jetzt zieht er fast 15. Für die Sicherung ist es zuviel, sie schaltet ab. Zum Glück ist im Moment das Radio nicht eingeschaltet. Würde jetzt Louis Armstrong singen, someday you'll be sorry, ginge mein Blutdruck in ungesunde Höhen. Warum macht das Ding schon wieder Ärger?

Schnell ist die zweite Selbststeuerung montiert, das Schiff läuft eigentlich fast von selbst am Wind. Nächster Ausfall: WIR. Seekrankheit war auf dieser Reise kein ernsthaftes Problem, Beate hatte häufiger mit Unwohlsein zu kämpfen, war aber immer einsatzbereit. Mich hatte es ein einziges Mal auf der südwestlichen Nordsee erwischt. In den nächsten Stunden werden wir mächtig leiden. Unser Boot läuft ohne weiteres Zutun wie auf Schienen, die Mannschaft kann sich schonen. Weniger fürsorglich ist das Meer, es ist unglaublich, wie die Wellen gegen den Schiffsrumpf donnern, für Momente zittert das Schiff, zieht aber unbeeindruckt seine Bahn.

Beate übernimmt bis nachts drei Uhr die Wache, dann ist es ihr zu kalt und sie geht zur Koje. Wer annähernd 24 Stunden nicht Essen oder Trinken kann, ist früher oder später in seinem Urteilsvermögen und seiner Handlungsfähigkeit eingeschränkt. Im Cockpit sitzend, halbschlafend, halbkrank, erschrecke ich manchmal, weil ich glaube, ein Schiff zu sehen, dann einen Berg. Alles nur Einbildung.
Im Funk rufen verschiedene Frachtschiffe Las Palmas, auf dem Radar ist im Umkreis von 20 Meilen nichts zu sehen, wir sind allein. Was auf dem Radarbildschirm zu erkennen ist, sind riesige Bereiche von brechenden Wellen rings um das Boot. Es ist schwierig, mögliche kleinere Fahrzeuge darin auszumachen. Gegen Morgen ist die Farbe des Meeres wie die des Himmels, bleigrau. Die Wellen schlagen am Backbordbug gegen ATHENE, heben das Schiff und laufen durch, senken es wieder und wandern schließlich als grauer „Hügel" weiter. So geht es

Stunden um Stunden. Außerhalb des Cockpits ist es kalt und feucht, meine Brille ist in wenigen Minuten mit Salznebel verklebt. Das Meer empfinde ich heute Morgen als eine unwirtliche Wüste, kein schöner Platz.
Manchmal stehe ich auf und suche, soweit es mir möglich ist, sorgfältig den Horizont nach anderen Schiffen ab. Jetzt, bei Tageslicht, sehe ich, was für Wellen von Backbord angerollt kommen. Fast alle Wellen brechen und hinterlassen einen Schaumteppich. In diesen Wellen laufen wir mit 5,5 bis 6 Knoten ca. 60 Grad zum wahren Wind, bei einer Schräglage um die 25 Grad. In manchen Wellen oder in einer Bö, kann die Lage auch mal 40 Grad sein. Das Deck an Steuerbord ist dann für Momente bis zum Deckhaus unter Wasser.
Wenn auch die Schräglage unangenehm ist, für unsere Sicherheit ist es besser. Die brechenden Wellen finden keinen Widerstand und spritzen einfach über das Schiff hinweg. Sitzt man im Schutz des Cockpits, bekommt man von den Wellen nicht viel mit, weder akustisch noch optisch, gelegentlich wassertechnisch.
In solchen Situationen kann ich an mir interessante Beobachtungen machen. Bevor ich aufstehe und die tatsächliche Wellenhöhe sehe, sage ich mir, es läuft prima, die See ist relativ angenehm. Ja, so auch heute, trotz Seekrankheit. Sehe ich dann die Wellen, bin ich zunächst erschrocken, denke, ob das alles gut gehen wird, warum sind wir hier? Mit der Zeit schaue ich dann nur noch auf die höchsten Wellen, wie sie gegen das Schiff krachen. Nach einer Weile frage ich mich, warum ich mir das ansehe, setze mich wieder hin und fühle mich bald wieder sicherer, entspannter, wohler.

Beate ist im Schiff zu hören, sie schlief 7 Stunden, ich habe ihr das Geschenk gerne gemacht, wenn nur einer von uns Beiden bald wieder hergestellt ist. In Kürze liegt eine Inselansteuerung vor uns, es darf kein Fehler in der Navigation sein, sonst sitzen wir auf den Steinen. Zudem sind die Wellen bereits 15 Meilen

vor Lanzarote spürbar höher, Tendenz steigend. Meine größte Furcht ist, durch den Flüssigkeitsverlust sind wir nicht mehr Herr der Lage, unterliegen Irrtümern. Neben mir liegt eine Limoflasche, ich versuche, so viel wie möglich zu trinken und hoffe, es bleibt genug drin, jetzt nur keine Kreislaufprobleme.
Gegen 1130 Uhr rauschen wir punktgenau zwischen den Inseln Lanzarote und Fuerteventura hindurch. Aus seglerischer Sicht ist dieser Törn perfekt verlaufen, enttäuschend ist, mit dem Schiff schon wieder ein technisches Problem zu haben.

Rückblickend trug eine Magenverstimmung infolge eines feucht fröhlichen Abends auf einem Nachbarboot Tage zuvor und die „wir wollen hier nicht weg Stimmung“ zur Seekrankheit bei. Diese Lektion haben wir verstanden.

Im Vergleich zum Frühling auf Teneriffa sieht es in Lanzarote ziemlich trostlos aus. Keine blühenden Bäume und Sträucher, der in Santa Cruz dunkelblaue Himmel ist hier diesig grau, die Farben der Vulkane haben heute eine Pause.

Lanzarote

Kreis geschlossen – Aufschrei der Bordkasse - Juan und der Dieb

Mit der Ankunft in Puerto Calero schließt sich der Kreis der kanarischen Inseln. Ein Reiseabschnitt ist beendet, der Kopf jetzt freier, die Rückreise hat begonnen. Jose Calero hilft uns auf seine Art, er hat die Preise in der Marina deutlich erhöht.

Vom Liegeplatz aus ist die Schiffswerft einzusehen. Zwischen all den dort stehenden Yachten weht eine norwegische Flagge, die FAMILY AT SEA. Überrascht, sie hier in der Werft anzutreffen, gehen wir hin und hören uns deren Geschichte an: Nach dem Start in Kristiansand benötigten sie bereits in Holland einen neuen Motor und Propeller. Damit sind sie bis zu den Kanaren gekommen. Jetzt bereiten das Ruder und die Propellerwelle einschließlich Dichtungen Probleme. Segeln und keine Arbeit am Boot? Das gibt es nur im Märchen oder bei Schiffen, die nie den Hafen verlassen. Man kann sich nicht vorstellen, welchen Belastungen ein Schiff in der See ausgesetzt ist. Salzwasser, Sonnenstrahlung und Erschütterungen durch Wellen sind Geschwister, die allen Schiffen Hand in Hand zusetzen. Früher oder später geht etwas zu Bruch, es ist unvermeidlich.

Vielleicht hatte ich zu Hause eine Vorahnung, was auf uns zukommt, nur so kann ich mir erklären, warum die passenden Noten an Bord sind. Neben mir liegt „A day in the Life of a Fool“ (Ein Tag im Leben eines Deppen).
Zwei Deppen räumen am Sonntag Mittag die Achterkabine komplett aus, prüfen den Autopiloten und finden nach 4 Stunden werkeln heraus, der Pumpenmotor ist defekt, eventuell auch die

Zahnradpumpe. Glück im Unglück, es gibt im Hafen einen Fachhändler für diesen Autopiloten, hoffentlich einen guten ...
Da der Windpilot nicht richtig arbeitete, prüfe ich die Anlage und sehe, die Badeleiter blockierte die Steuerung. Auf See ist uns aufgefallen, wie seltsam sich das Ruder bewegte, aber für mehr Prüfen war keine Energie da. De facto ist das Schiff 128 sm fast ohne Steuerung nach Lanzarote gesegelt, was sicher für das Boot spricht!

Wir tun unser Bestes, alle Teile, die irgendwie schadhaft oder verdächtig aussehen, herauszuwerfen oder zu prüfen. Man mag es kaum glauben, selbst unsere Trinkwasserpumpe hat während des Törns einen Schaden genommen. Weder Handauflegen noch Werkzeug noch mit dem Hammer drohen hilft. Sie muss ausgetauscht werden. Jetzt genießen wir den Luxus einer Wasserversorgung wie zu Hause.
Das Teakdeck benötigt an verschiedenen Stellen mehrere Tage zum Trocknen, was ungewöhnlich ist. Ursache ist eine poröse Abdichtung der Fugen, Wasser kam unter das Holz. Nach dem Motto, wehret den Anfängen, schleifen wir kurzerhand das Deck und erneuern die Vergussmasse, die nicht mehr vollkommen dicht ist. Ein französischer Segler und Schiffbauer gibt uns Tipps zum Verfugen, seiner Ansicht ist das Deck für eine erstmalige Nacharbeit nach 13 Jahren sehr solide und gut in Schuss. Na wenigstens ist das in Ordnung.
Und so sieht es aus: gesamter Bugbereich von innen inspiziert, Ankerkette im Abstand von 10 m mit Farbe markiert, im Salonbereich alle Verkleidungen geöffnet und mit Lampe und Spiegel den Zustand des Rumpfes nachgesehen. Ergebnis, alles bestens. An Wassertanks Dichtungen erneuert, Wasserpumpe getauscht, neue Kraftstoffleitungen und Filter am Motor, Dieseltank gereinigt und abgedichtet (hat den Test bestanden). Toilettenventil getauscht und gesamte Anlage gesäubert. Achterschiff komplett durchgesehen, alles OK. Bereits früher haben wir das Rigg ge-

reinigt und den Mast umgetrimmt, auch in Ordnung. Offen gesagt, wir wissen nicht, was noch schief gehen kann. Das Schiff ist in einem Bestzustand. Ja ich weiß, so was sollte man nie schreiben, allein der Gedanke ist schon verwerflich.

Schon seit Tagen ist unser Schiff keine nachrichtenarme Zone, heute begann der Golfkrieg. Wir hoffen, wie viele andere auch, auf ein schnelles Ende des Krieges und darauf, dass er unsere Reisepläne nicht beeinträchtigen wird.
Unsere Hydraulikpumpe ist angekommen. Ein rabenschwarzer Tag für die Bordkasse. Könnte sie sprechen, würde sie wohl Autsch sagen!
Rund eine Woche haben wir uns mit „verdorbenem Magen" herumgeschlagen, jetzt ist alles wieder in Ordnung. Uns ist klar, die Ursache für diesen Ausfall kann nicht die See alleine gewesen sein. Psychologisch ist das sehr wichtig!

Die See zeigt sich auf unserem Kurztrip von Puerto Calero nach Arrecife von ihrer besten Seite. Es ist ein Schwiegermutter-Nachmittagsküstentörn, aufrechtes dahingleiten, der variabel gemeldete Wind hat ein Nachsehen und weht schön stetig aus Süd.
In Arrecife gehen wir wieder an unseren alten Steg. Er sieht noch verfallener aus, ebenso die Boote, die dort liegen. Beides scheint sich magisch anzuziehen. Wir müssen vorsichtig sein, schließlich sind wir auch wieder gekommen. Eine Vorstellung aus dem Narrenhaus erwartet uns, als es um die Frage geht, wo ist Platz zum Anlegen. Der eine sagt hier, der andere dort. Wir entscheiden uns für dort, der Platz ist am größten. Damit ist der Stegbesitzer allerdings nicht einverstanden, der Platz ist reserviert, ein Fischerboot würde dort liegen (was tatsächlich nie kam). Das hört ein Südafrikaner, der seinen Katamaran nicht zwischen anderen Booten eingeklemmt sehen möchte. Wortreich legt er zusammen mit einigen Spaniern kleinere Schiffe um, so dass er einen größeren Platz auf der anderen Seite hat. Dann

können wir in die Katamaranlücke verholen und alle sind zufrieden. Zeitaufwand, ca. 2 Stunden, ich glaube länger hat noch kein Anlegemanöver gedauert.
Im Hafen kontrollieren wir nochmals das GPS Gerät. Offensichtlich ist die Positionsangabe durch den Golfkrieg ungenauer geworden. Der Abstand zwischen der angezeigten und tatsächlichen Position beträgt deutlich mehr als 100 Meter. So ungenau war die Angabe schon lange nicht mehr. Die andere Möglichkeit ist, das Gerät zeigt falsch an, zum Glück ist Ersatz an Bord.
Deutschland freut sich über den Vorfrühling, hier, so scheint uns, kehrt der Winter ein. Es ist abends ziemlich kühl, von wegen 25 Grad wie im Oktober, es werden vielleicht 18 sein. In Arrecife bestehen die besten Möglichkeiten zur Verproviantierung und für diverse Besorgungen, dann wollen wir weiter zur Isla Graciosa.

Am Steg treffen wir Juan und seine Familie wieder. Im Oktober sahen wir sie oft an ihrem Schiff werkeln, jetzt hat das Boot neue Farbe. Juan erzählt sogleich, was inzwischen hier los war. In den letzten Wochen wurde häufiger in Schiffe eingebrochen, Ausrüstungsgegenstände gestohlen, sein Schiff war auch betroffen. Eines Tages kam er zum Boot und sah, wie jemand eilig vom Steg verschwand. Er folgte ihm, bekam ihn zu fassen und fand mehrere Bootsgegenstände bei ihm, unter anderem ein Funkgerät, Juans Funke! Juan ist ein Bär von Mann, wir benötigen nicht viel Fantasie, wie er den Gauner festhielt, bis die Polizei eintraf. Später fand man in der Wohnung des Ganoven sieben Außenbordmotoren, einige Schlauchboote und weitere Ausrüstungsgegenstände.

Am nächsten Tag helfe ich Juan, seinen Wagen zu reparieren. Er fährt einen Geländewagen, aus irgendeinem Grund lässt sich der Motor nicht starten. So ganz nebenbei erzählt Juan, in der vergangenen Nacht versuchten gegen 0300 Uhr zwei Burschen, über das Tor zum Steg zu klettern. Sie wurden von der Polizei beobachtet und liefen weg, als der Streifenwagen kam. Er rät uns, vorsichtig zu sein und alles wegzuschließen. So traurig es ist, die kommende Nacht wird die erste sein, in der wir das Schiff vorsorglich von innen verriegeln.

Der Südafrikaner kommt Juan nun auch zur Hilfe, zu Dritt suchen wir vergebens nach dem Fehler. Ein Fall für die Werkstatt. Nur, so erzählt Juan, so einfach ist das nicht. Der Monteur kommt nicht zum Wagen, der Wagen muss zur Werkstatt gebracht werden. Das bedeutet einen Lastwagen zu organisieren, der den Wagen abholt. Juan meint auf mein erstauntes Gesicht hin, ja, wir sind hier in Spanien oder schlimmer, auf den Kanaren, hier ist alles umständlich und kompliziert.
Und wie repariert Juan letztlich seinen Wagen? Auf geniale Art. Er folgt der Einladung zum Bier auf das Boot des Südafrikaners, ruft von dort seine Freunde an und bittet sie um Rat. Einer sagt zu ihm, Juan, es ist ganz einfach, nimm ein Kabel, schließe die Batterie kurz, ein Moment genügt und du kannst den Wagen wieder starten. Juan gefällt die Idee, er trinkt sein Bier aus, geht zum Wagen und tut wie ihm empfohlen, dreht dann den Zündschlüssel und der Wagen läuft. Warum können wir Segler unsere technischen Probleme nicht so einfach lösen?

Isla Graciosa

Zieh die Schuhe aus – Träume und Karneval

„Wenn du auf Graciosa ankommst, kannst du deine Schuhe ausziehen und die Welt vergessen“, verspricht der Reiseführer Atlantic Islands. Es ist eine Insel der Träume.
Im Hafen der „Hauptstadt“ La Sociedad, wo wenige Leute vom Fischfang und Tourismus leben, ist unser neues Quartier. Graciosa kennt keine festen Straßen, nur Sandpisten, die Insel ist sozusagen Auto frei.

Das hochsommerliche Wetter nutzen wir zur Erledigung einiger kleiner Restarbeiten am Schiff, zu einem Schnorchelgang, um das Unterwasserschiff im klaren Wasser zu prüfen. An einigen Stellen ist das Antifouling (eine Farbe gegen Bewuchs) abgeblättert, es sind münzgroße Stellen, vielleicht ein halbes Dutzend. Der Schiffsrumpf ist, so weit es zu sehen und ertasten ist, völlig in Ordnung.

Graciosa lässt sich an einem Tag umwandern, bereits nach einer Stunde zügigem Gehen stehen wir auf dem höchsten Berg der Insel. Unser Weg führt uns weiter zur Nordwestküste, wo es einen tollen weißen Sandstrand gibt, und schließlich auf einer Sandpiste zurück zum Ort.

Isla Graciosa, eine Insel zum Träumen? In einem gewissen Sinne bestimmt, wenn man Ruhe und Abgeschiedenheit sucht. Am Hafen sind zwei Restaurants, eine Minikneipe, ein winziger Supermarkt und ein Internet Raum. Man muss Sand, Steine und karge Landschaft wie auf Lanzarote mögen, sonst ist die Insel eher ein Albtraum.

Die Lage der Insel ist ausgesprochen schön, mit traumhaften Blicken auf die umliegenden unbewohnten Felsinseln und natürlich auf Lanzarote. Toll auch das Wasser, es ist kristallklar, heute morgen konnten wir eine Krake sehen, die neben diversen Fischen unter unserem Schiff schwamm.
Weniger schön ist der Umgang der einheimischen Bevölkerung mit dem Müll, dieser liegt verstreut über die Insel. Offensichtlich wird der Abfall dort hingeschüttet, wo man gerade steht. Bei dem Müll handelt es sich häufig um Bauschutt, kaputte Reifen, alte Baumaschinen und natürlich auch Hausabfälle. Ich hoffe, man bekommt das in den Griff, sonst ist es mit der Inselschönheit vorbei.
Im Südwesten, unweit der Marina, sind einige schöne Abschnitte Sandstrand. Es ist sommerlich warm, Zeit für einen Sprung ins Wasser.

Auf Graciosa gehen die Uhren langsamer, denn über das Wochenende ist Karneval. Am Freitagabend findet die Wahl der Kinderkönigin statt. Trotz aller Bemühungen verläuft die Veranstaltung schleppend, auch die Einheimischen zeigen wenig Interesse. Am Samstagabend singt im Hafenbereich ein kostümierter Chor, so weit wir verstehen, handeln die Lieder von lokalen Ereignissen. Kurz nach dem wir den Platz betreten, endet der Gesang. Zu spät? Eigentlich nicht, mit dem Ende der Darbietungen folgt ein riesiges Barbecue, frei für alle. Wir werfen unsere Vorsätze mit Schonkost für den kommenden Törn über Bord und schlemmen ein wenig mit. Aus einer Seitenstraße nähert sich lautstark trommelnd eine elfköpfige Gruppe, in Kostümen gekleidet wie in Santa Cruz. Vor uns bleiben sie stehen und schlagen mit viel Spaß auf ihre diversen Trommeln. Nach einer Weile lösen sie sich auf, immer noch trommelnd, und nolens volens stehen wir zwischen ihnen und sind begeistert. Wirklich ein toller Abschied von den Kanaren.

Madeira

Beschaulicher Törn – Marina im Abseits – prächtiges Funchal - Nobelhotel und Bergdorf – Levada Wanderung – Sturmzeit

Die Wetterberichte melden für die nächsten vier Tage südliche Winde um 4 Bft. bei sehr ruhiger See. Besser kann es nicht werden, am späten Sonntagvormittag laufen wir aus.

Völlig überraschend ruft uns wenige Meilen nach Verlassen des Hafens jemand über Funk an. Es ist Mike, den wir aus Santa Curz kennen, er ist mit seiner Freundin nach Graciosa gesegelt und liegt nun in einer Bucht vor Anker. Selbst mit dem Fernglas ist es schwierig, sein Schiff zu sehen, Mike muss gute Augen haben. Er hofft auf ein Angebot, ab Herbst wieder in der Antarktis als Profiskipper segeln zu können, einem Revier, in dem er bereits Jahre verbracht hat und das ihn mächtig in seinen Bann zog. Mike ist Praktiker, er hatte zu der Zeit eine argentinische Freundin.

Aus dem Logbuch:

Sonntag 30.03.2003

Der Wind ist perfekt, NE mit 20 Knoten, unser Kurs ist NW. ATHENE rauscht mit locker 6 Knoten Richtung Madeira.

2122 Uhr.

Kommen sehr gut voran, bereits über 60 Meilen gesegelt. Seit Graciosa sind wir das einzige Fahrzeug weit und breit. Die

Stimmung ist gemischt, ein Hurra auf die Meilen, ein oh je aufs Unwohlsein, aber es ist noch akzeptabel!

2245 Uhr
Wie aus dem nichts rauschen drei Fähren vorbei, eine passiert uns mit einer Meile Abstand.

Montag 31.03.2003

0430 Uhr
Der Wind hat deutlich nachgelassen, segeln mit Motorunterstützung. Die See ist jetzt äußerst ruhig.

0947 Uhr
Die Seekrankheit hält uns länger im Griff als gedacht. Heute Morgen geht es mir besser, versuche Beate zu schonen, wo es nur geht. Ihr Gesichtsausdruck schwankt zwischen Scheidung, über Bord springen und freu mich auf Madeira.
Über Navtex kommt der neueste Wetterbericht, die Vorhersage für Madeira lautet auf Süd 3-4 Bft.

1345 Uhr
Auch auf dem offenen Atlantik ist es heute sehr heiß. Wir halten uns so gut wie möglich im Schatten des Verdecks auf. Zwei Meeresschildkröten paddeln an Backbord vorbei. Versuche zu angeln.

1400 Uhr
Hören Nachrichten auf der Deutschen Welle. Bush spricht von einer göttlichen Mission. Gott erschuf, Bush zerstört. Er sollte besser von einer tödlichen Mission sprechen. Ein religiöser Fanatiker ist Herr über die größte Armee der Welt. Selbst Hollywood kam noch nicht auf die Idee.

1445 Uhr
Denke nie negativ, es könnte eintreffen. Habe heute morgen gedacht, hoffentlich gibt es keinen Ärger mit dem Motor, jetzt stottert er: Drehzahl rauf, Drehzahl runter. Wir sind schlagartig hellwach und stoppen das Schiff auf. Am Heck schwimmen auf einmal zwei Plastiktüten, vielleicht waren sie im Propeller? Aus Erfahrung habe ich aber den Kraftstofffilter in Verdacht. Er zischt beim Öffnen, Unterdruck hat sich gebildet, weil der Filter wieder verdreckt ist, obwohl erst 24 Stunden in Gebrauch. Normalerweise ist es ratsam, ihn nach 100 Stunden zu wechseln. Schnell ist der Filter getauscht. Beate hüpft ins Wasser, um nach dem Propeller zu sehen, er ist frei. Ihr Schwimmplatz ist übrigens nur für Segler zugänglich, wer hat schon die Möglichkeit, auf 4300 m Wassertiefe zu schwimmen?
Der Motor schnurrt wieder wie eine Katze, hoffen wir, dass er es lange tut, noch 100 Meilen bis Madeira.
Wer uns analysiert, wird nun feststellen, wir sind keine Puristen. Segeln ist unsere bevorzugte Art des Reisens, wenn es wegen Flaute nicht möglich ist, so möchten wir unter Motor zügig voran kommen. Allein der Gedanke, stundenlang, eventuell tagelang in der Flaute zu dümpeln macht uns verrückt. Wir kennen nur wenige Segler, die das machen könnten und ganz, ganz wenige, die es auch tun.

2300 Uhr
Sitze seit 2 Stunden im Schiff und lese. Ab und zu ein Blick auf den Radarbildschirm, alles ruhig um uns herum, wir sind allein. Bei allem guten Willen, jetzt kann ich nicht mehr und muss ins Bett. Beate übernimmt die Wache, es geht ihr seit dem Nachmittag wieder gut. Windvorhersage lautet nun auf Ost 3 bis 4. Hier ist es absolut windstill, die See gebügelt.

Dienstag 01.04.2003

0507 Uhr
Leuchtturm Ponta de Agulto ist auf dem Radarschirm zu sehen. Im Cockpit stehend, kann ich das Feuer schwach erkennen, es ist diesig und feucht.

0548 Uhr
Kursänderung auf Madeira, neue Marina im Ostteil der Insel. Entfernung 25 Meilen. Bin hundemüde, Beate übernimmt und kontrolliert den Autopiloten, es geht dicht an einer unbewohnten Insel vorbei. Wir wollen nicht stranden.

1015 Uhr
Anlegen in der fast leeren Marina, Quinta do Lorde. 280 Seemeilen liegen nach 47 Stunden 35 Minuten im Kielwasser.

Madeira

Die neue Marina *Quinta do Lorde,* im Osten Madeiras, ist Teil einer Hotelanlage, so melden wir uns an der Rezeption an. Die Damen sind ausgesprochen freundlich und sprechen perfekt englisch. Vielleicht hört es sich deshalb lustig an, wenn sie Euros portugiesisch aussprechen: Eurusch. Da die Hafenanlage noch nicht ganz fertig gestellt ist, zahlen wir weniger Eurusch, bei längerem Aufenthalt gewährt man uns ungewöhnlicherweise nachträglich einen Preisnachlass. Am Steg gegenüber liegt ein französischer Schoner, ein älteres Paar lebt auf dem Schiff, sonst ist kein Boot bewohnt. Und damit bin ich auch schon beim Nachteil der Anlage, sie liegt weit außerhalb, der nächste Ort Canical ist 4 km, die Stadt Funchal 30 km entfernt. Ein Mietauto wäre hilfreich. Wir fragen unsere Nachbarn, wo sie ihren Wagen gemietet haben, sie geben uns eine Telefonnummer, fragt nach Francisco.

Tags darauf fahren wir mit einem alten Bus Richtung Funchal. Die Fahrt dauert fast 90 Minuten, uns ist es recht, da es viel zu sehen gibt.
Nach sechs Monaten Kanaren sind wir mit dem dortigem Lebensstil einigermaßen vertraut. Uns fällt sofort auf, wie einfach die Menschen, speziell Frauen, auf Madeira gekleidet sind. Keine enganliegende, figurbetonende Kleidung und betörende Düfte. Eine weitere Auffälligkeit sind die öffentlichen Verkehrsmittel. Alte Busse, zum Teil mit zweiteiliger Frontscheibe, das ist Stand der 70er Jahre. Von wegen supermoderner Volvo mit Klimaanlage und bequemen Sitzen. Später, im Stadtbereich, lässt sich diese Aussage in dieser Form nicht aufrecht erhalten.

Unsere Fahrt führt am Flugplatz vorbei. Ganz sicher ist das weltweit einer der spektakulärsten Flugplätze, als Landebahn dient eine riesige Brücke, zwischen zwei Felsen. Die Straße verläuft unter der Landepiste, die durch zahlreiche Säulen gehalten wird.
In Funchal leben unserem Reiseführer zufolge 100.000 Menschen. Am Hafen steigen wir aus und finden uns in einer hektischen Einkaufsmeile wieder. Zunächst sind wir ein wenig irritiert, so viele Menschen sahen wir vor knapp vier Wochen, einen regen Straßenverkehr zuletzt in Las Palmas, Gran Canaria.
Der erste Eindruck ist maßgebend, Funchal erinnert uns sogleich an Lissabon, die engen Gassen, die Häuser, die Lage im Berghang, es gefällt uns.
Wohin zuerst? In die Marina. Sind wir auf See, so freuen wir uns auf eine Stadt, eine Allee, einen Park. Später an Land sehen wir uns, wie von magischer Hand geleitet, zuerst die Marina an, oder suchen den Blick aufs Meer. Sollte man das auf dem Sofa abklären?
Die Marina Funchal ist ein schlechter Witz. Die Möglichkeiten hier anzulegen sind sehr begrenzt, die Stege von einheimischen Booten und kommerziellen Ausflugsschiffen belegt. Der Atlantik

ist nach wie vor ruhig, aber im Hafen steht eine unangenehme Dünung, neben den Wellen der ständig pendelnden Hafenboote. An einigen Yachten ist durch die ständige Bewegung der Fender die Lackierung zerrieben. Allerdings ist die Lage der Marina hervorragend.

Das berühmte Reid's Palace Hotel in Funchal, vom Schotten William Reid gebaut, wurde 1890 eröffnet und war bereits damals eine Luxusherberge. Bis heute hat sich an dem Zustrom vieler betuchter Briten (und anderer), sowie Promis, nichts geändert. Die herrliche Gartenanlage sei, laut Reiseführer, auch für Nicht-Gäste offen und einen Besuch wert. Nun, dann mal rein.
Das Hotel betreten wir durch eine große Drehtür. Rechter Hand ist die Rezeption, viele schwarz gekleidete Pinguine stehen dort herum. Uns ignorieren sie, weil gerade jemand mit erhöhtem Stimmchen ihre Aufmerksamkeit durch „Excuse me..." fordert. Wir stutzen einen Moment, kann man hier so einfach hinein gehen? In der Hoffnung, unser Zögern ist niemanden aufgefallen, gehen wir entschlossen weiter, so, als würden wir bereits zum Inventar zählen. Auf unserem weiteren Vorstoß ins Gebäude grüßt uns das Personal freundlich, na bitte. Der Weg führt in einen großen Raum, einige Gäste schlürfen ihren Kaffee, aber viel besser, irgendwo spielt jemand Klavier, wo nur? Dem Klang folgend, sehe ich um die Ecke, ein blitzblanker schwarzer Flügel steht dort. Einen Moment höre ich dem Pianisten aufmerksam zu, er improvisiert über ein Stück, das ich kenne, komme aber nicht auf den Titel. Er sieht zu mir auf, wahrscheinlich überrascht, dass ihm einer zuhört, grinst, nickt ganz freundlich, senkt den Kopf und ist wieder in seiner Musik entschwunden.

Auf dem wunderschönen Balkon, der einen ausgezeichneten Blick über Funchal bietet, sitzen Hausgäste und vielleicht auch Volk von der Straße. Auf den Tischen stehen „Tellerpyramiden",

unten der größte Teller, verbunden durch eine Stange darüber der nächst kleinere Teller und ganz oben der kleinste. Kuchenstücke verschiedenster Art liegen darauf, die Herrschaften trinken Kaffee. Neben mir sitzt ein Paar in fortgeschrittenem Alter, auf dem Boden neben ihm liegt die *Neue Züricher Zeitung*.
Einen Bediensten frage ich nach dem Garten. Leider ist der Garten seit einigen Jahren nicht mehr für die Öffentlichkeit zugänglich, außer am Mittwoch und Sonntag, im Rahmen einer Führung.

Nun der Kontrast, eine Tour in die Berge. Eigentlich ist ein Kap unser Ziel, aber durch falsche Navigation finden wir uns in einem schönen Bergdorf wieder. Vielleicht führt ein anderer Weg wieder zur Küste, die steilen Schluchten erlauben selten einen geraden Weg. Der Ort ist zu sehen, dennoch ist es locker 10 Km „Kurverei" bis zum Ziel. Unsere Straße endet im Schlamm, eine neue Straße, die noch im Bau befindlich ist.
Beschluss der Besatzung, Umkehr. Erstaunlicherweise gibt es selbst in den Bergdörfern einen starken Berufsverkehr. Hier, in der Mitte von nirgendwo, stehen wir fast eine halbe Stunde im Stau, bis es endlich weiter geht. So besteht ausgiebig Gelegenheit, die Autoinsassen der entgegenkommenden Fahrzeuge anzusehen, welch ein Gegensatz! Die unten im Hotel sind vielleicht gerade dabei, die Welt untereinander aufzuteilen und hier sitzt „Vattern" mit Kollegen im Wagen, eine Kippe im Zahn, froh bald zu Hause zu sein.

Im Vergleich zum Sommerwetter auf den Kanaren ist es mit knapp 20 Grad kühl und regnerisch. Umgekehrt ist Madeira die bisher schönste Insel! Sie ist sicherlich mit Gomera vergleichbar, nur ist hier alles noch größer, die Täler gewaltiger, die Insel vielfältiger, um nicht zu sagen, spektakulär.

Die Nordküste ist unser nächstes Ziel. In Santana essen wir in dem 6 Tische Restaurant „Serra e Mar“ zu Mittag. Es schmeckt ausgezeichnet.

In Sao Vicente endet die Nordküsten-Tour für heute, über die Passstrasse bei Encumeada geht es zurück nach Funchal und schließlich zur Marina. Der Pass ist 1007 m hoch, dort unternehmen wir eine kleine Wanderung, die Sicht ist im Augenblick fantastisch. Ebenso sehen wir uns das zweithöchste Kap Europas an, Cabo Girao, 580 m hoch.

Bei Rabacal folgt eine weitere Wanderung, die neben Bewässerungskanälen (Levadas) verläuft, laut Madeira Prospekt die bekannteste Wanderung. Sie führt zu einer Quelle mit 25 Wasserfällen, deren höchster 100 m in die Tiefe stürzt. Was die Aussage, eine beliebte Wanderung betrifft, ist am Parkplatz zu sehen, viele Autos und Busse stehen hier. Mit festem Schuhwerk legen wir zügig los, ein Weg dauert gut eine Stunde. Mehrheitlich sind die Wanderer um uns herum ältere Herrschaften, mit einem Bundesadler im Personalausweis. Die Wanderroute führt durch das dichte Grün des Lorbeerwaldes, die Luft ist eine Wohltat. Manchmal ist der Weg rutschig, an Stellen, wo das Wasser über den Bewässerungskanal tritt. Am Wasserfall angekommen, gibt es einen Stau, so viele Menschen sind hier. Die Nationalität lässt sich wieder sehr einfach feststellen, es wird feste weg deutsches Liedgut gesungen. Jeder von uns macht ein Bild, dann verholen wir ca. 100 m weiter, um in aller Ruhe die Melodie des Waldes genießen zu können; das Rauschen der Wasserfälle untermalt vom munteren Gezwitscher der Vögel. Schließlich kommen noch einige Leute zu unserem sonnigen Plätzchen, sie sprechen auch nicht, sondern lassen den Ort auf sich einwirken.
Im Nordwesten Madeiras liegt das Örtchen Porto Moniz. Am Ende eines steilen Berghanges gelegen, sieht die Szenerie in der Sonne atemberaubend aus. Neben uns stehen Engländer. Eine

sagt, hey, das sieht fast aus wie in Schottland. In Porto Moniz gönnen wir uns ein gutes Essen und fahren schließlich die Nordküste entlang, bis Sao Vincente. Das Meer auf der linken Seite, steile, schroffe Hänge, von denen ab und zu ein Wasserfall herabstürzt, auf der rechten, die besonderen Kennzeichen dieser Strecke. Der Weg zur Marina führt durch die Stadt Machico, der mit 12000 Einwohnern zweitgrößte Ort der Insel. Ein Internet Cafe suchen wir hier vergebens, aber der Begriff scheint bekannt zu sein.

In der Nacht fing es an zu regnen, am späten Nachmittag gießt es in Strömen. In Funchal sind die Straßen zu kleinen Flüssen geworden, die Küste ist im Bereich der Flussmündungen rotbraun gefärbt. Die Vorhersage lautet auch für die nächsten Tage auf Regen und Gewitterstürme, der Seewetterbericht weist ausdrücklich auf die damit verbundenen Gefahren hin. Im Boot läuft die Dieselheizung, zuerst zu Testzwecken nach dem Tankumbau, schließlich zu Komfortzwecken, es ist angenehm warm im Schiff, soll es doch regnen.

Besuch im botanischen Garten. Leider lässt der Frühling noch auf sich warten. Dennoch, auch so ist die Pflanzenwelt beeindruckend.

Heute ist unser letzter Tag mit dem Mietwagen, die Fahrt führt zum zweithöchsten Berg der Insel, Pico do Arieiro, 1810 m hoch. Die Beschreibung im Prospekt liest sich gut, in der Realität sehen wir nichts, nur Nebel. Das Fahren ist schwierig. Letztlich erreichen wir den höchsten Punkt, es regnet in Strömen und wie nicht anders in dieser Höhe zu erwarten, es ist kalt. Glücklicherweise ist hier ein Hotel mit einem schönen Restaurant. Dort genießen wir als einzige Gäste unseren Kaffee, schade, das Kaminfeuer brennt nicht. Es würde gut zu den Temperaturen und der Stimmung passen.

Weiter geht es nach Monte, wie der Name sagt, ein Berg. Von hier starten die Korbschlitten ihre 2 km lange Fahrt den Berg hinab. Die Leute scheinen wie wild darauf zu sein, zeitweise geht es zu wie in einem Bahnhof. Am Ende der Strecke wartet ein Lastwagen, der die Schlitten wieder hinauf fährt, die Schlittenfahrer, immer zwei pro Schlitten, nehmen das Taxi.

Um Monte herum sind einige Wanderwege, die zum Teil durch parkähnliche Anlagen führen. Selbst ein natürlicher Wasserfall zählt zur Szenerie, welche Stadt hat das zu bieten?

In Funchal sind einige Besorgungen zu tätigen. Unter anderem gehen wir zum Schiffshändler, wo wir unsere Vorfiltereinsätze für den Dieselmotor bestellt haben. Im Geschäft angekommen, sieht er uns kaum an, murmelt was von Filter, nimmt sein „Handy" und geht vors Geschäft zum Telefonieren. So sieht niemand aus, der seinem Kunden freudig die bestellte Ware gibt. Er beendet das Gespräch und sagt, vielleicht sind sie morgen da. Das Prinzip „manhana" ist uns bekannt.
Ich erwähne dieses Beispiel, wer mit einem Schiff reist, vergeudet viel Zeit mit solchen Dingen wie Ersatzteile besorgen. Zufällig sehen wir in der Altstadt einen Volvo Händler, der unter anderem auch die maritime Linie, Volvo Penta, führt. Der Filtertype 296 ist ihm ein Begriff, mit neuen Filtern verlassen wir den Laden.

Unsere Hoffung auf bessere Sicht am Nachmittag hat sich leider nicht erfüllt, im Gegenteil, es ist wieder regnerisch. So fällt unser zweiter Versuch zum Pico zu fahren für heute aus.

Im Hafen Funchals liegt hoch auf Land die Ex-Beatles Yacht VAGRANT. Sie ist 38 m lang und wurde 1941 für die Vanderbilts in den Staaten gebaut. Das Schiff war das luxuriöseste Boot seiner Zeit. 1966 kauften es die Beatles. Danach hieß sein

Besitzer Donovan, ein amerikanischer Sänger, und schließlich kaufte es ein Grieche.
1977 unterlief dem Skipper ein Fehler und die Yacht strandete auf Gran Canaria. Schwerbeschädigt kaufte ein Geschäftsmann aus Madeira das Wrack, ließ das Schiff notdürftig reparieren und nach Funchal bringen, wo es als Restaurant dient.

Innerhalb einer Woche haben wir fast die gesamte Insel mit dem Wagen erkundet. Für unsere Verhältnisse kommt das einem Hochleistungstouristen gleich. Gilt doch unter Fahrtenseglern das Bonmot: Fragt einer den anderen, hast du den Ort sowieso gesehen? Nee, meint der Befragte ganz entsetzt, ich bin doch erst seit vier Wochen hier.

Auf einem Fischmarkt kaufen wir zwei Thunfischsteaks, frisch von einem ca. 40 Kg Thun. Anhand eines Plakates über Fische in diesem Teil des Atlantiks stellten wir inzwischen fest, die Thun, die uns an den Haken gingen, waren Bonitos, eine Unterart in der Thunfischfamilie. Bonitos sind mit 4-5 kg ausgewachsen und schmecken laut Buch nicht ganz so gut wie der große Atlantik-Thun.
Abends der große Test, gebratene Thunfischsteaks mit Kartoffeln und Salat. Wir können keinen Unterschied zu den Bonitos feststellen, es schmeckt in jedem Fall gut. Klar, bei dem Smutje!

Laut Reiseführer ist die Hotelanlage an der Marina mit ihren neun Zimmern ein Tipp. Ganz besonders wegen der günstigen Lage zum Meer und einem Wanderweg entlang der östlichen Felsen. Diese Wanderung ist auch unser Wunsch, den wir heute verwirklichen. Die Strecke führt über mehrere Steilfelsen, auf beiden Seiten das Meer, bei gutem Wetter, wie heute, ist sogar Porto Santo zu sehen. Auf dem Rückweg bläst der Wind manchmal sehr heftig, es ist nicht immer leicht, die Balance zu halten. Wir deuten das als die Vorboten für den vorhergesagten

Sturm über das Wochenende. Es soll sehr heftig werden, Windstärke 8 Bft. auf dem offenen Atlantik, Wellen bis zu 10 m hoch. Entsprechend sind wir vorbereitet, neun lange Leinen an sechs verschiedenen Klampen am Steg halten ATHENE in Position, die Leinen sind sehr lang, damit es kein hartes Einrucken in die Festmacher gibt. Leider ist der Hafen nach SW nicht gut geschützt, nach Aussagen von Einheimischen ist unser Platz sicher, sofern es bei der Wetterlage überhaupt einen solchen Platz gibt.

Sollte es ganz heftig werden und das Schiff so stark schwanken, dass man im Hafen seekrank wird, können wir ins Hotel umziehen, Zimmer sind noch frei, entsprechende Vereinbarungen getroffen.

Am Freitagabend sehen die Wetterkarten nach typischem Winterwetter aus. Auf dem Atlantik folgt ein Sturmtief dem Nächsten. Leider wehen die übelsten Winde um die Azoren herum, dort wo wir auf absehbare Zeit hinmöchten.
Unsere französischen Nachbarn bereiten ihr Boot auch für alle Eventualitäten vor. Nebenbei erzählen sie uns von einer tragischen Busfahrt, Ende März. Der Bus begann seine Fahrt ab der Marina, bereits wenige Kilometer weiter versagten die Bremsen, er durchstieß einen Zaun und blieb im Graben vor einem steilen Abgrund hängen. Sie waren die einzigen Fahrgäste und kamen mit leichten Verletzungen davon. Die Busse sehen nicht nur alt aus, jetzt ist klar, sie sind es auch!
Samstag Vormittag. Der Wind legte über Nacht deutlich zu und bläst nun aus Südwest mit durchschnittlich 30 Knoten. Die See baut sich langsam auf, Schwell läuft in den Hafen. Es ist noch gerade so erträglich. Der Flugverkehr ist eingestellt, wir hören seit Stunden keine Maschine mehr. Aus dem Sturm ist inzwischen ein Orkantief bei den Azoren geworden.

Samstag Nachmittag. Die Wellen werden höher und steiler, vor der Hafeneinfahrt brechen sie, Wassermassen laufen in den Hafen, unser Boot führt einen „Eiertanz" auf. Uns geht es nicht besonders gut. Die Steganlage windet und bewegt sich gleichzeitig auf und ab, an Land zu kommen ist nicht einfach. Von Land betrachtet sehen die Bewegungen noch schlimmer aus. Wir ziehen Leinen nach und bringen noch zwei weitere aus, eine davon auf das Ankerspill, damit die vorderen Schiffsklampen entlastet werden. Die Arbeit an den Leinen erfordert Umsicht, in einem Moment liegen sie lose auf dem Steg, im nächsten sind sie fest gespannt wie ein Drahtseil.

Zurück an Bord beschließen wir, es macht keinen Sinn, länger durchzuhalten. Gegen 1900 Uhr ziehen wir ins Hotel um. Kaum im Hotel, lässt der Wind nach, es wird die prognostizierte Kaltfront sein, hinter der der Wind auf Nordwest umspringt. Die neuste Analysekarte zeigt, das Tief zieht nach Nordosten ab, der Nordwest ist bestätigt. Vereinzelt landen wieder Flugzeuge, die Lage normalisiert sich.
Um 2000 Uhr gehe ich noch einmal zum Schiff, alles kontrollieren. Es ist ein seltsames Gefühl, seit gut 10 Monaten leben wir auf dem Boot und „lassen es nun im Stich". Das Gehen im Schiff fällt mir schwer, vorsichtig hangele ich mich durch das Boot, um noch einige Kleidungstücke zu holen. Nach wenigen Minuten bin ich froh, wieder vom Schiff zu sein, es ist hier kaum auszuhalten.
In der Nacht sehe ich vom Hotelfenster Richtung Hafen, der vordere Teil der Marina ist einzusehen, der Wind hat gedreht, der Schwell nimmt ab. So können wir beruhigt schlafen, in einem Bett, dessen Ausmaße im Vergleich zur Koje fürstlich sind. Benötigt man zum Schlafen an Land soviel Platz?
Der Tag danach. Es stürmt mit bis zu 40 Knoten aus Nordwest, der Wind drückt die Wellen von der Küste und damit der Marina weg. Nur die Böen, die aus dem Bergen herunter jagen, heulen im

Rigg und schütteln das Schiff mitunter prächtig. Dazwischen einige Regenschauer, die Tropfen fallen fast waagerecht. Am Schiff ist alles in Ordnung.
Der Sturm ist nun zwei Tage vorüber, aber auf dem Atlantik herrscht nach wie vor starker Seegang. Die Wetterberichte sprechen von 4-5 m, selbst in der Marina ist es immer noch nicht ruhig. Selten hatten wir einen so unruhigen Liegeplatz.

Wir sehen uns die Brandung an der Nordküste an. Einmal mehr ist die Gewalt des Wassers beeindruckend. Die Gischt schäumt, nach kurzer Zeit sind unsere Brillen mit Salzwasser verklebt.

Madeira ist für uns eine Insel mit vielen Gesichtern. Einerseits die schöne Landschaft, die steilen Berge, die zerklüfteten Schluchten, die große Vielfalt an Pflanzen. Anderseits ist Madeira eine Insel, auf der es jeden Tag regnete, kühl war und vor allem, sie hat für Yachties eine schlechte Infrastruktur.
In keiner Marina stand soviel Schwell wie hier, lag der Hafen derart weit außerhalb, dass eine Fahrt zum Zentrum im Schnitt 80 Minuten dauerte.
Die Art des Tourismus ist anders als auf den Kanaren. Hier sind viele Aktivurlauber, meistens Wanderer, die man überall auf der Insel antrifft. Auf den Kanaren ist der Tourismus generell auf die Südküsten konzentriert. Alle anderen Plätze sind entsprechend weniger frequentiert, eine Ausnahme ist Gomera. Speziell mir drückt die Abgeschiedenheit der Marina aufs Gemüt, es wird Zeit, weiter zu segeln.

Nach langer Diskussion haben wir uns entschieden, nach Portugal zurückzukehren. In der jetzigen Jahreszeit ist es wahrscheinlicher, eine Westwind Lage zu haben, als eine Nordost Lage, die günstiger für die Azoren wäre. In den vergangenen Wochen war bestenfalls an einem Tag ein Törn Richtung Ponta Delgada (Azoren) möglich, wir benötigen jedoch fünf Tage. Möglicherweise sieht in vier Wochen die Wetterlage besser für dieses Vorhaben aus, aber wer weiß das schon? Ab den Azoren würde uns schließlich eine Strecke von 1200 sm bis England erwarten, von der auch Regattasegler sagten, macht es nicht, es ist langweilig. Was euch später davon in Erinnerung bleiben wird, ist, es wurde jeden Tag kälter.

Porto Santo

Blaue Symphonie – noch ein Sturm

Symphonien in blau, sagt ein Reiseprospekt zu Porto Santo. Heiliger Hafen lautet die Übersetzung, weil der Hafen geschützt liegt. Der Hintergrund, damals geriet ein Segelschiff in einen Sturm, wurde abgetrieben zu einer Insel, die man bis dato nicht kannte. Im Schutz des Eilandes ging das Schiff vor Anker. Aus Dank nannten die Matrosen die Insel Porto Santo.
Der berühmteste Einwohner der Insel war Christoph Kolumbus, der die Tochter des ersten Gouverneurs heiratete. Porto Santo liegt 30 Seemeilen von Madeira entfernt und hat als eine der wenigen Inseln im Ostatlantik einen 9 km langen goldenen Sandstrand aufzuweisen.
Der Reiseprospekt stellt kühn die Behauptung auf, es gibt hier nur wenig Niederschlag. Wir neigen zur Aussage, der Regen kommt nicht zu kurz. Scheint die Sonne, dann ist die Insel schön, der lange Sandstrand sticht durch sein Leuchten sofort hervor.

In den vergangenen Tagen beobachteten wir die Wetterentwicklung sehr intensiv, nach allen uns vorliegenden Daten könnten wir heute weitersegeln. Im Hafenbüro sehen wir die allerneuesten Wetterkarten durch und werden stutzig. Zwischen den Stationen ist auf einmal eine größere Abweichung, speziell die Vorhersage des deutschen Wetterdienstes ist deutlich schlechter als die der amerikanischen Marine. An Bord sind wir äußerst unschlüssig. Hätten wir eine Blume, so könnten wir sie rupfen: Die See mag uns, die See mag uns nicht, der Wind ist gut, der Wind ist zu stark, der Wetterbericht stimmt nicht, er stimmt doch. Schließlich rufen wir die Törnberatung des Deutschen Wetterdienstes in Hamburg an. Der Wetterfrosch hat noch schlechtere

Daten, als sie uns bekannt sind: Samstag NW 4-5, Sonntag SW 5-6, Montag S 6-7, Dienstag S 6-7 und schließlich Mittwoch NW 6-8. Die durchschnittliche Wellenhöhe liegt bei 3-4 m, das ist sogar für diese Region bemerkenswert, wenn auch nicht ungewöhnlich. Unser Entschluss, wir bleiben hier. Speziell die Windstärken für Dienstag und Mittwoch machen uns Sorgen, ein Landfall in Lissabon bei dem Wind ist gefährlich. Unser Segelhandbuch weißt ausdrücklich auf die Gefahr hoher Brandungswellen hin.

Jetzt müssen wir abwarten, ab Mittwoch wird sich eine große Hochdruckzone über den Atlantik und die iberische Halbinsel legen. Mit dem Hochdruck dreht der Wind wieder auf NO, schlecht für uns, aber vielleicht wird er nicht so stark. Segeln, zwischen Hoffen und Bangen!

Am Steg ist es interessanter. „Hey, ich bin Bob und fahre jetzt los“, sagt mir der gegenüberliegende Engländer im Vorbeigehen und kurzem Handschütteln. „So?“, antworte ich erstaunt. In der Hoffnung, er sagt nach Portugal, frage ich interessiert: „Wohin?“ „Zu den Azoren“, meint Bob ganz locker. „Bist du dir sicher? Du siehst doch, wie der Wind heute bläst“, entgegne ich ihm. „Ja, ja klar, wird aber bald besser für mich.“ Er geht zu seinem Boot und legt bald darauf ab. Im Hafen weht es kräftig, der Wind kommt genau von den Azoren. Ungefähr drei Stunden später ruft Jenny, unsere südafrikanische Nachbarin, herüber, Bob ist wieder da. Sie erzählt, Bob sitzt von morgens bis abends in der Kneipe, bis er betrunken ist. In Porto Santo ist er bereits seit acht Monaten und lebt alleine auf seinem heruntergekommenen Schiff. Seit einer Woche spricht er davon, am Samstag loszufahren.
Jetzt liegt sein Schiff im Hafenbereich vor Anker, auf sein Bier muss er nicht verzichten, im Boot soll er jede Menge Dosen gebunkert haben. Es ist eine der traurigeren Geschichten rund ums Langzeitsegeln, aber zum Glück ein Einzelfall.

Einhandsegler und lange Zeit im Hafen ist meist der Beginn einer unglücklichen Lebensgeschichte. In Arrecife trafen wir einen jungen französischen Einhandsegler, der glaubte, auf Lanzarote sein Glück zu machen. Nachts arbeitete er in einer Kneipe und tagsüber war er Reporter für eine lokale Zeitung. Wir trafen ihn in Puerto Calero wieder, er sagte, noch eine Woche und dann bin ich weg. Ich halte es hier nicht mehr aus, sonst werde ich verrückt. Ich möchte nicht so enden wie die Anderen. So bald wie möglich segele ich zurück ins Mittelmeer nach Südfrankreich und arbeite dort wieder. Sein Schiff sahen wir nicht mehr, er hat sein Vorhaben offenbar umgesetzt und rechtzeitig „die Notbremse gezogen".

Der vorhergesagte Wind pfeift, Wellen laufen in den Hafen, unser Schiff liegt wieder wie eine Spinne zwischen Leinen nach allen Seiten. Die Zeit nutzend, machen wir eine ausgedehnte, ausgesprochen schöne Inselwanderung, die uns auch zum zweithöchsten Berg Pico de Castello (480 m hoch) führt. Von dort hat man einen Blick über die gesamte Insel und aufs Meer. Selbst aus dieser Höhe sind die sich brechenden Wellen auf dem Atlantik gut zu sehen. In der Ferne arbeitet sich ein Frachtschiff schwer durch die grobe See.

In der Marina freunden wir uns mit Jenny und Colin an. Die Beiden wohnen in Durban, Südafrika, wo Colin ein großes Bauunternehmen hatte. Das Ende der Apartheid fiel mit seinem Ruhestand zusammen, so verkaufte er den Betrieb an die dunkelhäutigen Mitarbeiter. Wir sprechen viel von Südafrika, der enorm hohen Kriminalität, die dort äußerst brutal zu sein scheint. Nach gut 65 Jahren in Südafrika können und wollen sie das Land nicht verlassen. Da sie gut situiert sind, reisen sie viel oder leben auf dem Boot. Auf Nachfragen sagen sie mir: „Weißt du, Südafrika ist für uns so was wie eine Jugendliebe, wir hängen sehr an diesem Land. Früher konnten wir uns nicht vorstellen, dass es etwas schöneres geben kann."

Die neuesten Wetterberichte sehen hervorragend aus, zuerst kein Wind, dann Südwest 4-5, später um 6 Bft. Für Freitag wieder SW 4 und schließlich windstill. Die Gelegenheit bekommen wir nicht so schnell wieder. Ablegen am Mittwoch Mittag, 1315 Uhr, Kurs Nordost nach Lissabon. Mehr als 500 Meilen Hochsee liegen vor uns.

Porto Santo - Portugal

Muntere Crew – flottes Schiff – rollendes Schiff - No Scotch, No Bourbon, No beer - Verwirrung vor Lissabon

1.Seetag

Wir treffen die Bedingungen an wie vorhergesagt, kein Wind, Dünung aus Nordwest, 3 m. Unter Motor läuft ATHENE konstant 6 Knoten. Sehr langsam verschwindet Porto Santo im Dunst achteraus. Wir leben uns in den neuen Rhythmus der See ein, in die Schiffsbewegungen, in den Tagesablauf auf See.
Beate hat zu unserem ultimativen Mittel gegen Seekrankheit gegriffen, ein Pflaster, das man hinter das Ohr klebt. Der darin enthalte Wirkstoff wird über 3 Tage über die Haut aufgenommen. Sie fühlt sich topfit und ist entsprechend munter.
Über Navtex wird vor einem toten Wal in der Nähe der Kanaren gewarnt. Ein lebendiger ist am Nachmittag zu sehen, ein ziemlich großer mit markanter spitzer Rückenflosse, leider nicht mehr.
Es ist 0445 Uhr, Wind aus SW 4 lässt segeln zu. Mit ausgebaumter Genua laufen wir 5 Knoten. Im Keller gibt der olle Diesel jetzt Ruhe.

Die jetzige Segelführung hat einen Nachteil, sie unterstützt das Rollen in der See bzw. hat dem Rollen nichts entgegen zu setzen. Wir können sagen, unsere ATHENE ist richtig rollig. Was bedeutet rollen? Ein an Land lebender Mensch muss sich das so vorstellen: im Haus werden lose Gegenstände sorgfältig in Schränken verstaut oder verzurrt. Nun wird von großer Hand die ganze Hütte um 20 Grad nach der einen Seite geneigt, einige Sekunden später mit Schwung bis auf 20 Grad zur anderen Seite. Dieser Vorgang wird wiederholt, ungefähr 80 Stunden lang. In regelmäßigen Abständen folgt eine Gruppe von Wellen, die die Neigung auf mehr als 30 Grad erhöhen. Na, ist noch alles in den Schränken? Schön, wann ist der nächste Termin für Sperrgut?

Bei uns im Schiff bewegen sich die Teile in den „Schränken" ganz mächtig. Gelegentlich räumen wir einen Schrank um, umwickeln die Gläser beispielsweise mit Handtüchern. Aber auch das hilft nur über einen kurzen Zeitraum, dann findet sich ein neuer „bing, klack, schrrkt, rums" Rhythmus ein.
Die Stimmung ist dennoch gut, speziell bei Beate, die absolut keine Seekrankheitsprobleme hat, noch nicht einmal Anzeichen. Das hilft auch mir, der Druck, das Schiff quasi alleine zu segeln, ist weg.

2. Seetag

Zu den Faktoren, die die Wellenhöhe beeinflussen, zählt unter anderem die Wassertiefe. Stellen, an denen das Wasser flacher ist, haben hohe steile Wellen zur Folge, die auch brechen können. Die Brandung am Ufer ist dafür ein Beispiel. Gegen Mittag passieren wir eine flache Stelle, im Vergleich zu den 5000 m Wassertiefe, auf denen wir uns in diesem Seegebiet befinden, steigt der Meeresgrund steil bis auf 20 m Tiefe an. Unicorn Seamount heißt das Unterwassergebirge. Auf See wird es jetzt richtig spaßig. Über die nordwestliche Dünung legt sich eine südwestliche Windsee. Der Segler spricht von Kreuzwellen, einfach zu merken, die Wellen legen ihn aufs Kreuz. Je nachdem, wie die Wellen ineinander laufen, entstehen für kurze Momente Wasserpyramiden. Ist die Energie heftiger, können daraus auch kleine Fontainen werden.
Wir machen nun eine neue Bewegung mit, stampfen. Das Heck wird angehoben, das Schiff beschleunigt, es geht bergab. Nun hebt die Welle das gesamte Boot an, läuft unter dem Schiff durch, der Bug geht in die Höhe, bergauf werden wir wieder langsamer.

Schließlich senkt sich der Bug und das Spiel beginnt von neuem. Kurshalten ist schwierig, der Autopilot arbeitet ausgezeichnet, unsere Zufriedenheit mit „Robert“ ist im Moment besonders hoch. Nach 24 Stunden die erste Bilanz, 143 sm.

3. Seetag

Die ganze Nacht sind wir im Durchschnitt 6 Knoten gelaufen, das ist ziemlich viel für unser Boot. Eigentlich erstaunlich unter diesen Bedingungen, nur ein Vorsegel gesetzt und heftige Schiffsbewegungen. Offensichtlich hat das Rollen wenig Einfluss auf die Geschwindigkeit. Aus Windstärke 6 ist inzwischen 4-5 geworden, die heutige Bilanz 140 sm.

Dichte Wolken zogen schon am Morgen auf, nun beginnt es zu regnen. Zuerst wenig, dann ziemlich heftig, der Wind lässt nach. Am frühen Abend ist es urplötzlich windstill, die See deutlich ruhiger. Im Keller läuft wieder unser eisernes Segel und lädt zudem die Batterien. Der Autopilot hat viel Energie benötigt, die Batteriekapazität ist mit 330 Ah unter diesen Umständen zu klein bemessen.
Die Stimmung ist nach wie vor gut, nur die mitunter heftigen Schiffsbewegungen „nerven“. Lesen ist leider nicht möglich, ich habe es einmal probiert, mir wurde fast schlecht, obwohl das Buch gut ist. Es dauerte annähernd drei Stunden, bis alles wieder in Ordnung war. Ja das Leben auf See fordert sein Attribut.

Wir hören Dänen-Jazz der Sugarbeet Stompers. Ein Lied heißt „One Scotch, one Bourbon, one beer”. Unser Getränk ist nur noch Wasser, leicht bekömmlich auf See, gelegentlich nehmen wir eine rote Dose amerikanischen Lebensstils zu uns. Dem Song geben wir einen neuen Text: „No Scotch, no Bourbon, no beer. Me and my baby we’re on the sea, our drinks are absolute alcohol free, no Scotch, no Bourbon, no beer.“

Kurz vor unserem Wachrhythmus um 2200 Uhr wird das Vorsegel ausgerollt, ein leichter Westwind unterstützt den Motor, die Bewegungen im Schiff sind angenehmer.

4.Seetag

Der heutige Tag ist besser, Sonnenschein, Wärme. In der Nacht kamen wir gut voran, die Entfernung bis Lissabon beträgt noch 80 Meilen. Gelingt es uns, bis 2200 Uhr in der Mündung des Tejo zu stehen, wäre es möglich, mit auflaufendem Wasser direkt bis Lissabon durchzufahren. Die Strömung des Flusses ist mit durchschnittlich 2-3 Knoten ziemlich heftig, gegen den Strom zu segeln macht für unser Schiff nicht viel Sinn.
Ich freue mich für Beate, wie gut es ihr geht. Die vergangenen zwei Tage waren nicht einfach, aber sie hat immer das Essen zubereitet und war gleichzeitig ihr bester Gast! Zum Glück überqueren wir nicht den Atlantik, sonst müsste ich sie nach 20 Tagen liebevoll mein Pummelchen nennen.

Um 1830 Uhr kreuzen wir die in Nord-Südrichtung verlaufende Schifffahrtslinie vor der portugiesischen Küste. Im Vergleich zur Geschwindigkeit der Großschiffe komme ich mir vor wie ein Fußgänger, der die Autobahn überquert und bin entsprechend angespannt. Leider läuft auch noch Strom gegen uns, die Fahrt über Grund liegt bei 5 Knoten, die durchs Wasser bei 6,5.
Die erste Linie von Nord nach Süd queren wir ohne Probleme. Die nächste Schiffslinie von Süd nach Nord wird schwieriger, es herrscht reger Verkehr.
In einem spektakulären Abendrot passieren wir schließlich die zweite Schiffslinie und befinden uns nun im Mündungsbereich des Tejo. Der Fahrt bis nach Lissabon steht nichts mehr im Wege. Mehrere Delfinschulen nehmen im Augenblick ihr Abendmahl ein. Sie schwimmen in Kreisen, um ihre Beute zu fangen, auch ein Muttertier mit Nachwuchs ist darunter. Seglerromantik: der

rote Abendhimmel, die ruhige See, das Leben im Wasser rund ums Schiff und in der Ferne die Lichter Lissabons.

Hektik! Wo zum Teufel sind wir? Die Ansteuerungstonne ist nicht da, wo sie sein sollte. Die Lichter der Tonnen sind vor den vielen Lichtern der Stadt kaum auszumachen, ist es ein rotes Bremslicht, eine rote Verkehrsampel, eine rote Laterne vor dem Haus einer Freudenstube oder die gesuchte Tonne? Das Radarbild ist unbrauchbar, alles ist voll mit irgendwelchen hellen Flecken, die ich nicht zuordnen kann. Die Position in der Karte sagt, wir sind auf Kurs, aber wo sind die Tonnen?

Speziell ich spüre jetzt meine Übermüdung, bin gereizt, nur keinen Fehler machen, sonst gibt es ein Debakel. Neben uns wendet, von uns zunächst völlig unbemerkt, ganz langsam eine große Fähre. Sie führt die vorgeschriebenen Navigationslichter. Den dicken Klecks auf dem Radarschirm habe ich gesehen und verzweifelt versucht, ihn einer Landmarke zuzuordnen. Nein, so geht es nicht weiter.

Jetzt ist der Computer an der Reihe, das Navigationsprogramm mit den elektronischen Seekarten, schon sehen wir, wo genau unsere Position auf dem Fluss ist, keine Gefahr, alles in Ordnung. Unsere Eintragungen in der Seekarte stimmen überein. Beate steuert das Schiff, langsam erkenne ich nun die gesuchten Tonnen und werde wieder ruhiger, die Untiefen sind weit weg. Bald setzt Mitstrom ein und flugs geht es mit 8-9 Knoten den Fluss hoch. Um Mitternacht passieren wir die große, beleuchtete Brücke des 25 Abril, ein Erlebnis besonderer Art. In der Marina endet die Fahrt nach 503 Seemeilen in 82 Stunden in einem guten Liegeplatz. Den Tag beschließen wir mit: „no Scotch, no Bourbon, one beer!“

Wieder ist ein Abschnitt beendet, die Reise zu den atlantischen Inseln Kanaren und Madeira. Im September 2002 besuchten wir Lissabon, unser Logbuch weist zu diesem Zeitpunkt 1400 Meilen auf, inzwischen sind daraus 3500 geworden. Viel Atlantik liegt in unserem Kielwasser, es ist knapp die Distanz einer Ozeanüberquerung, von den Kanaren in die Karibik. Die Seglerseele des Skippers hat nun ihre Ruhe.
Von den drei größeren Strecken, die wir segelten, gefällt uns die von Portugal nach Lanzarote immer noch am besten. Der Wind, die Wellen und die Strömung hatten eine Richtung, nach Süd. Allein der Gedanke von Nordeuropa Richtung Süd zu segeln ist schön, mehr, er ist Freude, aufleben.
Am unangenehmsten war der letzte Törn, sozusagen quer zu den Wellen, es ist anstrengend. Das wir unsere Position nicht genau kennen, ist noch nie passiert. Nach einer längeren anstrengenden Reise bei Nacht in einen Hafen einzulaufen, ist keine gute Idee. Oft gelesen, nun selbst erlebt.

Portugal

Skippers Philosophie – Dieselfontaine – wie versenkt man ein Schiff - der portugiesische Norder – männliche Urinstinkte – zurück in Galicien

Lissabon

Über uns setzt ein gewaltiges Flugzeug zur Landung an, vor uns rauschen Autos über die Brücke *Ponte 25 de Abril*, die den Tejo überspannt. Es ist ein Geräusch, als wäre ein mächtiger Insektenschwarm im Anflug. Reizüberflutung. Nach Tagen auf See benötigen wir einige Stunden, gelegentlich einen Tag, um uns an die optische und akustische Vielfalt an Land zu gewöhnen.
Möglicherweise war die Strecke von Madeira die letzte längere Seereise der Athene-Tour, eine Gelegenheit Zwischenbilanz zu ziehen.
Unser Sabbatjahr ermöglichte uns zum erstenmal das Hochsee-Segeln, entsprechend war die Neugierde und die Freude auf Segeln „mit großen Löffeln“. Unzählige Reiseberichte haben wir zuvor gelesen, sie sprachen häufig von einem Leben auf See, das klare physikalische und keine von Menschen bestimmten Gesetze hat, eine Welt frei von gesellschaftlichen Fehlern. Dort ist niemand, der bestimmt oder kritisiert, man gibt selbst den Kurs vor, die totale Freiheit. Wilfried Erdmann schrieb von seiner ozeanischen Wiedergeburt, Seele und Geist stehen wieder in einem stimmigen Verhältnis zu einander. Ein anderer, Bernard Montessier, verschenkte einen sicher gewonnenen Regattasieg, um seine Seele zu retten. In seinem Buch, *Der verschenkte Sieg,* legt er seine Gründe dar. Die Folge war ein bis dahin nicht gekannter Boom im Segelsport, ganz besonders in Frankreich.

Und unsere Erfahrung?
Die Mehrheit der heutigen Segler, zu der wir uns auch zählen, hat nicht mehr „Aussteiger – oder Paradiesinteressen“ als Lebenseinstellung, es ist eine geplante Auszeit für einen bestimmten Zeitraum oder Lebensabschnitt. Ziel ist die andere Art des Reisens, weg vom Massentourismus.
Bestimmt wird man später von uns sagen, sie hatten viel Ehrgeiz, um mit einem Boot auf die offene See zu kommen. Dann taten sie alles, um ganz schnell wieder im nächsten Hafen zu sein. Auf dem Wasser eine ruhige, nur vom Wind bestimmte Zeit zu verbringen ist ein Anliegen, aber nicht das primäre, es ist mehr die Kombination aus Sicherheit, Komfort und Geschwindigkeit, mit der man eine Strecke bewältigt.
Geblieben ist die Faszination, damals wie heute: Den Wind um die Nase, segeln unter Vollzeug, das Rauschen der Bugwelle bei voller Fahrt, das Knistern des schäumenden Wassers, in der Nacht ist es phosphoreszierend. Das blaue Kielwasser, das hinter dem Boot zu sehen ist und schließlich im Ozean verschwindet, als sei es nie gewesen. Nicht zuletzt die Begegnung mit Meerestieren, allen voran mit Delfinen und Walen, die uns unvergesslich bleiben wird. Nach zwei bis drei Tagen auf See stellen sich die Sinne um, man hört kleine Unterschiede in der Windstärke, spürt, ob das Schiff langsamer oder schneller geworden ist. Der Himmel hat deutlich mehr Farben als blau oder grau. Die Skala der Bewegungsarten des Schiffs erhöht sich um Zwischenabstufungen, man ist feinfühliger für Unterschiede in der Luftfeuchtigkeit und der Außentemperatur, ist sensibler für Naturbeobachtungen. Der Körper beginnt mit dem Boot und der See mitzuschwingen, ein Zustand, in dem Seekrankheit normalerweise ihr Ende findet. Im Grunde muss man sich der See für Tage „hingeben“, darf nichts anders tun, als im Schiff zu sitzen und alle Eindrücke auf sich einwirken lassen. Wir taten es teilweise zwangsweise so, hätten aus Langweile (!) lieber gelesen, aber es ging nicht.

Wieder im Hafen sind wir stolz auf die vollbrachte Leistung, ankommen ist schließlich das Ziel einer jeden Reise, mehr noch, es ist der schönste Teil.
Wirklich gewöhnungsbedürftig an Land ist in erster Linie das Geräuschniveau, besonders in größeren Städten, wie hier in Lissabon, gefolgt von der Schnelligkeit der Verkehrsmittel. In einen Konsumtempel fühlen wir uns im ersten Moment verloren, alles ist bunt, sieht wichtig aus, will auffallen, wo soll man zuerst hinsehen? Und man lässt sich ablenken, schließlich hat man soeben auf See gelernt, auf kleinste Unterschiede zu achten. Die an Land notwendige Abstumpfung ist vorrübergehend herabgesetzt.
In der Phase der Eingewöhnung genießen wir andererseits das Landleben in seiner Vielfalt in Formen und Farben. Richtig erhebend ist ein Wald- oder Parkspaziergang, auch Tage später, der Duft, das Gezwitscher der Vögel, unsere Sinne sind offener dafür. Schließlich sind es die Menschen, die uns immer wieder begegnen. Sprechen wir von bestimmten Orten oder Ländern, so folgt oft die Frage, haben wir da nicht „die und die“ kennen gelernt? Wir verbinden Orte leichter mit Personen als mit dem Namen einer Kathedrale.
Wir sind uns sicher, Menschen, die gerne an Land leben, sich mit den Gegebenheiten arrangieren, werden nicht so schnell ihre Seele auf dem Meer verlieren, obgleich eine magische Anziehungskraft des Meeres unbestreitbar ist.
Spötter werden jetzt sagen, da kannst du mal sehen, was Jürgen an seinem Geburtstag durch den Kopf geht. Nun, da die zweite Hälfte des Lebens einfach nicht anfangen will, genehmigt er sich mit seiner Gemahlsgattin einen Sekt zum Frühstück, dann noch einen, als uns unsere Freundin Monika besucht. Zu dritt verbringen wir den Tag in Lissabon, gehen in der Altstadt essen und lassen es uns den Umständen entsprechend prächtig gehen. Abends die Steigerung, zwei Portugiesinnen schließen sich uns an, der Freude an kulinarischen Dingen nicht genug, geht Skip

mit vier reizenden Damen noch mal essen, jetzt ist Monika Gastgeberin! In dieser Klönrunde legen uns die Portugiesinnen nahe, nach Sintra zu fahren, es ist ein Muss für jeden Besucher Portugals.

Gleis 4, der Zug nach Sintra. Dem Sackbahnhof Rossio folgt unmittelbar ein kilometerlanger Tunnel, an der nächsten Haltestelle ist wieder freie Sicht. Wir sehen während der Fahrt in erster Linie Wohngegenden einer Art, wo wir nicht leben möchten. Viele heruntergekommene, dicht aneinander gebaute Hochhäuser, Wäsche vor den Fenstern, Dreck auf den Plätzen.

Sintra hält, was man uns versprochen hat, eine schöne Stadt mit vielen historischen Gebäuden, viel Wald auch tropischer Prägung und wunderschönen Park- und Grünanlagen.
Den Weg zur hoch über der Stadt gelegenen Burgruine bewältigen wir zu Fuß, es zieht sich ganz mächtig. Neben der Burg kann man auch einen Palast besichtigen, der heute leider seine Tore geschlossen hat. Bergab wieder per pedes, schließlich mit dem Zug zurück, der diesmal viele farbige Fahrgäste aufnimmt.

Freitags, so sagt der Aberglaube, verlässt kein Schiff den Hafen. Heute, am Freitag morgen, wird nicht daran gedacht, die Magie eines Zeitplanes umnebelt unser Hirn.
Um acht Uhr, im Büro des Hafenmeisters, versuchen wir, den Liegeplatz zu bezahlen. Der gute Mann ist noch zu verschlafen, er ruft einen Kollegen an, der ihm das Passwort für den Computer nennt. Dann rechnet er und findet heraus, von Sonntag bis Freitag sind sieben Nächte. Protest, fünf. Zahlung per Kreditkarte ist trotz zwei „Abrechnungsmaschinen“ seltsamerweise nicht möglich, Cash ist fesch, nur Wechselgeld hat er nicht. Ich laufe zum Boot zurück, um Wechselgeld zu holen und übe mich in der Kunst des stillen Fluchens. Nach 35 Minuten ist der Platz bezahlt, der Hafenmeister entschuldigt sich!

Den Tejo fliegen wir hinunter, der Ebbstrom lässt uns wundervolle 10 Knoten über Grund laufen, zwei Stunden später liegt ATHENE am Pier der Marina Tankstelle in Cascais. Tankdeckel auf. Die Zapfpistole ist geringfügig zu groß für unseren Tankstutzen, so halte ich sie beim Tanken fest. Der Diesel läuft, nach einer Weile höre ich ein Zischen und ehe ich mich versehe, spritzt ein Teil des Diesels zurück. Den Tankvorgang stoppe ich und ziehe die Pistole vor Schreck weg, wodurch die Öffnung ganz frei kommt. Im Tank hat sich Überdruck gebildet, der Diesel, der noch in der Zuleitung steht, spritzt fast einen Meter hoch. In einer Rechtsdrehung versuche ich mich wegzubewegen, zu langsam, die linke Gesichtshälfte, die Schulter und ein Teil meiner Hose werden völlig durchnässt. Schnellstens lege ich die Zapfpistole auf den Steg und stürze ins Boot, um mein Gesicht zu waschen. Glück im Unglück, meine Brille war ein guter Augenschutz.
Das Deck an Steuerbord ist nass, schätzungsweise 3 bis 4 Liter Diesel sind ausgetreten. So gut es geht, säubere ich den Steg, das Boot und auch mich selbst.
Da der gemeldete Nordwind jetzt schon mit Windstärke vier bläst und wir ein Tankproblem haben, ist die Entscheidung leicht, Hafentag in Cascais. Einklarieren, Platz M 31. Langsam tuckern wir hin, der Platz ist besetzt. In zehn Monaten Reisen ist es heute das zweitemal, dass ein zugewiesener Platz besetzt ist. Warum ausgerechnet heute? Wieder zurück zum Büro, neuer Liegeplatz, diesmal klappt es. Auf dem Schiff stinkt es wie auf einem Dieseltanker. In Anlehnung an Reinhard Mey, „Über den Wolken“: „Wind Nordost, Platz M 3, auf dem Deck schwimmt Diesel, schillernd wie ein Regenbogen, warum mache ich das mit und bin nicht nach Haus geflogen? Ohne Boot muss die Freizeit wohl grenzenlos sein, so sagt man, ohne Kummer, ohne Sorgen...“

Das Deck wasche ich zweimal, Beate nimmt sich meiner Kleidung an, versucht zu retten, was zu retten ist. Nach einer kleinen Entspannungspause sehe ich mir die Tankbelüftung an, die völlig in Ordnung scheint. Da offensichtlich ein Fehler im Belüftungssystem vorliegt, versuche ich, den Belüftungsschlauch heraus zu ziehen. Einmal kräftig gezogen, kommt ein geknickter Schlauch zum Vorschein, an einer Stelle, die nicht einsehbar ist. Auf Madeira hatte ich die Schlauchleitung zusammen mit dem neuen Sammelbehälter in der Belüftung zum Zweck einfacher Entleerung umgebaut. Den Schlauch hatte ich auf Knicke kontrolliert, leider nicht gründlich genug.
Was für ein Glück, dass die Verengung im Schlauch noch genügend Luft für einen störungsfreien Motorlauf – auf dem Atlantik – durchließ. Es ist das Quäntchen Glück, dass man manchmal hat. Am Nachmittag geht es nochmals zur Tankstelle, die Tankanlage ist wieder in Ordnung.

Pünktlich um 0630 Uhr steht der „Docking Master" am Schiff, gibt uns das Pfandgeld für die Zugangskarte zum Steg und nimmt einen Adapter zurück. Im Marinabüro hatte ich dies am Tag zuvor vereinbart, jedoch stille Zweifel gehabt, ob der Mann kommt. Gut eine Stunde später legen wir ab, Kurs Peniche. Zuerst läuft alles gut, bis der Bug ums erste Kap schaut, hier steht eine üble Welle. Normalerweise fahren wir unter Maschine nur mit moderater Leistung, jetzt muss der Hebel fast auf den Tisch gelegt werden, damit ein Vorankommen möglich ist. Wellen brechen sich am Schiff, es spritzt, Duschwasser kommt reichlich über. Im Cockpit ist es dank Schutzdach noch erträglich.
Beate fühlt sich sichtlich nicht wohl, denkt aber nicht an ihren ruhigen Bürostuhl. Es geht ruckartig rauf und runter, oft wird das Schiff in einer Welle stark abgebremst, was auch unsere Körper spüren. Am Ruder stehend, ist das Denken an mein Wohlbefinden zweitrangig, steuern erfordert Konzentration. Gut geht es mir auch nicht. Gegen Mittag ist der schwierigste Teil

bewältigt, jetzt nervt nur noch das starke Abbremsen in Wellen. Regelmäßig stehen die Wellen in einem ungünstigen Verhältnis zum Schiff. Die erste Welle kommt schräg von vorn angerollt, der Bug haut voll hinein, es spritzt. Kaum steigt der Bug aus der Welle auf, folgt bereits die nächste, in die er wieder hineinschlägt. Nach drei bis vier Wellen dieser Art halbiert sich unsere Geschwindigkeit, selten sind wir so nass gesegelt (in der Seglersprache heißt das, das Schiff ist komplett nass, die Crew nicht unbedingt).
Neben den üblichen Körperbewegungen auf See, die in auf und ab und nach beiden Seiten schwanken bestehen, kommt nun als drittes, als Folge des Abbremsens, die Verbeugung Richtung Bug hinzu.
„Hast du das gehört?“, fragt mich Beate, die plötzlich aus ihrem Nickerchen im Cockpit aufgewacht ist, „Da ist was mit dem Motor.“ „Nein, was war?“, frage ich sie, mit dem Gedanken, nein, nicht schon wieder, hoffentlich hat sie nur schlecht geträumt. Wir brauchen nicht mehr viele Worte zu verlieren, der Motor meldet sich für jeden hörbar zu Wort, er verliert deutlich an Drehzahl. Mit reduzierter Leistung läuft er schließlich bis nach Peniche ohne Probleme weiter. Der Dieselfilter ist wieder mit feinstem Rost-Schlamm vollkommen zu, er wird ausgetauscht, fertig. Die Wetterbedingungen für morgen sind so gut, für weitere Ursachenforschung ist keine Zeit, Prinzip Hoffnung. Stimmungspegel: wie versenkt man ein Schiff?

Glücklicherweise läuft gerade unser englischer Nachbar Ian über den Steg, dem ich von unserem Problem erzähle. Eine halbe Stunde später sitzen wir im Maschinenraum seines Bootes, er zeigt mir seine Filtervariante, zwei Dieselfilter parallel geschaltet, ist der eine verdreckt, so kann er auf den anderen umschalten. Vielleicht können wir das auch realisieren. Ian hat sein Boot in sechs Jahren selbst ausgebaut und ist immer noch nicht fertig. Die Werft in England hat ihn beim Bau mit dem Einbau eines fehlerhaften Motors betrogen, es kam zu einer Gerichtsverhandlung. Da erfuhr er, dass das Schiff, das die Werft ihm verkaufte, nicht deren Eigentum war, es gehörte einem Mitarbeiter. Das Ende vom Lied war, er zahlte hohe Anwaltskosten und konnte seine Ansprüche nicht durchsetzen. Er sagte mir, wenn ich an England denke, dann im Zorn, daher bin ich hier.

Am Sonntagmorgen legen wir mit Kurs Figueira da Foz ab, 60 Meilen die Küste hoch. Der Wind ist günstig, die See ruhig. Im Gegensatz zu gestern ist das Segeln, beziehungsweise das Segeln mit Motorhilfe, sehr einfach, bequem und recht flott. Zum reinen Segeln ist der Wind leider zu schwach, wir möchten nicht klagen, man kann nicht alles haben. Gegen Nachmittag zieht gut sichtbar die angekündigte Kaltfront von Westen heran, der Wind dreht auf West, endlich Segelwind. Im Schiff ist es angenehm ruhig, beinahe lautlos. Sanft gleiten wir in der ruhigen See dahin, da stört auch nicht der einsetzende Regen. Der vierzigste Breitengrad wird von Süd nach Nord überquert, 9 Stunden und 45 Minuten später sind wir in der Marina.

Figueira da Foz

Portugiesische Behörden wollen in bezug auf Formalien (Schiffspapiere, Personalausweise) für die Einwanderungsbehörde, den Zoll und die Marinepolizei sehr ernst genommen werden. Kaum ist das Schiff im Hafen, steht ein Uniformierter am Boot und verlangt die Ausweise, oder ordnet an, in 10 Minuten in seinem Büro zu sein (ausgenommen die großen Marinas, diese erledigen die Formalitäten mit). „Papiere morgen" ist hier unbekannt, außerdem, sie tragen immer eine Schusswaffe! Heute erleben wir eine neue Variante, der diensthabende Polizist, erzählt mir später der Hafenmeister, hatte keine Lust im Regen zum Boot zu kommen, also rief er den Hafenmeister an, klärte ihn über seine Pflichten auf, die offensichtlich auch beinhalten, uns wiederum über die Einklarierungsvorschriften aufzuklären. Am Boot sagt er uns, ihr müsst zum Einklarieren, ich bringe euch hin. Im Büro schließlich folgt eine lustige Diskussion zwischen Hafenmeister und Diensthabendem über das Ausfüllen des Formulars. Mein Eindruck, der Hafenmeister kennt sich besser aus als der, der dafür entlohnt wird, Arbeitsbeschäftigung.

Am Montag gehen wir zeitig in einen Computerladen mit Internetzugang und sehen die Vorhersagen für die Woche durch. Was sich gestern andeutete, ist heute bestätigt, für die nächsten Tage ist Sturm gemeldet, Windstärke 7-8, in Böen 9-10! Die durchschnittliche Wellenhöhe soll 5 m betragen. Für die Azoren sind Windgeschwindigkeiten bis zu 45 Knoten (rund 90km/h) gemeldet, wie gut im Hafen zu sein. Am kommenden Wochenende könnte es besser werden, aber das ist noch offen, eine Vorhersage über 144 Stunden ist mit Vorsicht zu betrachten. Wir nutzen den Discount der Marina und zahlen für eine Woche im Voraus.

Kaum ist unser Mittagessen beendet, klopft ein hagerer Mann, Mitte 60, ans Boot. Er fragt, ob wir aus Griechenland seien, der Schiffsname ATHENE brachte ihn auf die Idee. Wir wechseln ein paar Worte, dann stellt er sich vor, er heiße Roy und sei Amerikaner. Den Zusatz musste er machen, bisher habe ich mir eingebildet, wenn einer im Umkreis von 50 m amerikanisches Englisch spricht, höre ich es sofort. Roy erzählt, er arbeitete lange Zeit in Deutschland, später in der Schweiz und in den Benelux Staaten. Seinen starken amerikanischen Akzent hat er reduziert, weil er ihn nicht mag und wahrscheinlich würde ihn kaum jemand in Europa verstehen. Ich bitte ihn an Bord, eine kleine Plauderstunde mit einem Muttersprachler steht immer hoch im Kurs.

Beate hat inzwischen den puren Luxus einer Waschmaschine genutzt (im nächsten Boot haben wir auch eine), bald darauf flattert die Wäsche annähernd waagerecht, der Wind legt mehr und mehr zu.

Deutschland schwitzt, hier erwarten wir bald den ersten Eisberg. Gut, ich gebe es zu, die Darstellung ist übertrieben, mehr als 18 Grad sind es aber nicht. Wir nutzen den Tag für unsere „Lieblingsbeschäftigung“, Dreck vom Boden des Dieseltanks absaugen. Anfangs fängt der Filter viel Schmutz auf, der aber sehr bald weniger wird. Schließlich wird der gesamte Tankinhalt eine Stunde durch einen Filter umgewälzt. Neuestes Fundstück aus dem Tank, ein kleines Stück Plexiglas.
Die Werft ist Mitte der neunziger Jahre in Konkurs gegangen, wäre das nicht der Fall, würden wir einen bösen Brief schreiben. Dabei hatte der Schiffsbauer eine gute Reputation, sonst hätten wir das Schiff nie gekauft.

Samstag Nachmittag. Die Marina füllt sich langsam, erste Boote mit Südkurs, die Mehrheit strebt nach Norden. Eine norwegische Yacht hat den Weg von Cascais nach Figueira aufgekreuzt. Die drei Herren benötigten für ca. 100 Meilen direkten Weg 36 Stunden, sie sind fix und fertig.
Der Wetterbericht sieht wieder hochsommerlich aus, mit Wind aus Nord um 10 Knoten am Morgen und 20 Knoten am Abend, typische Passatlage. Möglicherweise ergibt sich eine Westlage zur Wochenmitte hin, die auch Segeln ohne oder mit wenigen Kreuzschlägen erlaubt. Ebenfalls ermöglicht die nächste Woche, erstmals in diesem Jahr, einen direkten Kurs von den Kanaren oder Madeira zu den Azoren. Laut unseren Büchern sollte diese Wetterlage spätestens im April vorherrschend sein. Wir haben den Eindruck, die langjährigen Wettermuster gelten nach wie vor, sie verschieben sich nur. Und es bestätigt sich einmal mehr die erste Regel beim Segeln, der Wind kommt von dort, wo du hin willst.

Auf dem Weg in die Stadt treffen wir Segler, deren Schiff direkt am Steg zum Ausgang liegt. Wir wechseln einige Worte, schließlich erzählt uns Bob von ihrem Pech mit dem Motor. Die Maschine hatte nicht mehr genug Öl, folglich war sie innerhalb weniger Minuten zerstört. Das passierte ihnen vor der hiesigen Hafeneinfahrt, im September 2002. Sie ließen einen neuen Motor einbaucn, der anscheinend auch nicht in Ordnung ist. Die Maschine wurde wieder ausgebaut und steht nun irgendwo in Lissabon. Neun Monate später ist das Schiff immer noch nicht repariert. Portugal ist kein guter Platz für defekte Schiffe. Diesen Eindruck haben wir auch, neben den einschlägigen Erfahrungen anderer Segler. Aber so ein langer Zeitraum für eine Maschine zu reparieren ist sehr ungewöhnlich.

Carsten und Margit von den Färöer-Inseln – sie fahren im Urlaub immer nach Süden, Richtung Schottland, wo es schön warm ist – sind ebenfalls auf dem Heimweg. Leider brach sich Margit auf einem Steg in Cascais den linken Arm und kann im Schiff kaum mehr etwas machen. Auf See ist sie mit einem Arm völlig hilflos. Die Beiden kennen Bob, er bot ihnen an, mit Carsten das Schiff zur spanischen Grenze zu segeln, während die Frauen per Zug nachreisen.
Samstag Nacht sind die Herren abgefahren, heute, am Montag treffen wir Bob und seine Frau wieder auf dem Steg, sie kommen soeben von Leixoes zurück. Er erzählt, es war furchtbar. Für die 63 Meilen benötigten sie 17 Stunden, ständig schlug das Boot in eine Welle, viel Wasser kam über. Warten war bisher keine schlechte Entscheidung. Das kommende Wochenende könnte eine Weiterreise ermöglichen.

„Neue Münzen erhalten Sie nur bei der Zentralbank in Coimbra", klärt mich der Kassierer einer Bank auf, Euromünzen für sammelnde Freunde. Coimbra? Nicht schlecht die Idee, von

Figueira da Foz besteht eine direkte Zugverbindung. Zwei Stunden später sind wir dort.

Unser Reiseführer:

Coimbra, das im 12. und 13. Jahrhundert Portugals Hauptstadt war, gehört zu den schönsten Reisezielen der Beiras. Die Stadt hatte ihre Blütezeit in der Regierungszeit von König D. Dinis und hat sich ihr besonderes Flair bis heute bewahrt. Auch der romantisch-leichte Lebensstil der Studenten prägt die Atmosphäre der Stadt spürbar.

Romantisch leichter Lebensstil? Die Studenten, die wir sehen, erinnern mich mehr an werdende Geschäftsleute, jetzt schon mit deren Insignien ausgestattet: Mobiltelefon, gute Kleidung, neue Autos, schmucke Mappen mit Schreibutensilien. Mit Studentenrevolte, oder „Hey, gehen m'r auf ne Demo eh?", haben die hier äußerlich nichts im Sinn. Manche männlichen Studenten fallen durch ihre langen Rasta-Zöpfe auf, Flower-Power ist längst vorbei.
Wir finden schließlich doch etwas romantisches, die engen Straßen, die sich durch die alten Häuserreihen schlängeln. Coimbra, am Fuße eines Berges gelegen, hat zahlreiche steile Treppenaufstiege mit vielen kleinen, alten Häusern zu beiden Seiten, aus denen häufiger ein Geruch in die Gassen strömt, der reichlich Geschichte mit sich trägt.

Durch die Altstadt weht noch ein anderer Duft, der von Olivenöl und Knoblauch, wir lassen uns gerne davon leiten, in einem kleinen Lokal ist Siesta.
Wir sehen uns die Universität mit ihren verschiedenen Fakultäten an, jede in einem eigenen Gebäude. In der Universitätskapelle steht ein Prachtstück von Orgel, ebenso prachtvoll sind die Eingangsportale zu den verschiedenen Gebäuden.

Bevor es mit dem Zug zurückgeht, genießen wir einen kleinen Spaziergang durch den botanischen Garten Coimbras. Nach Monaten frischer Seeluft ist der Aufenthalt hier eine willkommene Abwechslung. Die Luft ist trocken, warm und voller Düfte der verschiedenen Pflanzen. Vögel stimmen ein Konzert in den Baumkronen an, reich an Melodien und Stimmen. Das Gekreische der Möwen dagegen ist ausgesprochen einfältig und selbstredend, laut.
Auf der Rückfahrt sehen wir viele Störche, die hoch oben in Strommasten ihre Nester gebaut haben. Die Masten haben spezielle Plattformen, in sicherer Entfernung zu den Kabeln, wo die Vögel nisten können.

Männliche Urinstinkte

Portugal ist stolz auf seine Vergangenheit, Schlösser, Burgen und Paläste zeugen davon. Was nirgendwo erwähnt wird, es gibt hier auch noch lebende Beweise aus der frühsten Menschheitsgeschichte, die männliche Nase!
Versetzen wir uns eine Zeit zurück, in der es keine Straßen und Häuser gab, Menschen in Höhlen wohnten, Männer auf Wildschweinjagd gingen. Ein erfolgreicher Jäger zeichnete sich dadurch aus, dass er ein Wildschwein nicht nur hören konnte, er musste es riechen, bevor das Schwein ihn roch. Die Technik des Riechens war einfach, wie das Schwein, einmal kräftig Luft durch die Nase ziehen. Dieses Grunzgeräusch vermittelte einem in der Nähe weilenden Schwein das Gefühl von Sicherheit, dort ist einer von uns.
Heute leben die Menschen in Städten, das Taschentuch wurde erfunden, Knigge machte Verhaltensregeln populär. An vielen portugiesischen Männern ist diese Entwicklung offenbar vorbei gegangen, ihr Urinstinkt des ungehemmten Grunzens und Spukens dominiert nach wie vor auf öffentlichen Straßen und Plätzen. Eine gute Gelegenheit zur Demonstration sehen einige

Herren auch in Straßencafes. Ideal ist ein wenig besuchtes Cafe, wo einzelne Männer an Außentischen sitzen. Man selbst hat gerade eine Tasse am Mund, trinkt genüsslich einen kleinen Schluck, plötzlich grunzt es lautstark zwei Tische weiter, eine winzige Pause, dann fliegt der Auswurf meterweit durch die Luft. Nein, das ist keine Ausnahme.

Nach 12 Tagen Warten können wir heute, am Freitag, weiterfahren. Über das Wochenende herrschen westliche Winde vor, meist schwachwindig.
Bis Aveiro, das ungefähr auf halber Strecke liegt, kommen wir schnell und komfortabel. Dann setzt Nordwind ein, leider nicht aus Nordwest wie gemeldet, wir segeln gegen Wellen und Strömung, die gut einen Knoten beträgt. Unser Schiffsdeck steht ständig unter Wasser, Wellen brechen sich am Boot und fluten das Schiff. Einmal wird sogar der Anker von einer Welle angehoben, so tief schiebt sich der Bug in eine Welle. Einige Kreuzschläge, schließlich erreichen wir Leixoes Marina gegen 2100 Uhr. Im Vergleich zum September 2002 ist Leixoes wie ausgestorben. Am ersten freien Liegeplatz legen wir an, kurzes Nachtmahl, ab in die Koje.

1000 Uhr ablegen, Kurs Viana do Castello, der Grenzort zwischen Portugal und Spanien. Die See ist glatt, ein leichter Südwind weht, kein Gegenstrom. Unter Maschine kommen wir zügig voran, so gut, dass wir beschließen, nach Bayona in Spanien weiter zu fahren, diese Gelegenheit bietet sich so schnell nicht mehr wieder. Im Laufe des Tages steigern wir uns, zuerst Motorsegeln, später Segeln. Am späten Nachmittag beginnt es leicht zu regnen, die Gastlandflagge wird gewechselt, willkommen in Spanien.
Erster großer Vorteil für uns, hier wird ein anderer Fischfang betrieben. Jetzt müssen wir nicht mehr ständig auf das Wasser vor dem Bug schauen, um irgendwelche Markierungen von

Fischern zu erkennen und gegebenenfalls auszuweichen. An diesen Markierungen sind nämlich Netze oder Kästen mit Leinen angebracht. Fährt man aus Versehen in einen solchen „Fischstock“, kann die Leine, vom Propeller angesaugt, sich um ihn wickeln und schließlich den Antrieb blockieren. Auf einem in der See schwankenden Schiff geht man dann nicht mal eben ins Wasser den Propeller klarieren. Abgesehen davon, die Wassertemperatur beträgt nur noch 15 Grad.
In der Marina legen wir gegen 2040 Uhr an, 63 Meilen mehr stehen auf unserem Segelkonto.
Endlich liegt die portugiesische Küste hinter uns, sie ist von Süd nach Nord seglerisch kein Traum, absolut nicht.

Spanien

Endlich Spanien – schnelle Reise – ein Glas auf La Coruna

„Un filtro completo“, schreit der Inhaber eines Geschäfts für technisches Zubehör ungehalten ins Telefon, ein spanischer Temperamentsausbruch. Am Sonntag führte uns ein Segeltörn von Bayona nach Santa Eugenia de Riveira, von dem ich nicht weiß, welche Attribute ihn am besten beschreiben: schnell, fantastisch, wie fliegen, unglaublich.
In Spanien ist die Segelwelt eine einfachere, hier möchten wir einen zweiten Dieselfilter kaufen. Der Händler ruft verschiedene Lieferanten an, sein jetziger Gesprächspartner scheint nicht gut zu hören. In Portugal scheiterte der Kaufversuch kläglich, nach vielen Wenn und Aber wollte man uns den Filter für den annähernd dreifachen Preis des üblichen verkaufen, mit Liefertermin morgen, vielleicht. Portugiesen verspüren einen starken Drang, auf vieles einen undefinierten Touristenaufschlag zu berechnen.
Der Ladenbesitzer hat sein Telefonat beendet, er tritt mit dem Blick eines Erfolgreichen aus seinem Büro und sagt, um sechs Uhr heute Nachmittag ist der Filter hier. Der Mann scheint vertrauenswürdig, hasta luego.
Riveira ist kein schmucker Ort, aber er liegt an einer sehr schönen Ria, die Berge, das blaue Wasser, ein wunderschönes Fleckchen Erde.
Gegen sechs Uhr sind wir wieder im Geschäft und tatsächlich, der Filter ist da, strahlende Gesichter auf beiden Seiten. In aller Ruhe stellt der Spanier die weiteren Teile zur Montage des Filters zusammen. Er macht das so akribisch, als würde er den Filter in sein eigenes Boot einbauen. Ich mag Leute, die, nachdem man ihnen den Sachverhalt erklärt hat, engagiert und kompetent an einer Sache arbeiten. Wir sprechen nur spanisch, unvollständige

Sätze, Worte, aber es reicht völlig aus, technische Menschen können sich mit wenigen Worten und einer Skizze verständlich machen, mich fasziniert das immer wieder.
Zurück an Bord begeben wir uns unverzüglich an den Einbau. Auch Beate ist heute besonders rege, bei der Platzierung des Filters im engen Motorraum ist sie so sorgfältig, als würde sie morgen alleine nach Schottland segeln. Nach drei Stunden sägen, bohren und verschrauben ist der neue Filter parallel zum vorhandenen montiert. Ein Probelauf der Maschine, alles funktioniert zu unserer vollsten Zufriedenheit. Unsere Dieselmotor-Welt ist nun hoffentlich einfacher geworden, ist ein Filter verschmutzt, kann bei laufendem Motor auf den anderen umgeschaltet, der verstopfte im nächsten Hafen ausgewechselt werden. Ich hoffe, das Thema niemals mehr erwähnen zu müssen!

Wir verlassen Ribeira mit Kurs Portosin, eine Ria weiter nördlich. Die See ist ruhig, eine kleine Abkürzung mitten durch die Felsen scheint verlockend, verkürzt sie unseren Törn um 7 Meilen. Die erste Engstelle ist nur wenige Meter breit, das Wasser 8m tief. Die Kunst ist, die Durchfahrt genau zu treffen. Mit Hilfe unserer elektronischen Seekarten ist das kein Problem, anhand von Landmarken wird kontrolliert, ob auch alles seine Richtigkeit hat. Geschafft, die erste Hürde ist genommen. Die zweite Durchfahrt ist breiter, einige Wellen brechen sich rechts und links davon, aufpassen und wir sind auch hier durch. Es ist beinahe windstill, gemütlich tuckert ATHENE die Küste hoch, im leichten Lüftchen der Ria Muros folgen einige Kreuzschläge, dann schläft der Wind endgültig ein. Die Gelegenheit nutzend, hüpfe ich mit Taucherbrille ins Wasser, besser gesagt, arbeite mich langsam dorthin vor, das Wasser ist 15 Grad kalt. Der Propeller ist einwandfrei in Ordnung, so auch das Unterwasserschiff, vereinzelt ist leichter Bewuchs zu sehen. Im Schiff beträgt die Temperatur 28 Grad, es ist seit den Kanaren das erstemal, dass es wohltemperiert ist.

Tags drauf geht es weiter, heute ist die Umrundung von Kap Finisterre Tagesziel. Die Vorhersagen lauten auf leichten Wind und sehr geringen Seegang, Wellen zwischen 1 und 1,5 m. Vier Stunden später liegt das Kap gut sichtbar steuerbord querab, damals, im September, war alles in Nebel getaucht. Auf fast gleichem Breitengrad zu Kap Finisterre liegt Boston, dazwischen ist nur Wasser, viel Wasser. Weitere 3 1/2 Stunden später sind wir in der Ria Camarinas, es ist drückend heiß.

Heute stehen wir vor der Wahl, die erste Teilstrecke bequem unter Motor fahren und die zweite möglicherweise zu segeln, oder einen Tag warten, um mit Nordwest 6 Richtung La Coruna zu knüppeln. Die Entscheidung fällt für die einfachere Variante. Viel Dunst liegt auf dem Wasser, eventuell ein Vorbote für die kommende Wetterverschlechterung. Im August waren viele Fischer in diesem Bereich anzutreffen, jetzt ist kaum jemand hier, Folgen der Tankerkatastrophe im vergangenen Jahr. Gegen Nachmittag ist der Wind zum Segeln stark genug, um 17 Uhr machen wir in der neuen Marina La Coruna fest, die Liegeplatzgebühr ist fürstlich.
Mit La Coruna schließt sich wieder ein Kreis, die iberische Atlantikküste liegt achteraus. Schon lange ist eine Flasche spanischer Sekt in der Kühlbox deponiert, auf diesen Moment freuen wir uns seit Wochen. Die Gläser klingen, gut gemacht, Prost.

Erstes Ziel in der Stadt ist ein Internet-Computer, uns interessiert die Wetterentwicklung für die nächste Woche zur weiteren Planung der Reise.

Nach der ersten Biscaya Überquerung im August vergangenen Jahres, damit verbunden waren auch unsere ersten Nachtfahrten, erreichten wir La Coruna mit dem Gefühl, die Segelwelt hat schon viel zulange auf dieses Ereignis gewartet. Kein Gedanke an Computer und Internet, wir genossen jede Sekunde in dieser

Stadt. Jetzt nutzen wir unsere Ortskenntnis zum zielstrebigen Gang ins *Ciber*, wie es im spanischen heißt, erstaunlich, wie sich die Prioritäten mit zunehmender Erfahrung ändern.

Nach Durchsicht aller Karten können wir kaum glauben, was dort zu sehen ist, die Wetterlage deutet absolut nicht mehr auf einc stürmische Woche hin, ganz im Gegenteil, es wird eine ruhige hochsommerliche Woche über ganz Nord- und Mitteleuropa werden. Für die Biskaya sind stetige Winde um 4 Bft aus östlicher Richtung vorhergesagt, bei sehr wenig Seegang. Die dicke Überraschung ist, das Wetter lässt einen Törn nach Schottland zu, La Coruna – Mull of Kintyre, 750 Seemeilen. Wir glaubten schon, unser Wunschziel Schottland sei nicht mehr zu verwirklichen, da zuviel Zeit in Portugal verloren ging.

Am Sonntag sehen wir das Schiff durch, alles in Ordnung. Abschließend eine Prüfung der Bilgepumpe, das Ding zischt, was auf Undichtigkeit hinweist. Im Laufe des Tages bauen wir die Pumpe zweimal ein und aus, einmal falsch herum ein, wechseln Teile aus, bis schließlich eine neue Pumpe aus unserem Ersatzteillager eingebaut ist. Zeitaufwand, gut sechs Stunden. Vom Boot aus sehen wir Menschen, die im Hafenbereich in der Sonne sitzen, den Tag genießen. Manchmal schaue ich hinüber und denke mir, die machen sich bestimmt lustig über uns: „Hey, sieh mal diese zwei Typen auf dem deutschen Schiff, ich weiß nicht, was sie machen, aber sie stellen sich ziemlich dumm an."
Die Pumpe funktioniert wieder, so gut wie schon lange nicht mehr, die Stimmung steigt, so schlecht war der Tag doch nicht. Zum Abschluss unseres Spanienaufenthaltes gönnen wir uns ein leckeres Essen in einem Restaurant der Altstadt.

Spanien – Irland

Super Start – Action mit Großsegel - Jazz- oder Bastelkeller – irische See – im Mast

1. Seetag

Die Ergänzung unserer Vorräte mit frischen Lebensmitteln verbinden wir mit einer nochmaligen Durchsicht der Wettervorhersagen. Uns erwartet unverändert über vier Tage Ostwind der Stärke 4-5, der zum Wochenende langsam abklingt. Der Seegang ist bis zu 2 m angegeben, für einen Ozean ausgesprochen ruhig. Es sind keine Niederschläge gemeldet, ein sehr sonniger Törn dürfte uns bevorstehen.

Schiff und Mannschaft sind klar zum Auslaufen, Motor an, Leinen los, der Hafenmeister winkt uns zu. Kurze Zeit nach Verlassen des Hafens bläst uns ein kräftiger Nordwind ins Gesicht, im Osten sind Berge, der erste Kurs lautet demnach Nordwest. Nach passieren eines Kaps bei El Ferrol dreht der Wind auf Nordost, am frühen Abend dann auf Ost, nun liegt der richtige Kurs an, Nord. Sonne begleitet uns, am späten Abend versinkt sie stimmungsvoll am Horizont, der Himmel leuchtet rot, unterbrochen von grauen Schattierungen.

Die ersten 24 Stunden verlaufen routinemäßig, an die Schiffsbewegungen gewöhnen, die übliche Anspannung abbauen. Die Sonne scheint, im Schutz des Cockpits ist es wohltuend warm, so macht segeln Spaß. Das Etmal beträgt 152 sm, mit diesem Eintrag stehen jetzt mehr als 4000 Meilen im Logbuch. Seit Kurs Nord anliegt, war keine Änderung in der Segelführung nötig, der Autopilot zieht ruhig und stetig unsere Bahn durch die Biscaya, Seglerträume.

2.Seetag

Der zweite Tag beginnt leider negativ. Der Wind hat nachgelassen, ich möchte das Reff im Großsegel ausschütteln und siehe da, das Segel lässt sich nicht mehr bewegen, weder rauf noch runter. Wir versuchen einige Tricks, erfolglos, das Tuch sitzt ganz oben am Kopfbeschlag fest.

Ein blockiertes Segel ist eine nette Grundlage für Action an Bord. Frischt der Wind auf, ist das Schiff mit zu großer Segelfläche kaum zu steuern, das Manövrieren im Hafen ist schwierig und riskant. Und nicht zuletzt, irgendwann muss das Tuch herunter, aber wie? Mit dem Messer zerschneiden, einen Mastschlitten absägen? Das Segel verfügt über durchgehende Latten die es in Form halten, sie schränken weitere Möglichkeiten, wie um den Baum oder Mast wickeln, ein. Wie die Antwort auch ausfällt, ein Aufstieg in den Mast ist unvermeidlich. Auf einem schwankendem Schiff ist es gefährlich, bei höherem Seegang unmöglich.

Mit Aktivitäten auf See am Morgen gab es bereits schlechte Erfahrungen, so bleibt das Segel wie es ist, erst mal hinlegen und ausschlafen.

Gegen Mittag, nun im vollen Besitz der geistigen und körperlichen Kräfte, nehmen wir uns das Segel noch einmal vor. Durchs Fernglas ist ein schrägsitzender Schlitten zu sehen, er scheint gebrochen zu sein. Mit einer Leine gesichert, steige ich vorsichtig in den Mast. Ich bin es gewöhnt hinaufzuklettern, nur geschah das bisher immer im Hafen und nur auf der Segelseite, weil vorne am Mast die Radarantenne montiert ist, die den Weg versperrt.

Genau bis zum Radar steige ich im Mast auf, das Schiff liegt eigentlich ruhig, in dieser Höhe schwankt und schaukelt es erbärmlich, wir versuchen es morgen noch einmal, vielleicht ist das Wasser ruhiger. Und wir hoffen auf die Richtigkeit der Wetterberichte, kein Wind über 25 Knoten.

Unsere kleine Winschkurbel möchte nicht mehr an Bord bleiben, es macht klick, plom und weg ist sie. Sie gibt uns noch nicht

einmal die Möglichkeit, tschüß zu sagen, so schnell verschwindet sie in den Fluten. Ein schlechtes Zeichen, waren es nicht die Winschkurbeln, die rechtzeitig das sinkende Schiff verließen?
Abends sorgt die Vorsegelanlage für eine weitere Überraschung, das Segel lässt sich ebenfalls nicht mehr wegnehmen. Die Ursache ist schnell gefunden, in der Refftrommel gab es einige Überläufer, die Leine hat sich verwickelt. So etwas passiert, wenn das Segel beim Einrollen „flattert", heute Morgen bei unseren Versuchen mit dem Großsegel ist das geschehen. An eine Konsequenz dachten wir nicht, zu sehr war die Aufmerksamkeit auf das andere Segel gerichtet. Jetzt sitze ich vorne am Bug, pitsch nass durch das spritzende Bugwasser und entwirre die Leine auf der Trommel. Praktisch, meine Ungehaltenheit über dieses Missgeschick findet sogleich eine Abkühlung, wassergekühlter Skipper.
Sehr zufrieden ist das heutige Etmal, 154 Meilen.

In der Nacht zog Nebel auf, der neue Tag beginnt trübe, feucht und kalt. Das Radar lief fast die ganze Nacht, einige Fischereifahrzeuge kreuzten unseren Kurs. Auf See gelten die sogenannten Kollisionsverhütungsregeln. Keine Angst, das Thema gleitet nicht in eine andere Ecke ab. Diese Vorschriften sagen unter anderem, ein Segelfahrzeug muss einem fischendem ausweichen. Wir tun das grundsätzlich erst in letzter Minute. Unsere Erfahrung ist, wenn der Fischer sieht, jemand hält konstant seinen Kurs, berücksichtigt er das bei seinen Manövern und hält Distanz. Die Situation ist küstennah anders, da sind wir auf der Hut, sprungbereit, den Kurs im letzten Augenblick zu ändern. Ein nettes Spiel, wer hat die besseren Nerven.

3. Seetag

Kurz nach Sonnenaufgang passieren wir die Scilly Inseln und einige wichtige Schifffahrtslinien, auf denen zur Zeit absolut keine Bewegung wahrzunehmen ist. Die Biscaya liegt achteraus, 412 Seemeilen in 69 Stunden. Die Sonne wärmt bald die Luft, im Cockpit herrscht Südstimmung. Das Wasser hat inzwischen eine türkise Farbe, das tiefe Atlantikblau ist nun Geschichte. Die Luft riecht würzig. Jedes Seegebiet hat seine Besonderheiten in Farbe und Geruch, ich bin davon überzeugt, es gibt „Salzbuckel“, die riechen können, wo sie ungefähr sind.

Im Vergleich zur Bewältigung der Strecke unter Motor, ermöglichte das Segeln eine Kraftstoffersparnis von ca. 175 Liter Dieselkraftstoff. Nachdem ich diese Zahl berechnet habe, muss ich unwillkürlich an meine frühste Kindheit denken. Meine Eltern sagten, du musst immer was gutes tun, damit du später in den Himmel kommst. Ich sehe es richtig vor mir, wie ich in der Schlange der Neuankömmlinge stehe. An Tischen sitzen Leute, die beurteilt und eingeteilt werden. Wortfetzen sind zu hören, es wird um die Bewertung des Lebens gefeilscht wie auf einem Jahrmarkt. Nun werde ich abgeholt, der Gesandte eröffnet mir, die vorgesehene Abteilung ist Jazz- oder Bastelkeller. Bei der Betrachtung meiner Umweltbilanz werde ich die 175 Liter Diesel in die Waagschale werfen, ebenso die kleinen Fische, die uns an die Angel gingen und denen wir wieder die Freiheit schenkten. Na also, Jazzkeller.

4. Seetag

Die irische See ist ruhig, heute der zweite Versuch. Wir setzen das innere Vorstag und die Achterstagen zur zusätzlichen Absicherung des Mastes, gestern machte der Mast beachtliche Schwingungen, die nicht zu meiner Sicherheit beitrugen. Diesmal

funktioniert es besser, ich bin zur Mastspitze aufgestiegen. Ziel meiner Mission ist, einen Bolzen, der den Kopfbeschlag des Segels mit dem Mastrutscher verbindet, herauszuschlagen. Gelingt das, fällt das Segel herunter. Zunächst ein Blick auf den Rutscher, er ist im oberen Bereich zerbrochen und blockiert. Warum, kann ich nicht erkennen, ich habe sowieso größte Mühe, mich hier oben festzuhalten. Den Bolzen kann ich lösen, aber ihn herauszuziehen ist sehr schwierig, der Zug des durchgesetzten Segels lastet darauf. Nach einigen Minuten, die mir wir eine Ewigkeit vorkommen, ist der Bolzen raus, das Segel rutscht ab.
Das Schiff senkt und hebt den Bug nur leicht, durch den langen Mast als Hebelarm verstärkt sich die Wirkung beachtlich. Mir ist, als würde es mich jeden Moment wegreißen, Angstgefühle überkommen mich. Sachte steige ich hinunter, Beate fiert die Sicherungsleine. An Deck bleibe ich für einen Moment stehen, bin völlig durchnässt, spüre meine Oberarme, die den Mast abwechselnd umklammerten. Erleichterung, es ist vollbracht.
Zu Mittag gibt es gefriergetrocknete Trekkingkost, Huhn in Curryrahmsauce. Auf See lässt sich dieses Essen leicht zubereiten, heißes Wasser darauf, 15 Minuten ziehen lassen, fertig. Normalerweise schmeckt das Essen, aber diese Variante ist schrecklich. Kein Huhn, dafür Ananas und Rosinen in Reis. Als das Huhn sah, wo zu es seinen Kopf hinhalten sollte, ist es klugerweise weg geflogen. Ausnahmsweise fliegt bei uns auch etwas, nämlich ein Essen über Bord. Die folgenden Spiegeleier auf Brot werden zelebriert, wie köstlich.
Für den Rest des Tages liegen wir im Cockpit in der Sonne. Die irische See ist fast glatt, der Wind schwach, die wundervolle Erfindung Rudolf Diesels läuft wieder und gefährdet meine spätere Einteilung, aber das ist eine andere Geschichte.
2310 Uhr, die Sonne ist vor einer Stunde untergegangen, es ist immer noch hell. Meine Wache ist bis 0100 Uhr, ich nutze die Zeit und schreibe, neben mir der Radarbildschirm, viele Signal-

punkte kommen auf uns zu, es wird Arbeit geben, eventuell doch ausweichen?

5. Seetag

In der Nacht sind ungewöhnlich viele Fischereifahrzeuge aufgetaucht. Irland muss sehr fischreich sein, auch die große Zahl der Delfine weist darauf hin. Hier gibt es „Springdelfine“, diese Art springt häufig aus dem Wasser heraus, fliegt ein Stück durch die Luft und taucht in einen flachen Winkel wieder ins Wasser ein. Selbst nachts, bei schwachem Licht, sind sie neben dem Boot zu sehen.
Unsere umschaltbaren Filter bewähren sich, der Motor stottert, Hebel umlegen, fertig.

Der Morgen beginnt mit einem tiefroten Sonnenaufgang, Dunst liegt auf dem Wasser. Heute inszeniert die Natur im ersten Akt eine Götterdämmerung, im zweiten einen Sommertag wie auf den Kanaren, so warm ist es. Der Mollstimmung verbunden, bleibt es im dritten Akt diesig, Schiffe jenseits von 4 Meilen Entfernung laufen als Geisterschiffe schemenhaft an uns vorbei. Die Wasseroberfläche ist vollkommen glatt, Licht spiegelt sich darauf, Vögel, die auf dem Wasser sitzen, sind auf eine halbe Meile zu sehen.
Den starken Strom von annähernd 3 Knoten nutzend rauscht ATHENE Richtung Norden.
Die Stromstärke ist neben dem beschädigtem Großsegel ein Grund, die Fahrt nach Schottland an der irischen Küste zu unterbrechen. Die Strömungsrichtung kehrt sich, grob gesagt, alle sechs Stunden um, es können schwierige Stromkabellungen entstehen. Unser DSV-Revierführer erweist sich als wertvolle Hilfe, er zeigt Möglichkeiten auf, wie die Strecke nach Schottland mit optimaler Nutzung der Gezeitenströme schnell und einfach zu bewerkstelligen ist.

Wir entscheiden uns, in Arklow, südlich von Dublin, anzulegen. Gegen 1300 Uhr treten erste Umrisse der Küste aus dem Dunst hervor, erste Landsicht seit 96 Stunden. Hurra, unsere Navigation stimmt, jetzt noch in den Ort gehen und Brötchen kaufen. Auf der Tüte können wir dann nachlesen, wie der Ort heißt.
Unsere letzte Küstenansicht waren die Berge um La Coruna, jetzt ist es Irland. Dieses Erlebnis, es ist eins, auch in unser technischen, aufgeklärten Welt, hat was magisches, schön, dass wir solche Dinge erleben dürfen.
In der letzten Stunde kehrt sich der Strom um, wir sehen sofort, die Entscheidung nicht sechs Stunden gegen den Strom zu fahren, ist richtig. Und nicht zuletzt, unser Dampfer ist ein Segelschiff, kein Schnellboot.

19

20

21

2

23

24

25

26

19 Idylle in Schottland
20 Nord Irland-Ardglass bei Niedrigwasser
21 Schottland - Mull of Kintyre - Campbeltown
22 Frauenpower am Crinan Canal
23 Edinburgh-Burg
24 Loch Ness
25 Auch ein Traum - Schotland mit dem Motorrad
26 Glückliche Heimkehr in Holland

Irland

Irische Gastlichkeit – Spurt in Dublin - Feuerschiff – Folkmusic im Festzelt

Arklow

In der Hafeneinfahrt winken uns Kinder zu, unser längster Törn von 580 Meilen ging nach 98 Stunden glücklich zu Ende. Die Marina ist nur schwach belegt, der Hafenmeister, sein Name ist Lorcan O'Toole, weist uns einen Platz neben einem irischem Schiff, PAPILLON, zu.
Einerseits sind wir müde, andererseits fühlen wir uns frisch für weitere Taten, wie immer nach einer langen Strecke, werden wir auch in dieser Nacht nicht wesentlich vor Mitternacht in der Koje liegen.
Im Mast stehend, sehe ich, ein Teil des Schlittens ist abgebrochen, eine Schraube hat sich verbogen und in den Alu-Mast gedrückt. Bei der Demontage fällt mir trotz aller Umsicht ein Teil ins Wasser. Im Mast kann nur der Type Mensch mit drei Händen vernünftig arbeiten, aber der sollte klugerweise Klavier spielen. Der Mast ist an einer Stelle beschädigt, nach glatt feilen lassen sich die Mastwagen nach unten schieben. In Irland ist leider keine Firmenvertretung für Frederiksen Systeme, Lorcan ruft für uns fast eine Stunde lang Händler an, erfolglos. Das Teil ist nur über Deutschland per Paketdienst zu beschaffen. Lorcan ist äußerst hilfsbereit, er gibt uns seine private Telefonnummer, sollten wir jemanden mit Kenntnis der Details im irischen Versandhandel benötigen.

PAPILLON ist nicht unbewohnt, ein freundlicher älterer Herr steht an Deck und sieht erstaunt zu seinen geschäftigen deutschen Nachbarn herüber. Er hat eine hagere Statur, sein Gesicht erinnert uns an den Präsidenten der amerikanischen Notenbank, Alan Greenspan. Die Yacht ist neu, auf seine vorangeschrittenen Tage – später erfahren wir, er ist 75 – möchte er es noch einmal wissen. Ihn interessiert unsere Geschichte der Biscaya Überquerung, fragt immer wieder nach, möchte Details wissen, wundert sich über unsere Zweipersonencrew und äußert Anerkennung. Die Strecke ist sein Traum, wir sind sie gesegelt.

Am nächsten Morgen beladen sechs Taucher ihr Boot mit viel Tauchgerät, sie scheinen sich gut zu verstehen, machen Witze. Die Gelegenheit nutzend, erkläre ich den Tauchern unser Missgeschick. Bald sind zwei im Wasser und suchen nach dem Teil. „Keine Chance“, sagt mir einer nach dem Tauchgang, „dort unten ist mindestens 20 cm Schlick, hier findest du nie mehr was, tut mir leid.“ Die Crew wird heute ein Wrack dokumentieren, das 1958 sank.

Wir sehen uns Arklow an, das so aussieht, wie man sich eine typische Kleinstadt in Irland vorstellt: Viele bunte Pubs mit Hinweisschildern im Fenster, wann das nächste „tonight singing“ ist, zwei große Kirchen, Autos, die durch enge Straßen fahren, nur Geisterfahrer. Es gibt einige Bäckereien, eine größere Buchhandlung, viele Frisöre. Ungewöhnlich ist der Fleischerladen, auf dem Boden liegt Sägemehl verstreut, mit Blutspuren. Diese Spuren sind auch vor der Theke zu sehen, Achtung, wer ist hier Opfer? In der Buchhandlung erstehen wir zwei neue Werke meines Lieblingsautors, Bill Bryson.

Zurück an Bord sagt unser Nachbar mit einem Lächeln: „Ich möchte euch gerne zu einer kleinen Party am Nachmittag einladen. Wenn ihr Zeit habt, kommt. Die Getränke sind frei.“
„Freie Getränke? Klar, wir werden kommen“.

Am späten Nachmittag finden sich die ersten Gäste ein, unser Gastgeber bittet uns an Bord. Der Grund für die Feier ist das neue Boot, heute ist Einweihungsparty. Uns überrascht die Gastfreundlichkeit, wir sind Fremde und werden dennoch eingeladen.
Wir stellen uns vor, die irischen Namen klingen für uns manchmal fremd und gelegentlich auch lustig. Den Gastgeber nennen alle PJ, er wird wohl Peter mit Vornamen heißen, eine Frau heißt Bernie, ein anderer Gast stellt sich als Breffni Kelly vor. Jetzt kennen wir jemanden aus der großen Kelly Familie.

Die Leute sprechen mit uns, als würden wir uns seit langer Zeit kennen. Auch sie möchten hören, wie es in der Biscaya war und warum wir ausgerechnet in diesen Ort kamen. Nonstop ist noch keiner von Spanien bis hierher gesegelt.

PJ schwärmt uns von Schottland vor. Er war Professor für Chemie und Biologie, lehrte 15 Jahre an der Universität Glasgow, Schottland ist seine Herzensheimat. Viktor und Susan, beide frühe Ruheständler, hatten in ihrem Berufsleben viel Glück, der Immobilienmarkt in Irland hat sie sehr reich gemacht. Die Beiden sind nur am lächeln, sehen ausgesprochen zufrieden aus, sind überglücklich, rechtzeitig den Absprung aus dem Geschäft geschafft zu haben.
Hinter uns liegt eine neue 48 Fuß Yacht. Viktor deutet auf das Schiff und sagt: „Die gehört meinen Bruder. Er dachte, er braucht ein Schiff, ging zur Bootsshow und kaufte es direkt auf dem Messestand. Das war vor vier Jahren, er hat das Schiff vielleicht dreimal im Jahr genutzt. Er denkt, er hat noch nicht genug Geschäfte, im Januar hat er mit einem Mobiltelefon Service begonnen, verrückt.“ Kleine Pause, dann fügt er hinzu: „Mein Bruder hat drei Söhne, keiner will seine Geschäfte übernehmen. Vor einigen Tagen kam er zu mir und sagte, du Viktor, der Arzt hat mir gesagt, ich bin nicht mehr in bester Gesundheit. Am Ohr hat sich ein Geschwulst gebildet, verursacht von der ständigen

Nutzung seines Mobiltelefons. Die Möglichkeit, krank und alt zu werden, hat er nie in Betracht gezogen."
Der Beitrag von Viktor und Susan zur Party ist ein Berg von verlockenden Köstlichkeiten. Von zwei Seiten werden wir verwöhnt, ist der Teller leer, drängen sie uns auf nette Art, weiteres zu probieren: „It's delicous."
Alle an Bord sind in irgendeiner Form mit Wassersport verbunden, unsere Eindrücke und Erfahrungen der zehnmonatigen Reise interessieren sie sehr. Breffni erkundigt sich nach unseren weiteren Plänen, insbesondere, was wir mit dem Schiff vorhaben. Unsere Überlegung geht dorthin, es ist am sinnvollsten das Boot zu verkaufen, die Strecke von je 400 km zwischen Holland, dem Heimathafen, und unserem Wohnort ist weit für ein Wochenende. Diese, eher unbedachte Aussage, alarmiert Breffni sogleich. Er ist im Vorruhestand, hat auch mit Immobilien Geld verdient und sucht ein Schiff. Die Linien unseres Bootes haben es ihm angetan. Eine Stunde später finden sich alle Partygäste auf unserem Schiff ein, anerkennende Worte für die holländischen Schiffsbauer und den Zustand des Schiffes. Breffni und seine Frau Sandra sind begeistert. Als hätten uns die Iren mit ihrer Herzlichkeit noch nicht genug verblüfft, sprechen die Beiden eine Einladung zum Essen für Sonntag aus. Anschließend möchten sie uns ihre Grafschaft zeigen, es sei die zweitschönste in Irland.

Unser Chemieprofessor erzählt eine sehr bedenkliche Geschichte. Irland, damit verbunden ist die Vorstellung von einer grünen Insel, sauberem Wasser, sauberer Luft. „Das Leitungswasser hier", klärt er uns auf, „dürft ihr nicht trinken, es muss abgekocht werden! Dieser Ort hat keine Kläranlage, alles geht in den Fluss und beeinträchtigt auch die Trinkwasserversorgung. Nach Arbeiten mit Leinen immer die Hände waschen. Habt ihr die dunkle Trennlinie vor dem Hafen gesehen, eine Linie zwischen dem dunklen Wasser vom Fluss (Arklow liegt in einer Flussmündung) und hellem Seewasser? Wir nennen es die „shit line.“ Unwillkürlich muss ich an die Taucher denken: „Heute Morgen bat ich Taucher nach einem Teil zu suchen, dass mir ins Wasser fiel. Die sind einfach rein gesprungen.“ PJ grinst: „Das war sehr clever von dir, lass andere hier ins Wasser gehen.“

„Heute erlebt ihr einen richtig typischen Sommertag in Irland“, witzelt Breffni auf der Fahrt zu seinem Haus, es ist seit Stunden am regnen. Breffni fährt für meine Begriffe den Wagen von der Beifahrerseite aus, während ich auf der Fahrerseite sitze. Da hier alles irgendwie anders ist, fährt er konsequenterweise auch auf der falschen Seite und alle machen mit.
Leider ist durch Regen und Dunst nicht viel zu sehen. Ich höre schon, wie uns die Iren vorschwärmen werden, wie schön es hier ist, wären wir nur früher gekommen.
Die Fahrt führt durch viele kleine Orte, genau wie man sich Irland vorstellt. In Wexford biegen wir ab, die Gegend wird noch ländlicher.
„Schade, dass ihr nicht mehr Zeit habt“, sagt Breffni, „es ist so toll hier, die Berge, die Täler, alles ist grün. Am schönsten finde ich die Gegend am Abend, kurz vor Sonnenuntergang, es ist dann alles in verschiedene Farben getaucht, von rot bis grün.“
Er biegt in eine kleine Einfahrt ab und wir sind da. Das Haus liegt am Rande eines Waldes, umgeben von Feldern und einem Fluss, der nahe am Haus vorbeifließt. Der Wind rauscht in den Bäumen, Vögel zwitschern, in der Ferne hört man das Flusswasser gleichmäßig rauschen, eine Idylle.
Zuerst begrüßt uns Sam, ein Hund in Pflege. Sandra heißt uns willkommen und stellt uns ihre Kollegin Mary vor. Kurze Zeit später gesellt sich mit Toni eine zweite Kollegin hinzu, sie ist Australierin und arbeitet als Apothekerin in Arklow.
Uns gefällt das Haus, ein geräumiges Wohnzimmer mit einem Kamin, der fast Stehhöhe hat, große Fenster zu Wald und Wiesen. Die Küche ist gleichzeitig auch Esszimmer, da wo es Essen gibt, finden wir es sowieso immer gemütlich.

Im Wohnzimmer sitzend, beginnen die drei Damen eine Diskussion. „Es ist eine Betriebsversammlung“, murmelt Breffni spöttisch, „die haben ein Problem, es wurde Geld gestohlen.“ Sandra erzählt uns, jemand kam in die Apotheke, ging bis zum Ende hindurch, dort eine Treppe hinauf zur nächsten Etage, weiter zu einem Schrank, öffnete eine Schublade und nahm 8.000 Euro heraus. Schließlich greift die Person in eine Kiste und entwendet Parfüm im Wert von 800 Euro und verschwindet mit der Beute. Es gibt ein Videoband, auf dem eine Frau zu sehen ist, aber nur undeutlich, sie trägt ein Kopftuch. Ein wenig Sarkasmus kann ich mir auch nicht verkneifen: „Jeder weiß, man geht in einer Apotheke in den ersten Stock, öffnet einen Schrank, zieht eine spezielle Schublade, nimmt das Geld und geht davon.“ Breffni nickt mir zu: „Klar, inside job.“

Für uns ist der Nachmittag sehr kurzweilig, es werden Geschichten aus der Nachbarschaft erzählt, von einer Frau, die genauso kläfft wie ihre Hunde, von langen Winterabenden, von der Isoliertheit der Insel. Immer wieder machen sie uns ihren Missmut gegenüber Engländern deutlich, die Abneigung scheint tief in der irischen Seele zu sitzen. Zu Schotten ist das Verhältnis besser, sie kämpften ebenfalls gegen die Vorherrschaft von Engländern.

Abends klart es auf, Breffni fährt uns durch die Grafschaft Wicklow. Gelegentlich hält er an und erklärt uns eine Besonderheit der Gegend. Einmal mehr beklagt er sich über die Engländer, sie haben nach einem gewonnen Krieg die Wälder abgeholzt, Holz für Schiffsbau. Breffni zeigt uns ein Haus, welches versteckt im Wald liegt. Das Gebäude ist in traditioneller Bauweise erstellt worden, die Wände im unteren Teil aus gebrochenen Steinen, darüber Holz. Es ist sein Traum, so ein Haus zu erwerben. Das Anwesen ist auch in einem anderen Sinn eine Besonderheit. Eigentümer ist eine der zahlreichen Glaubens-

gemeinschaften, von denen eigentlich so keiner richtig weiß, was die hier machen. Schulung, Meditation, Treffen, wer weiß?
In Rathdrum fahren wir an einem Denkmal vorbei, dass vertikal stehende Streitäxte darstellt. 1798 gab es mal wieder eine Schlacht gegen die Engländer. Hintergrund, diesmal wurde eine Schlacht gewonnen. Nachdem Breffni das erzählt hat, kann er irgendwie meine Gedanken lesen. „Ich lebe nicht so tief in der Vergangenheit wie du vielleicht denkst. In der Schule wurde uns viel über die Geschichte Irlands gelehrt. Auch meine Eltern sprachen oft von ihren Eltern, die die Schlachten zum Teil noch miterlebt haben. Diese ablehnende Einstellung gegenüber England ist tief in unserer Seele. Andererseits sind wir in Europa, Irland hat heute eine sehr sichere Position. Viele große ausländische Firmen produzieren hier, wir sind international geworden."
Die Deutschen, so erzählen uns verschiedene Leute, sind in Irland gern gesehene Gäste und auch als Nation sehr geschätzt. In einem Krieg halfen deutsche Soldaten den Iren gegen die Engländer und gewannen! Später brachten sie viel Technologie auf die Insel. Breffni schwört auf deutsche Autos, er fährt BMW und Mercedes.
Einer Konversation mit sechs Leuten zu folgen, zu wechselnden Themen, ist mitunter anstrengend, vor allem, nachdem man erst zwei Tage Zeit hatte, sich an den irischen Akzent zu gewöhnen. Übertrieben dargestellt, ist es für unser armes Hirn wie ein Telefonat nach Australien, es dauert einen kleinen Moment bis die Information am anderen Ende ankommt. Zwischen Ohr und Denkhirn sitzt das Dolmetscher-Hirn, das immer wieder im Wörterbuch nachschlagen und neue Aussprachemuster speichern muss. Zurück im Schiff fallen wir in die Kojen.

Eigentlich hatte ich erwartet, von Schlachten zu träumen, aber dem war nicht so. Ein Telefonat nach Deutschland jagt mich regelrecht aus der Koje, Ersatzteilbeschaffung. Das Teil ist beim deutschen Händler vorrätig, sie können es uns direkt zuschicken. Die Frachtkosten für Lieferung am nächsten Tag sind erschreckend, fast 100 Euro. Mit normaler Post dauert es bis zu einer Woche, rechnen wir die Liegeplatzkosten für die Zeit, ist es noch teurer. Vielleicht sollte ich es einmal erwähnen, im Durchschnitt hatten wir bisher 220 € Reparatur- und 425 € Liegeplatzkosten pro Monat, zusammengerechnet 150 € mehr als wir schätzten.

Ein Setter im Spurt, darunter steht Bus Eireann, das Logo der Busgesellschaft, mit der wir nach Dublin fahren. Dublin empfängt uns mit Sonnenschein. In der Stadt lebt man ein schnelles Leben, viele Menschen sind in Eile. Heute wird die Schnelligkeit prämiert, es findet ein Lauf zu einem Minimarathon über 10 Km statt. Toni sprach gestern davon, auch sie möchte teilnehmen.
Eine Großstadt hat einen Nachteil, die Wege sind oft sehr weit. Wir laufen stundenlang herum, um die wichtigsten Plätze und Gebäude zu sehen, das Rathaus, den Gerichtshof und diverse Kirchen. Im Bankenviertel fällt mir auf, außen am Gebäude stehen die Schriftzüge und Logos zum Teil bekannter Geldhäuser, in den Fenstern hängt ein Schild mit der Aufschrift Büros zu vermieten, Ende einer Glanzzeit?

Zurück am Boot erzählt Beate PJ von unserem Besuch in Dublin. PJ: „Ich bin in Dublin geboren. Komme ich heute dorthin, bin ich froh, wenn ich wieder raus bin." Nach dieser Bemerkung wird mir bewusst, in Dublin sahen wir sehr viele junge Menschen, den älteren wird es zu hektisch sein, vielleicht auch zu teuer.

Uns gefällt Dublin, die Stadt ist hell, die Gebäude im Zentrumsbereich, insbesondere historische Bauwerke, sind gut erhalten.

Howth

Vor uns hält ein schnittiger dunkelblauer Sportwagen japanischer Bauart, die Seitenscheibe senkt sich: „Can I give you a lift to Howth Marina?“, fragt uns der Fahrer, ein Herr Mitte Fünfzig. Er war ebenfalls Kunde in einem Geschäft für Schiffszubehör, wo wir eine neue Winschkurbel erstehen konnten. An der Bushaltestelle sieht er uns: „Dachte mir, ihr seid Gäste der Marina, ich nehme euch mit.“ Für ihn ist es eine Selbstverständlichkeit.
Vor zwei Tagen kam Breffni zum Boot, er bot an, uns zum Supermarkt zu fahren, einfach so. Zum Dank schenkten wir ihm Blumen für Sandra. Am gleichen Abend waren wir in der örtlichen Bibliothek, sahen am Computer die Wettervorhersagen durch. Vertieft in die Wetterkarten erschraken wir fast, als uns plötzlich jemand ansprach. Sandra und Breffni suchten uns auf, sie wollten uns zum Abschied in einen Pub einladen.
In den vergangenen Monaten bereisten wir sieben Länder und lernten viele Menschen kennen. Die Freundlichkeit und Hilfsbereitschaft als Maßstab genommen, reichte die Bandbreite von heute-versuche-ich-mal-nett-zu-sein bis zu äußerst hilfsbereit und entgegenkommend.
In Irland sind wir nun knapp eine Woche und können bereits jetzt sagen, nirgendwo haben wir so viele hilfsbereite Menschen getroffen wie hier. Fragt man nach dem Weg, nach einem speziellen Wort, einer Redensart, oder ist es einfach nur ein Klönschnack, Iren nehmen sich Zeit, bieten Hilfe an, die das gewohnte Maß übersteigt. Sie freuen sich, anderen zu helfen, sie tun es auf eine herzliche Art. Gelegentlich denke ich, alle Iren sind Segler, sie haben den gleichen Geist, ‚the spirit of the sea’.

In der jetzigen Marina Howth, nördlich von Dublin, dauert unser Aufenthalt zwei Tage, es gibt eine Sturmwarnung. Im Boot gibt es auch eine Warnung, die von Wasser im Schiff.

Die Bilge in ATHENE ist in mehrere Sektoren unterteilt. Die Bereiche um den Dieseltank, unter der Maschine und um den Schmutzwassertank stehen 8-10 cm unter Wasser. Eine Geschmacksprobe zeigt den Ernst der Lage, Glück gehabt, es ist Süßwasser. Es stand schon einmal Wasser im Schiff, am Tag der Übergabe, ein Tankdeckel war nicht verschlossen. Unsere Vorbesitzerin zögerte nicht eine Sekunde, schon war die Hand mit dem Wasser am Mund. Damals habe ich sie erschrocken angesehen und mir gesagt, dass musst du nicht nachmachen. Wer weiß, was alles in dem Bilgewasser drin ist? Diesel, Öl, Dreck oder Abwasser. Und heute? Der Unterschied ist, ich zögere, noch. Die schadhafte Stelle ist bald gefunden, in die Wasserversorgung ist ein Behälter aus Kunststoff integriert, ein Druckspeicher, der häufiges Ein- und Ausschalten der Pumpe vermeidet. Im Bereich einer Schweißnaht ist ein kaum zu sehender Riss, durch den Wasser austrat. Kleine Ursache, große Wirkung. Die schadhafte Stelle wird mit einem Lötkolben verschmolzen, zusätzlich eine Lage Kleber darüber, er ist wieder dicht. Ich komme mir vor wie in einer Bastelsendung im TV: „Und dann nehmen wir das Werkzeug zum Abschneiden, dann das zum Glätten ... zur Not tut es auch ein handelsüblicher Lötkolben, wie man ihn in jeder Werkzeugkiste findet."
Manchmal glauben wir, auf einem Boot und nur dort, ist es möglich, dass sogar eine normale Bratpfanne in der Mitte durchbricht!

England, Irland und Schottland sind für uns schon seit Jahren seglerische Traumziele. So mancher wird bei dem Gedanken erschrecken, im Sommer ist es kühl, häufig Regen und mitunter viel Wind. Die Sonne kennt man dort nur als Wettersymbol, unter der Rubrik Wetterberichte für die Karibik.
Seglerisch ist dieses Revier durchaus anspruchsvoll, die Gezeitenströme können Geschwindigkeiten erreichen, die der unserer maximalen Bootsgeschwindigkeit entsprechen, mit acht Knoten sogar übersteigen. Wer zur falschen Zeit in einen Strom

hineinfährt, kann in ernsthafte Schwierigkeiten kommen. Genaues Timing, richtiges Abschätzen der Reisegeschwindigkeit und Ankunftszeit ist hier unerlässlich.
Neben dem seglerischen Aspekt ist es die Landschaft in ihrer kargen Schönheit, die uns reizt.
Sonnenfans werden, falls sie überhaupt hierher kommen, nur karge Felsen und grüne Wiesen wahrnehmen, das ist es, mehr auch nicht. Ganz sicher werden sie die vielen grauen Wolken sehen, diese werden sie am Ende ihres Aufenthaltes nur noch sehen und später in Erinnerung behalten, nächstes Jahr wieder Urlaub im Süden.
Man kann diese Landschaft auch anders betrachten.
Inseln, die den Stürmen seit Jahrtausenden trotzen, umgeben von Wasser, das an einem Tag friedlich rauscht, um am nächsten Tag, vom starken Wind angetrieben, hart und zerstörerisch gegen die Klippen brandet. Steile massive Felsen unterschiedlicher Schattierungen, Oberflächen überzogen von Gras und Moos, die aus der Ferne betrachtet wie Seidentücher darüber liegen. Der schroffe, kalte, harte Fels, im Kontrast zu der weichen Farbe der Wiesen, Gegensätze die Spannung schaffen. Wolken, die über den Himmel fliegen, groß, bedrohlich, unheilbringend, Stunden später taucht die Sonne die gesamte Landschaft in helles, klares Licht; die Kontraste von grau und grün vor dem stahlblauen Himmel sind phänomenal.

Der letzte längere Törn in der irischen See bringt uns nach gut neun Stunden nach Ardglass, eine Zwischenstation Richtung Nord. Der Gezeitenstrom läuft sehr hart im North Channel, einer Meeresenge, die die irische See mit dem Seegebiet der Hebriden verbindet. Hier beträgt der Strom zur Springzeit über 4 Kn.

Die enge Hafeneinfahrt in Ardglass ist eine Herausforderung, denn häufig steht dort eine kräftige Brandung. Rechts und links brechen sich Wellen, man denkt, jeden Moment läuft das Schiff

gegen die Klippen. Die Entfernung zwischen den Felsen ist von See schwer abzuschätzen, dazwischenliegende Durchfahrten nicht zu sehen. Weiter in der Einfahrt ändert sich der Blickwinkel und plötzlich sieht alles ganz einfach aus.
An Bord befindet sich für die britischen Inseln das Buch *Reeds Nautical Almanac,* das alle wichtigen Segelanweisungen, Hafenbeschreibungen und deren Pläne enthält. Somit wissen wir, wie der Hafen aussieht, wo die Marina liegt. In der Praxis bleibt gelegentlich eine gewisse Anspannung, stimmt auch alles, wurden im Buch keine Pläne vertauscht?

Ardglass liegt bereits in Nordirland und gehört somit zu Großbritannien, Zahlungsmittel ist das gute Pfund. Der Ort ist eine Enttäuschung, alle Häuser sind einheitlich dunkelgrau, teilweise verfallen. Hier gibt es nichts, was diesen tristen Ort aufhellt. In einigen Straßen hat man Wohnblocks in einem Kasernenstil angelegt, es muss schwer sein, in dieser Umgebung zu leben, uns ist es viel zu depressiv. Selbst in diesem kleinen Ort hat jede Glaubensrichtung eine Kirche: Römisch-Katholisch, Methodisten, Presbyterianer und Parish. Das beste an diesem Nest ist, von der Marina sieht es viel netter aus. Mit der nächsten Tide lautet der Kurs Richtung Belfast.

Das Auslaufen gegen die ziemlich ruppige See in der Hafeneinfahrt erfordert einige Überwindung, aber einmal draußen auf See, ist die Fahrt sehr angenehm. Unsere Auslaufzeit ist tidebedingt am späten Nachmittag, Wind ist reichlich vorhanden, es wird eine schnelle Reise werden.
Ein Novum auf dieser Strecke ist ein Feuerschiff, knallrot, in der Mitte ein Leuchtfeuer. Früher dienten diese Schiffe mit ihren starken Leuchtfeuern als Navigationshilfe, Leuchttürme konnte man aufgrund der Seetiefe nicht errichten. Schweres Ankergeschirr hielt die Schiffe in Position, häufig waren sie von einer Bedienmannschaft bewohnt. Das Leben an Bord war hart, in

Stürmen arbeiteten die Schiffe schwer in der See oder es bestand bei dichtem Nebel Gefahr, gerammt zu werden. Ob das hiesige Feuerschiff SOUTH ROCK bewohnt ist, entzieht sich unserer Kenntnis, aber deutlich ist zu sehen, wie das Schiff in der See stampft.

Segeln in diesen Breitengraden hat eine große Annehmlichkeit zu bieten, die Sonne geht erst gegen 22 Uhr britischer Zeit unter (23 Uhr in Deutschland), der Himmel ist dann noch gut eine Stunde hell, ein scheinbar endlos dauernder Sonnenuntergang. In der Marina Bangor, ein Vorort von Belfast, können wir gegen 22 Uhr im Hellen anlegen. Der Hafen ist in Hochstimmung, am Wochenende findet eine Segelregatta mit Klassikern statt. Aus einem Festzelt schallt irische Folkmusik herüber. Die Stadt sieht bereits von der Marina hübsch aus, bunte Häuser und eine Parkanlage um den Hafenbereich als auffälligste Merkmale. Nicht zu vergessen, es ist ziemlich warm, ein T-Shirt durchaus angemessen. Obwohl wir morgen um sechs Uhr weiter wollen, ist ein kleiner Spaziergang durch Bangor zu verlockend, einschließlich eines Kurzbesuches im Bierzelt, wo die Band dem Publikum kräftig einheizt. Vor uns eine gute Band, neben mir die Kellnerin mit einem Tablett gekühltem Bier, es ist warm. Jetzt nur nicht schwach werden, morgen muss es weitergehen, sonst läuft uns zuviel Zeit davon.

Schottland

Fantastisches Schottland – beschaulicher Crinan-Canal – durch die Whirlpools – Filmkulissen - Traumziel Caledonian-Canal – Steinkreis und Whisky

Der Kurs liegt an, 11 Grad auf der Karte, Ziel ist eine Halbinsel, Mull of Kintyre. Breffni reagierte sofort als der Name fiel, indem er den Song von Paul McCartney summte. So geht es auch mir, ich muss unwillkürlich daran denken und an die Tanzschule, die mir beinahe das Lied mit dem ach so komplizierten langsamen Walzer verleidet hätte. Heute weiß ich, ich hätte besser die Zeit damit verbracht, Schlagzeug anstatt Tanzen zu lernen, jetzt kann ich beides nicht.

Die Strecke zwischen Bangor und Campbeltown, im Süden von Kintyre, beträgt 45 Meilen. Die größte Herausforderung besteht darin, innerhalb der sechs Stunden Mitstrom ungefähr 36 Meilen zu bewältigen, sonst wird aus dem Mitstrom ein kräftiger Gegenstrom. Eine weitere Herausforderung ist der Wetterbericht. Am Freitag lautete die Vorhersage auf wenig Wind, am Samstag auf Südwest 4-5 und heute, am Sonntag, auf Süd 3-4, dafür aber eine Sturmwarnung für den Abend. Tatsächlich ist es windstill, in der Ferne steigt Rauch senkrecht auf.

Kaum auf See, schlägt unser Funkgerät schrill Alarm. Ausgelöst wird der Alarm durch einen Notfall, bekannt ist Mayday, als höchste Stufe, es gibt aber noch zwei weitere Arten, Pan-Pan und Securité. Die Küstenwache Belfast hat ein Pan-Pan ausgelöst, der Sprecher verliest die Meldung:

Pan-Pan, Pan-Pan, Pan-Pan. Hier ist Belfast Coastguard. Um 0550 Uhr ging per Mobiltelefon folgender Notruf ein: Pan-Pan, Handelsschiff LARKEN VIKING, eine Person wird an Bord vermisst. Zuletzt gesehen auf Position 54° 33'N, 005° 20' W

gegen 0520 Uhr. Alle in der Nähe befindlichen Schiffe werden um Hilfe gebeten.
Kurze Zeit später hören wir ein Gespräch zwischen einem Rettungsschiff und der Küstenwache, die Seenotretter möchten mehr Einzelheiten wissen. Die Coastguard informiert, es handele sich um einen 52 Jahre alten Mann, der zu dem Zeitpunkt sehr betrunken und deprimiert gewesen sein soll. Hubschrauber kreisen über dem Seegebiet.
Wer bei 13 Grad Wassertemperatur ins Wasser fällt, dem bleibt nur eine sehr kurze Zeitspanne, unversehrt zu bleiben, ein Mensch kühlt schnell ab. Die Kleidung spielt ein große Rolle, ebenso die körperliche Verfassung. Bevor die Küstenwache verständigt wurde, verstrich schon eine halbe Stunde, das ist sehr viel Zeit.

In einer Mischung aus Dunst und leichtem Nieselregen queren wir den North Channel. Nach sechs Stunden ist die Südspitze der Halbinsel Kintyre in Sicht. Die Wolkendecke wird immer dünner, Dunst steigt auf. Unser erster Tag in Schottland ist ein Sonnentag, es muss ein gutes Zeichen sein. Auf einige Lagen Kleidung können wir nun verzichten, die Sonne wärmt.

Leider ist es immer noch windstill. Was kann man tun? Angeln!
Seit den Kanaren ist uns kein Fang mehr geglückt. Es gibt mehrere Gründe, die Jahreszeit, unsere Reiseroute lag ungünstig zu den Fischgründen, vor allem ungeeignete Köder und vielleicht ein ungeschickter Angler. Wie dem auch sei, uns war es egal, in Irland oder Schotland wollten wir unser Glück erneut versuchen, diese Gewässer sind sehr fischreich. Dummerweise kollidierten die Geschäftsöffnungszeiten immer mit unserer „Eingebung“, jetzt müssen wir passende Köder kaufen, oder es gab in dem Ort kein Geschäft für derlei Dinge. In Arklow gab es eins, es hatte die gewünschten Pilker sogar im Schaufenster liegen. Am Morgen

der Abfahrt fiel mir ein, Mensch, du wolltest doch die Pilker kaufen. Skipper sind manchmal dusselig.
Aus der Not haben wir einen Spaß gemacht. Zu Beate sagte ich, wähle du einen von unseren läppischen Ködern aus, vielleicht hast du Anfängerglück. Mehrfach haben wir es mit Beates Köderwahl probiert, erfolglos. Heute trifft sie wieder die Auswahl und entscheidet sich für einen roten, einem Wurm ähnlichen Köder, die Schnur rauscht aus. Die Zeit vergeht, ketzerische Bemerkungen meinerseits fallen, Beate bleibt beharrlich bei ihrem roten Wurm.
Die Angelrute steckt in einem Köcher, der im Cockpit innen an der Steuerbordreling befestigt ist. Rechts daneben befindet sich eine Aktiv- und GPS Antenne, außen hängt ein Rettungsring, davor die Fender. Alle diese Teile sind an derselben Reling montiert.
Beate sitzt auf der Cockpitbank, genießt die Sonne, ich stehe mit dem Rücken zur Angel und beobachte ein Kriegsschiff bei seinen Manövern.
Plötzlich geht ein Rucken durch die Reling. Meine rechte Hand umgreift das Relingrohr, die seltsame Vibration konnte ich deutlich fühlen. Neugierig sehe ich nach, meine Augen bleiben auf den Fendern hängen, diese bewegen sich leicht. Klar, die müssten es gewesen sein. An die Angel hinter mir habe ich aus „Gewohnheit“ nicht mehr gedacht, wir fangen eh keine Fische.
Auf einmal gibt es hinter mir ein lautes Geräusch, es kracht und knallt, Holz splittert. Beate fährt auf, ich drehe mich herum. Wir können nicht glauben, was dort zu sehen ist: NICHTS. Die Angelrute ist aus dem Handgriff gebrochen und im Meer verschwunden. Die Aktivantenne ist passiv geworden, der Antennendraht einfach abgeknickt. In der TV Serie „die irritiertesten Gesichter der Woche“, hätten wir den ersten Platz gemacht. Nachdem Beate unser Pech überwunden hat, ist der Spaß auf ihrer Seite: „Selten warst du so sprachlos, dass heißt

was." In einem Cartoon würde man mich mit einem Unterkiefer, der bis auf den Boden fällt, darstellen.
Immer wurde die Angel mit einer Leine zusätzlich gesichert, nur heute nicht. Es ist nicht nur der Verlust der Angelausrüstung, der uns ärgert, wir hätten gerne gesehen, was daran hing. Ein Fischnetz ist durch unsere ständige Ausschau fast ausgeschlossen, der Schiffssicherheit wegen. Mehrfach war Seegras am Haken, in der Folge bog sich die Rute stärker, mehr nicht. So ein gewaltiges Rucken kann nur ein Fisch gewesen sein.
Wir schreiben das Jahr 9003, Archäologen finden bei einer Ausgrabung eine versteinerte Angelausrüstung, daneben einen versteinerten Fisch. Sie können diesen Fund nicht verstehen. Was war das für ein merkwürdiges Ritual, die Ausrüstung mit Fisch ins Wasser zu werfen? Sollte es eine Gabe sein, die das Meer gnädig stimmt? War es der erste Versuch der Fische, die Menschen ins Wasser zu ziehen?

Belfast Radio beendet den Pan-Pan Notfall, sie sagen, der Mann sei gefunden, mehr aber nicht. Es ist auch nicht deren Aufgabe, die Neugierde anderer zu befriedigen.
In Campbeltown ist am einzigen Steg reichlich Platz, in unseren Bäuchen auch, wir stoßen auf Schottland an. In zwei Wochen wurden rund 800 Meilen zurückgelegt.

Campbeltown

Stahlblauer Himmel und Sonne, unser erster Morgen in Schottland. Die Reinheit der Luft lässt die Farben der Berge, des Himmels, des Wassers kräftiger erscheinen, wir können uns nicht satt sehen.
Campbeltown ist von Bergen umgeben, durch die Wanderwege führen, genau richtig für uns. Gegen Mittag marschieren wir los, es ist warm, eine T-Shirt Wanderung in Schottland, wer hätte das gedacht? Die Landschaft erinnert an die Voralpen, saftig grüne

Wiesen, auf denen Kühe und Schafe grasen, eingezäunte Weiden mit Klapptüren, die Wanderern einen einfachen Zutritt auf die Weide ermöglichen, das liebe Vieh kann nicht hindurch. Am höchsten Punkt des Weges angekommen, pfeift ein frischer Wind, schottischer Wind. Die Sicht ist klasse, im Osten ist die Insel Aran zu sehen, von der man sagt, sie sei Schottland im kleinen. Direkt vor unseren Füssen liegt, umgeben von Weiden, ein Frischwassersee, weiter entfernt in nördlicher Richtung, am Ende einer Bucht, die Stadt Campbeltown.
Weniger schön ist der Blick nach Süden, von dort ziehen mehr und mehr dunkelgraue, teilweise schwarze Wolken auf. Es ist offensichtlich, auch diese Farben sind hier kräftiger. Die Wolken sind die ersten Vorboten eines angekündigten Sturmes, schnellen Schrittes geht es zurück zum Schiff, der Wind pfeift mittlerweile, es beginnt zu regnen. Auch das ist Schottland, drei Jahreszeiten an einem Tag, Frühjahr, Sommer, Herbst.
Die ganze Nacht hat der Wind am Schiff gerüttelt, der Regen ging annähernd waagerecht nieder. Unsere schottischen Nachbarn sind ebenso in dicke Jacken eingemümmelt, auf dem Steg treffend, grummeln sie von etwas Mistwetter.
Im Ort existiert ein Geschäft für Angelzubehör, mit einer neuen Rute, Rolle und Schnur verlassen wir Campbeltown, unser nächstes Ziel ist der Crinan Canal. Beim Heraussegeln aus der Bucht schaut etwas dunkles, rundes, dicht vor dem Schiff aus dem Wasser. Eine Fischermarkierung? Nein, es ist ein Seehund, der neugierig zu uns herübersieht.

Diese Zahlen stecken den heutigen Segeltag ab: 40, 25, 8.2. Es ist nicht der benötigte IQ zum Trimmen von Vor- und Großsegel sowie zum Steuern.
40 Meilen sind es bis nach Ardrishaig, dort beginnt der Crinan Canal. Der Wind weht heute aus Süd, mit durchschnittlich 25 Knoten, eine flotte Fahrt Richtung Nord ist garantiert, was

schließlich die dritte Zahl zum Ausdruck bringt, ATHENE erreicht während der Fahrt 8.2 Knoten Höchstgeschwindigkeit.
Wir praktizieren zwei Arten des Segelns. Über eine lange Strecke von mehreren Tagen wird das Boot schonend gesegelt, alles vermeidend, was viel Anstrengung und Arbeit bedeutet. Gut und entspannt ankommen, ist die Losung. Anders sieht es auf kurzen Strecken aus, wie jetzt. Dann segeln wir gerne am Limit, die Tücher bleiben oben, solange es nur geht. Heute pflügen wir mit fast voller Besegelung durchs Wasser. Geschwindigkeit ist wie ein Rausch, man kann nicht genug davon haben. Die Bugwelle, die mit ihrem weißen Schaum dem Boot Flügel verleiht, das Zischen der Wellen, das animiert, weiter zumachen. Bei 8 Knoten laufen wir nur geringfügig langsamer, wie die von achtern kommenden Wellen. Mit Geschick und Mithilfe einer kleinen Bö kann unser Schiff auf einer Welle mitreiten. Es ist oft nur ein kurzer Moment, unsere ATHENE ist nicht zum Surfen ausgelegt, aber immerhin, es geht und macht reichlich Spaß. In solchen Situationen muss man am Ruder stehen, die Kraft im Schiff spüren. Jetzt keine Witze wegen des benötigten IQ.
Eine kleine Nebensache, während der 6 Stunden segeln regnet es prächtig, kurz vor Erreichen des Zielortes klart es auf, die Sonne kommt durch und wärmt. Einen sichtbaren Vorteil hat der Regen, er hat das Salz und den Schmutz der vergangenen Wochen abgewaschen, die Segel sind deutlich heller, um nicht zu sagen sauber geworden.
Die Schleusenwärter nehmen die Leinen entgegen, sie lassen uns die Seeschleuse passieren, weiter geht es heute nicht mehr, der Kanal darf nur bis 18 Uhr befahren werden.

Crinan Kanal

Der Crinan Kanal, angeblich der schönste in Großbritannien, wurde vor 200 Jahren angelegt, um den langen und nicht ungefährlichen Weg rund um Mull of Kintyre zu verkürzen. Für die kommerzielle Schifffahrt spielt er schon lange keine Rolle mehr, es sind Touristen, die ihn heute bevölkern. Der Kanal ist 14.5 km lang, 15 Schleusen sind zu bewältigen. Ein Besonderheit ist, die Bootscrew muss die Schleusen allein bedienen, ausgenommen die Schleusen in Verbindung mit einer Straßenbrücke.

Caroline erledigt im Büro die Formsachen zur Passage des Kanals mit schottischer Lässigkeit. Unser Schiff macht sie kürzer und damit preiswerter, außerdem rät sie uns zu einem Paketangebot, Caledonian- und Crinan Kanal zum Preis von annähernd einem. Sie zeigt uns, wie man Wasser in die Schleusen lässt und Tore öffnet, es ist einfach, Muskel schlägt Hirn. Caroline entschuldigt sich für einen Augenblick und kommt mit einem jungen Mann zurück, der uns bei den ersten drei Schleusen helfen wird. Warum wir diese Hilfe bekommen, ist uns nicht klar, ich habe mit ihr in höflicher, lockerer Form gesprochen, ohne Prinz Charming zu bemühen. Sei es drum, entscheidend ist, für Beate ist es einfacher, sie möchte das Boot nicht manövrieren und lieber die Schleusen bedienen, zusammen mit einem kaum zu verstehenden Schotten.
Und so verläuft die Schleusenarbeit. Im ersten Teil des Kanals geht Beate mit ihrem Helfer vor, sie öffnen mit einer Handkurbel einen Schieber im Schleusentor und warten, bis das Wasser auf beiden Seiten den gleichen Pegel erreicht hat. Ein Holzbalken von ca. 7m Länge und einem beachtlichen Querschnitt, der auf dem Schleusentor als Hebelarm montiert ist, will nun zum Öffnen eines Tores bewegt werden. Das ist ausschließlich eine Frage von Körpergewicht und Kraft. Beate, als zierliche Person, ist genau die, die man sich als erstes am Tor vorstellt. Andererseits kenne ich ihre Zähigkeit, sie sagt, ich kann das und ... das Tor bewegt sich.

Im zweiten Abschnitt können wir zusammen arbeiten, in den Schleusen sind erreichbare Leitern, die es mir ermöglichen, das Boot zu verlassen.

Die Sonne scheint, Schottland meint es gut mit uns. Treffen wir Menschen, wie hier auf dem Kanalpfad, geht kaum jemand an uns vorbei, ohne die Sonne zu erwähnen: „Hey, tolles Wetter heute."

Nach sechs Stunden erreichen wir Cairnbaarn, der höchste Punkt im Kanal, ca. 23 m über dem Meeresspiegel. Eine arbeitsreiche Fahrt findet für heute ihr Ende. Den Energetischen ist es noch nicht genug, mit Fahrrädern geht es rund um den Kanal auf Erkundungsfahrt, Schottland gefällt uns sehr.

Es folgt der Abstieg über Schleusen, die in kurzen Abständen, wie eine Treppe, angelegt sind. Die erste Schleuse wird von zwei Touristen geöffnet, die zufällig vorbei kommen, sie selbst sind auch Segler und möchten tatkräftig mithelfen. Bei den restlichen vier Schleusen hilft ein Mitarbeiter der Kanalgesellschaft. Über Nacht kam zuviel Wasser in den Kanal, unsere Abwärtsschleusung und der damit verbundene Wasserverbrauch senkt den Pegel.
In Crinan endet der Kanal, die Seeschleuse werden wir erst morgen passieren, im Kanal liegt man erheblich ruhiger. Beim Anlegen helfen uns zwei Segler eines deutschen Bootes.
Beate ist der Meinung, die Beiden irgendwo schon einmal gesehen zu haben. Das ist auch mein Gedanke, der noch verstärkt wird, als ich sehe, dass deren Schiff GEMMA heißt. Das ist der Name des Bootes von Gerti und Harm Claußen, zwei Buchautoren, die Reiseführer und ein Sachbuch zur Bewältigung von Seekrankheit geschrieben haben. Warum soll man lange grübeln, ich gehe rüber, erläutere ihnen kurz unsere Überlegung, und tatsächlich, Bingo, sie sind es.

Sie erzählen von ihren Segelerlebnissen und Begegnungen in einer sehr angenehmen, zurückhaltenden Art. Das sie schon einmal weit über das Nordkap hinaus, bis nach Russland, gesegelt sind, erfährt man eher beiläufig.

Oban

Freitag, 13. Juni 2003.
Eigentlich sollte man heute im Hafen bleiben, andererseits, jetzt erst recht nicht. Zur Mittagstide passieren wir die Seeschleuse und nehmen Kurs auf Oban. Der Wind ist ideal, 20 Knoten aus Südwest, es wird eine schnelle Fahrt werden. Der Gezeitenstrom setzt bereits nach Nord, über Grund laufen wir locker 8 Knoten. Zwischen kleineren Inseln gibt es sogenannte Overfalls, das Wasser wird an diesen Stellen aufgrund des starken Gezeitenstroms so stark verwirbelt, das sich Wellen und Strudel bilden. Einige dieser Strudel durchfahren wir, sie sind unter den heutigen ruhigen Wetterbedingungen ungefährlich, jedenfalls für ein Boot unserer Größe. Trotzdem wird unser Boot durchgeschüttelt, versucht immer wieder die Richtung zu ändern oder neigt sich im quersetzenden Wasser zur Seite. Beate am Ruder ist auf der Hut, sie hat Spaß.
In der Ferne sind die Wellen des größten Whirlpools Europas zu sehen. Ursprünglich sollte unsere Tour dort hindurchführen, aber ein lokaler Segler warnte uns ausdrücklich. Einmal drin im Sog, kommt man nicht mehr heraus, der Strudel zieht das Schiff nach unten. Es ist das gleiche Prinzip wie bei einer ablaufenden Badewanne. Man sagte uns, das Wasser dreht sich nicht lautlos, an manchen Tagen sei der Strudel bis zu einer Entfernung von 8 Meilen zu hören.
Grundsätzlich ist diese Stelle auch für eine Yacht passierbar, exakt zur Stillzeit, ein kurzer Zeitraum, in dem das Wasser nicht fließt.

Weiter nördlich durchsegeln wir eine Engstelle, die Geschwindigkeit über Grund beträgt sagenhafte 11,2 Knoten, fast 5 Knoten Mitstrom. Die Wasseroberfläche ist an manchen Stellen fast spiegelglatt, an anderen bilden sich Wellen, das Wasser scheint zu kochen. Einige Meilen nördlich normalisiert sich der Strom auf 1-2 Knoten, um 16 Uhr legen wir in Oban an.

Die Sonne bricht mehr und mehr durch, die Kulisse ist ohnehin phantastisch. Große viktorianische Häuser vor begrünten Berghängen, das Blau des Wassers und des Himmels, dazwischen verstreut weiße Segelboote, die vor Anker liegen.

Bei bestem Wetter segeln wir am folgenden Tag weiter zum Caledonian-Canal. Der Kanal beginnt im Westen bei Fort William und ist über Loch Linnhe zu erreichen, einen 10 Meilen langen, schmalen Fjord. Diese Umgebung wird vielen Filmfans bekannt sein, ohne es eventuell zu wissen. Hier wurden Filme wie „Die 39 Stufen“, „Highlander“, „Braveheart“ und „Harry Potter“ gedreht. Vielleicht treffen wir eine Hollywood-Größe. Robert Redford nimmt unsere Leinen entgegen, noch besser, Michelle Pfeiffer.

Fort William

Die Seeschleuse zum Kanal erreichen wir gegen 1815 Uhr, zu spät, geschleust wird erst wieder morgen früh. Alle unsere Unterlagen sagen, die Seeschleusen sind im Sommer bis 2100 Uhr geöffnet und jetzt ist niemand hier. Etwa ungehalten komme ich mir vor wie Popeye, der aus den Ohren dampft. Zum Glück ist hier kein Kamerateam, sonst wäre ich noch Darsteller in „Monty Pythons wunderbarer Welt verschlossener Tore“, bestimmt ein Kultfilm.
Der Anlegeplatz ist nach Süden hin ungeschützt, das Wetter zum Glück ruhig. Es gibt keinen Schwimmsteg, die Festmacherleinen

sind an Land belegt. Bei sinkendem Wasserstand, zur Zeit ist Hochwasser, müssen wir sie immer wieder fieren, sonst hängt das Schiff in der Luft, oder bei gut 11 Tonnen Gewicht, zerreißen sie. Der Tidenhub beträgt 3,5 m, Niedrigwasser ist erst gegen ein Uhr. Es wird spät, bis wir in die Kojen kommen.

Am nächsten Morgen fahren wir in den Caledonian-Canal. Damit endet unser einjähriger Aufenthalt in Atlantik Wassern, es war eine tolle, unvergessliche Zeit.

Caledonian Canal

Schottland mit dem Motorrad, diesen Wunsch erfüllen sich unsere Freunde Dagmar und Uwe. Am Caledonian-Canal treffen wir uns, großes Hallo, nach einem Jahr wiedersehen. Zusammen sehen wir uns Fort William an, die größte Stadt am westlichen Ende des Kanals.
Den Weg dorthin müssen wir gehen, am Wochenende sind die Busverbindungen dürftig und für die ultimative Variante, die Fahrt mit dem Motorrad, fehlen uns entsprechende Helme. Zum Ort führt ein Fußweg, lange 6 km, für Motorradfahrer eine qualvolle Strecke, für Segler auch nicht einfach, zu groß das Risiko, sich zu verlaufen. Am Ortsrand passieren wir die Bahnanlagen, auf einem Gleis steht dampfend eine alte Lok. Sie ist sehr gut erhalten, ein richtiges Schmuckstück.
Die Einkaufsstraße ist eine verkehrsfreie Zone, an deren Beginn ein kleiner Park liegt. Jeweils im Süden und Westen des Parks stehen zwei Kirchen, im Norden als Sündenpfuhl ein Kaufhaus. Im Osten geht die Sonne auf, hier ist ein Pub, wir kehren ein und erholen uns von den Strapazen. Von Fort William ist wenig zu sehen, einige Mauerreste und Wiesen. Im Augenblick unseres Besuches ist Niedrigwasser, alle biologischen Produkte, über die das Wasser jetzt keinen Schutz mehr legt, liegen nun frei und wetteifern im Duft. Wir verduften!

Wieder auf dem Boot, zaubern Dagmar und Uwe das schottische Nationalgetränk hervor, Whisky. Obwohl die Stimmung schon gut ist, schließlich haben wir den Fußweg überstanden, wird sie immer besser. Woran das wohl liegt? Es kann nur das schottische Wasser sein, mit dem wir den Whisky leicht verdünnen.
Im Ort ist es einen Pub, Dinnertime. Einige Leute stehen an der Bar, Musik spielt, leider nicht live, hinter uns sitzt eine Familie beim Essen, es ist gemütlich hier. An einem schönen, sonnigen Tisch nehmen wir Platz. Die Kellnerin kommt, sie nimmt aber nur Bestellungen für das Essen entgegen, Getränke erhält man an der Bar, wo man selbst hingehen und sogleich zahlen muss. Die Musik wechselt immer wieder, irgendwann wird irische aufgelegt, die Dubliners singen „Whisky in the jar“. Uwe erinnert uns, die Flasche an Bord ist noch nicht leer, zurück im Boot gehört auch das sehr schnell der Vergangenheit an. Ein ausgesprochen schöner, kurzweiliger Tag endet gegen Mitternacht.

Dagmar und Uwe nutzen die verbleibende Urlaubswoche zur weiteren Erkundung Schottlands, wir verabschieden uns. Ihre Motorradkleidung beeindruckt mich. Im Motorradhelm sind Kopfhörer und Mikrofon integriert, verbunden mit einer kleinen Sendempfangseinheit können sie sich unterwegs verständigen. Die robuste Kleidung, das Mikro vor dem Kinn, so sehen sie aus, als würden sie jeden Augenblick ins Cockpit eines Jets steigen. Jede Sportart hat ihre eigene zweckmäßige Kleidung, im Vergleich zum Segler sehen Dagmar und Uwe aus, als könnten sie jederzeit eine Fregatte entwaffnen.

Die Schotten, die sich im Hafenbereich aufhalten, sehen die davonfahrenden Motorräder. Die Gelegenheit nicht verpassend, erkundigen sie sich. Sie finden es toll, mit dem Motorrad durch Schottland zu reisen und denken, es sei eine schöne Art, Schottland kennen zu lernen.

Peter, der Schleusenwärter spricht in seinem bestem Englisch zu uns. Seine Stimme ist so monoton und gemächlich, wie er sich bewegt. Er redet sehr langsam, um sicher zu sein, dass wir ihn auf Anhieb verstehen. Schotten sind sparsam, zweimal den gleichen Satz zu sprechen ist reine Energieverschwendung. Andererseits nimmt er sich Zeit für einen kleinen Plausch.

Vor uns liegt *Neptun's Staircase*, acht Schleusen in dichter Folge, der Aufstieg auf 22 m dauert zwei Stunden. Thomas Telford konstruierte die Schleusen 1822, sie folgen dem Great Glen, einer Verbindung von Flüssen und Seen. Parallel zum Kanal führt der Great Glen Weg, er ist 118 km lang und wird heute von Wanderern ebenso wie von Radfahrern geschätzt.
Mit uns schleust ein Charterboot. Eigner ist ein schottisches Paar, das auf dem Boot lebt und mit Tagesfahrten Geld verdient. In erster Linie bieten sie Tauchfahrten zu den unzähligen Buchten in Schottland an, das Boot ist entsprechend ausgerüstet. In jüngster Zeit lief das Geschäft nicht mehr so gut, heute sind ein halbes Dutzend älterer Damen an Bord, die unbedingt einmal *Neptun's Staircase* durchfahren möchten. Der Skipper grummelt, die Schleusen sind für ihn nicht mehr der große Spaß, aber er muss Geld verdienen. Er ärgert sich über die Bedienstenden der Schleuse: „Schau denen mal beim Gehen zu. So gehen sie." Er mimt sie nach, indem er in Zeitlupe geht. „In Deutschland sagen wir", versuche ich ihn aufzumuntern, „dem kann man beim Gehen die Schuhe besohlen." (Eigentlich habe ich reparieren gesagt, wer kennt schon das englische Wort für besohlen?) Der Skipper findet das klasse und möchte sich den Spruch merken. Er gibt es uns einige Tipps für die schottische Ostküste und bestätigt, was Dagmar und Uwe bereits erzählten, der schönste Teil Schottlands beginnt mit dem Caledonian Canal.

Das Wetter ist an diesem Montag kanarisch warm. Auf den Wiesen rechts und links der Schleusen sitzen Touristen und picknicken, meistens ältere Herrschaften.
Die Jüngeren laufen nervös auf den Schleusentoren herum, positionieren sich vor und hinter beiden Schiffen und warten, bis sich die Kammer zur nächsten Schleuse öffnet. Unzählige Male dient unser Schiff als Fotomotiv oder wird auf Video gebannt. Dann und wann stehen Neugierige über uns auf der Schleusenmauer und inspizieren, so gut sie können, unser Boot. Sind wir dann hochgeschleust und fast auf gleicher Höhe, gehen die meisten weg. Gegafft wird nur aus sicherer Entfernung.

Den Schleusen folgt der Kanal, Traumkulisse bei Traumwetter. Südlich des Kanals befindet sich der höchste Berg Großbritanniens, Ben Nevis, 1.300 m hoch. Die Bergkuppen sind vereinzelt mit Schnee bedeckt. Ein Fisch ist unvorsichtig und schnappt nach unserem Angelhaken. Fast ist er im Boot, da erinnert er sich an die Mahnung seiner Eltern, beiße niemals in einen Fischköder, er reißt sich los und verschwindet im dunklen Wasser. Im Loch Lochy, es klingt wie Jürgen Jürgens, gehen wir zur Nacht an eine kleine Steganlage.

Ein schottischer Klassiker. Musikfreunde werden an Mendelsohn denken, der hier, inspiriert durch die gewaltige Natur, seine schottische Symphonie komponierte. Urlauber werden an Regen, Nebel, kaum Sonne denken. Richtig, so ist das Wetter heute Morgen. Im Boot ist die Dieselheizung an, es ist gemütlich warm und trocken, über den Vormittag lesen und schreiben wir mit T-Shirt bekleidet, es ist schwierig, nach soviel kanarischer Sonne von diesem Kleidungsstück wegzukommen.

Leichter Regen fällt wieder senkrecht, vor uns liegen 8 Meilen, die Länge des Sees Lochy. Am anderen Ende des Lochs befindet sich ein Steg, der auch Basis für Charterboote ist. Unsere

Wassertanks müssen gefüllt werden, auch täte eine Reinigung dem Schiff gut, es ist vom Schleusen dreckig geworden. Warum der schottische Regen das Schiff nicht abwäscht, verstehe ich nicht, ähnelt er ab und zu einer Waschanlage für Autos.
Am Nachmittag scheint die Sonne, wir sehen uns um. Der Caledonian-Canal durchzieht hier ein Tal, das durch zwei Bergrücken im Süden und Norden begrenzt wird. Große Teile der Berge sind bewaldet, meist Nadelwald, alle anderen Flächen von hellgrünem Gras überzogen. Drei Häuser stehen hier, die zur Charterbasis gehören. Weiter im Berg liegen zwei Bauernhöfe, dazwischen, versteckt im Wald, Ferienhäuser in A-Form.
British Waterways meint es gut mit uns, an der Schleuse ist ein Haus mit sanitären Einrichtungen errichtet. Vorsichtig inspizieren wir die Räumlichkeiten, Duschen und Toiletten sind immer ein Abenteuer. Hier ist alles sauber, keiner hat soeben einen Hund, einen Bär oder einen schottischen Löwen geduscht, das Geschirr gewaschen und das halbe Essen zurück gelassen, seine Hosen vergessen oder den Nachfolgenden mit einem kleinen Sandstrand in der Dusche beglückt. Auch die Toiletten sind in Ordnung, die letzten Benutzer waren offensichtlich im Umgang vertraut, zielsicher und wussten, wo der Hebel zur Spülung ist, paradiesisch.

An einer Wand fällt ein großer Hinweiszettel auf, der sinngemäß folgendes sagt:
Im Wasser sind Bakterien, die möglicherweise gesundheitsschädlich sind. Es wird davor gewarnt, das Wasser ungekocht zu Trinken, zum Zähne putzen oder zum Salat waschen zu nutzen.

Schottland ist das letzte Land, von dem wir dachten, es gibt Umweltprobleme. Die Wassertanks an Bord werden wieder ausgepumpt und mit einem Reiniger behandelt.
Schottland hat noch eine Schattenseite, das Militär. Rund um Mull of Kintyre liegt ein Übungsgebiet für U-Boote und eines der zahlreichen Schießgebiete. Ich bin kein Experte für militärische

Übungen, soweit ich es verstanden habe, erfolgt das Schießen von Booten wie von Flugzeugen aus. Es wird scharf geschossen. Würde mich interessieren, wie die Folgen für Meer und Tierwelt aussehen.
In Campbeltown trafen wir Schotten, die einmal Opfer eines Militärjets geworden sind. Er flog immer wieder im Sturzflug über das Boot hinweg, sie hatten schlichtweg Angst. In ihrer Not riefen sie die Küstenwache an und beschwerten sich über den „Angreifer". Binnen kurzer Zeit brach der Pilot seine Manöver ab, die Küstenwache war mit dem Problem vertraut.
Für Militärs scheint der Caledonian-Canal ein kleiner „Leckerbissen" zu sein. Ungefähr 2 km vor dem Hafen hörten wir heute Mittag ein helles pfeifendes Geräusch, das sehr schnell laut, dann ohrenbetäubend wurde: Kampfjets im Tiefstflug. Einer flog links von uns vorbei, der andere genau über uns hinweg. Sie waren so tief, die Verglasung des Cockpits war mit bloßem Auge zu sehen. Als hätten sie es geahnt, soeben, beim Schreiben dieser Zeilen, donnert wieder einer hier durch.

In der Nacht fällt das Barometer um 20 mb, ein Sturm zieht auf. Im Hafen beträgt die Windgeschwindigkeit über Stunden 6-7 Bft., in Böen 8. Der Windgenerator läuft zur Stormerzeugung, locker lädt er zwischen 10 und 20 Ampere, üblich sind 4-5. ATHENE liegt wieder wie eine Spinne zwischen etlichen Leinen, wir halten uns fast den ganzen Tag im Boot auf, so ist Schottland.

Die Schottin, die heute morgen die Schleuse bedient, trägt eine dicke Jacke und hält eine Tasse wärmend zwischen den Händen: „Ich finde, es ist heute ziemlich kalt ... und so starker Wind. Brrr", sie schüttelt sich. Sie wird die Schleuse für uns vorbereiten und öffnen, sobald wir da sind. Der Wind ist unser Problem. Wir liegen quer zur Windrichtung, der Hafen ist flach, wenig Manövrierraum. Einen weiteren Tag hierzubleiben gefällt uns auch nicht, der Liegeplatz ist sehr unruhig. Es kostet uns einige

Mühsal, vom Steg wegzukommen. Auf den Leinen ist soviel Zug, es ist mir zeitweise nicht möglich, das Schiff zu halten. Mit der gesamten Palette unserer Tricks und Glück gelingt es uns, vom Steg wegzukommen und das Schiff mit dem Heck in den Wind zu drehen. Mit Vollgas rückwärts geht es aus dem Hafenbereich heraus, die Windgeschwindigkeit beträgt in Böen annähernd 30 Knoten. Erstaunlich, dass unsere gute ATHENE bei dem Wind noch so gut rückwärts fahren, mehr noch, dass sie es überhaupt kann.

Die Schleuse liegt geschützt zwischen Bäumen, hier ist es himmlisch ruhig. Es folgt der Kanal, eine beschauliche Fahrt mitten durch einen dichten Wald. Der höchste Bereich, mit 106 Fuß über Meeresspiegel, ist mit Loch Oich erreicht.

Bei Fort Augustus folgt der erste größere Abstieg über eine Schleusentreppe von 5 Stufen, am Fuße der letzten Schleuse, liegt Loch Ness.

Beinahe wäre es zu einem ernsten Zwischenfall gekommen. In die erste Schleuse fahren wir mit Motorhilfe, in die zweite Schleusenkammer ziehen wir das Schiff. Beate hält die Bugleine, mir kommt die Heckleine zu. Es ist einige Kraft erforderlich, das Schiff mit der vorderen Leine zu ziehen. Auf die Muckies einer Frau bau, auf die Figur schau. Nein, Blödsinn. Beate möchte an die Heckleine, ich soll ziehen, gute Idee, hätten wir direkt machen sollen. Völlig unterschätzt hat sie das gegenteilige Manöver, Abbremsen des Schiffes mit der Heckleine. Die Leine wird dazu in zwei, drei Umschlingungen über einen Haken an Land gelegt, ein Ende der Leine führt zum Schiff, das andere hält man in der Hand und zieht. Der umwickelte Haken bietet dann durch Reibung soviel Widerstand, dass man nicht allzu kräftig ziehen muss. Beate kennt das Prinzip. Leider rutschte ihr die Leine vom Haken, es war zuviel Zug drauf. Mit der Hand greift sie nach, passt einen Moment nicht auf und die Hand kommt zwischen Leine und Haken. Zum Glück lässt sie das andere Ende sofort frei, die Zugkraft ist weg. Eine leichte Schwellung auf dem

Handrücken ist zu sehen. Sie hat sehr, sehr viel Glück gehabt. Ein Schleusenwärter hilft uns im weiteren Verlauf, so kann jemand von uns an Bord wieder mit Motorkraft fahren. Die Lehre ist, ein Schiff von 11 Tonnen ziehen zwei Personen nicht mehr durch eine Schleuse.
Fort Augustus hat ein großes Thema, Nessie. Im Supermarkt, an der Tankstelle, in der Tourist-Information, überall gibt es Bücher oder Stofftiere zu kaufen. Es liegen Bücher von schottischen Schriftstellern und schottischen Themen aus, über Mythen und Sagen, Märchen, Lieder, Mordgeschichten, nicht zu vergessen die üblichen Touristenführer.

Zu Loch Ness schreibt das Buch *Myths & Legends*: Bereits im siebten Jahrhundert wurde das Ungeheuer von Loch Ness erwähnt, der Heilige Saint Columba ging am See entlang und sah ein Ungeheuer, dass einen im Wasser schwimmenden Mann angreifen wollte. Er befahl dem Ungeheuer im Namen Gottes zu verschwinden, was es auch tat. Bei einer anderen Gelegenheit sah er das Biest, wie es auf Beute lauerte. Columba befahl dem Ungeheuer, niemals mehr Menschen anzugreifen, es wurde nie mehr gesehen.
Diese Sätze faszinieren mich, ein gesetzestreues, gottesfürchtiges Ungeheuer, es tut, was man ihm sagt. Wer von allen Völkern in Europa befolgt die Gesetze am genauesten? In einem Buch las ich, Schweizer. Nessie könnte demnach schweizerischen Ursprungs sein, auch sprechen die zahlreichen kühlen Bergseen in der Schweiz für eine gewisse Erfahrung mit Kaltwasser. Und was in der Schweiz einmal versteckt ist, bekommt niemand mehr zu sehen. Nessie hat auch diese Angewohnheit nicht abgelegt.
1933 erschien ein Artikel in der Zeitung *Inverness Courier.* Ein Paar berichtete von einer enormen Kreatur, die sie auf dem Wasser sahen. Es war die Stunde, in der das Nessie Fieber geboren wurde.

Wissenschaftlich gibt es nur eine Kreatur, die Nessie ähnlich sein könnte, der Plesio-Saurier. Er wurde bis zu 40 Fuß lang, hatte einen langen Hals und einen Schildkröten ähnlichen Körper. Dieser Saurier verschwand, wie alle anderen auch, vor rund 65 Millionen Jahren. Eine Theorie besagt, einige Eier könnten in der Tiefe lange gefroren gewesen sein, sind wieder aufgetaut und haben sich entwickelt. Andere sagen, in Loch Ness gibt es niemals genug Nahrung für ein Tier solcher Größe.
Loch Ness ist 19,5 sm lang und über 300 Meter tief, mit Abstand der größte See im Caledonian-Canal. Das Wasser ist dunkel braun, fast schwarz. Das ist eventuell das größte Hindernis, jemals zu sehen, was unter Wasser ist.

Über Loch Ness segeln wir. Eine durchmischte Erfahrung, oft rauscht kalter Fallwind die Berge hinunter, in Sekunden steigt die Windgeschwindigkeit von 4 auf 6 Bft an. Unser Boot legt sich in solchen Momenten auf die Seite, es ist schwierig, Kurs zu halten. Und das, obwohl wir uns nur vom Vorsegel über den See ziehen lassen. Uns ist es zum ersten Mal kalt in Schottland, der Regen der vergangenen Tage hat die Umgebung deutlich abgekühlt. Auf halber Strecke liegt Urquhart Castle. In vergangenen Schlachten war es eine bedeutende Kommando Stelle über den Great Glen. Heute ist es eine bedeutende Geldquelle, wenn wir die zahlreichen Busse und Autos auf dem Parkplatz als Indiz nehmen. Vom Schloss ist nicht viel erhalten, mehr als einige Mauern sind nicht zu sehen, für uns wäre ein Besuch enttäuschend. Von See besteht freie Sicht auf die Mauerreste, ein kleiner Vorteil für Seereisende.

Inverness

Mit Erreichen von Inverness endet der Caledonian-Canal. Es ist spät, die Abwärtspassage erfolgt morgen. Das Marinabüro ist am Wochenende geschlossen, die Schleusenwärter übernehmen die wichtigsten Aufgaben, einen Liegeplatz zuweisen und den Stromkasten aufschließen. Aus Erfahrung wissen wir, am besten ist, Fakten schaffen. An einem Platz, der uns gefällt, vertäuen wir unser Boot und fragen nicht lange.

Beate nutzt die Gelegenheit der Waschmaschine, nachdem sie mich zuvor damit verrückt gemacht hat. Die Schleusenwärterin wollte nach einer Stunde kommen, einen Stromanschluss aufschließen, jetzt sind zwei vorüber, sie ist nicht in Sicht, die Wäsche hängt inzwischen auf der Leine. Herumtrödeln oder auf jemanden warten, der irgendwann kommt, macht mich wahnsinnig, da hat auch das Sabbatjahr keine Abhilfe gebracht. Ich gehe zur Schleuse zurück, sie entschuldigt sich, musste einige Boote schleusen, aber in zwanzig Minuten sei sie da und wird den Stromkasten aufschließen, sofern sie einen Schlüssel hat. Die Zeit vergeht, sie lässt uns schon wieder sitzen, das Elektrokabel legen wir auf den Steg, soll sie es anschließen, wenn sie überhaupt noch kommt. Die Batterien müssen geladen werden, sonst wäre uns der Stromanschluss egal.
Jetzt ist der, „ich werd noch verrückt Virus“, völlig auf uns übergesprungen, wir vergessen die Hälfte unserer Dinge für den Einkauf, gehen wieder zum Schiff zurück und „auf ein neues“ nochmals in die Stadt.

Wohin geht man am besten nach dem unnötigen, selbstgemachten Ärger? In einen Whiskyladen. Hunderte von Flaschen stehen in den Regalen, die bis zur Decke reichen, eine Flasche schöner als die andere. Eine Verkäuferin bietet uns Proben an, freie Auswahl. Die Entscheidung fällt für Talisker, einen Whisky von der Insel Skye. Mehrere Leute haben uns von diesem Whisky vorgeschwärmt, in Portugal trafen wir einen ehemaligen Hubschrauberpiloten, der sein Boot nach diesem Whisky benannte. Er lebte lange Zeit in Schottland. Die Verkäuferin erklärt uns, sie hat zwei Sorten Talisker, einen jungen von 10 und einen älteren, 14 Jahre alt. Sie sucht nach dem jüngeren Whisky, „leider“ ist die Flasche leer, die andere aber voll. Mit dem Einschenken ist sie großzügig, den Whisky genießen wir, er schmeckt mild, rauchig. Die dümmste Frage bei so einem Tropfen ist die nach dem Preis. Für einen Liter Whisky könnten wir unseren halben Dieseltank füllen, mit einem köstlichem BP Jahrgang. Zurück am Boot verliere ich eine Wette, unser Schiff ist am Stromkasten angeschlossen.

Johnny Foxes ist ein Pub im Zentrum der Stadt. Am späten Abend zählen wir uns zu den Gästen der ausgesprochen gut besuchten Kneipe. Eine 2 Mann Band spielt Hits aus vergangenen Tagen. In der Mitte des Pubs befindet sich die Theke, von allen Seiten zugänglich. An den Außenwänden sind Tische und Stühle angeordnet. Die Tische sind nochmals mit Scheiben nach vorne und seitlich abgetrennt, mit einem Durchgang in der Front, so kann niemand die Tische einsehen. Es sieht ein wenig aus wie bei der Bahn, wo es Abteilungen zu jeweils sechs Personen gibt, die sich dann über Stunden ertragen müssen.
Wer von den Kanaren nach Schottland reist, fällt sofort auf, es gibt nur Bleichgesichter in diesem Land, weißer als weiß. Den meisten Schottinnen scheinen die niedrigen Temperaturen nicht viel auszumachen, viele waren sehr erfolgreich bei Tisch und verfügen über einen integrierten Kälteschutz, ihre Kleidung ist knapp, insbesondere die Oberbekleidung. Für Männer können die Winter in Schottland nicht so kalt sein. Schöne Menschen sieht man auf den britischen Inseln wenig, Spanien steht für uns nach wie vor an der Spitze. Übergewichtig ab dem 25. Lebensjahr scheint hier das Los des Lebens zu sein, Fastfood sei Dank.

Die Stimmung im Pub ist gut, Beate hat den Eindruck, viele Damen flirten mit allem, was nach Mann aussieht. Für den Fall, dass ein Leser nach Inverness kommt, Interesse an Schottinnen hat, Johnny Foxes, Bankstreet, ist eine Empfehlung. Uns gefällt das unterschiedliche Publikum, die Mehrheit der Pub Besucher dürfte zwischen 20 und 55 Jahren alt sein. Wir ordern zwei Ale. Das Bier ist warm wie Spülwasser, so schmeckt es auch. Die zweite Bestellung ist ein Guinness, laut Zapfhahn, „extra cold", es hat die für uns gewohnte Trinktemperatur. Wer nun glaubt, ich schreibe von einer dritten Bestellung, der wird enttäuscht, das nächste Getränk ist O-Saft an Bord.

Leider sind wir in der Kneipe mit niemanden ins Gespräch gekommen, na ja, der Autor alleine vielleicht ... Steht man in der Kneipe, bieten sich dennoch viele Gelegenheiten, einfach mal in Gespräche hinein zu hören, so dachten wir. Schnell ist klar, das ist nur Theorie. Untereinander sprechen Schotten einen Dialekt, der sehr schwer zu verstehen ist. Mehr und mehr bestätigt sich der Eindruck, BBC Englisch spricht so gut wie kein Brite.

Samstag, 21.06.03. Für jeden Harry Potter Fan der langersehnte Tag, der fünfte Band „Harry Potter and the Order of the Phoenix" ist im Handel. Einige Büchereien öffneten um Mitternacht, am Nachmittag laufen einige versprengte Zauberer durch die Stadt, jede Buchhandlung veranstaltet eine Feier oder Verlosung. Unsere Bordbibliothek ist auch um ein Exemplar reicher.

Prinz Williams Geburtstagsparty wurde von einem Eindringling gestört, die erste Meldung heute bei BBC, Schottland-Yard entschuldigt sich. Uns bleibt vor Schreck fast der Atem weg, der arme 21 jährige wird nun für den Rest seines Lebens mit diesem Trauma leben müssen. Die Palästinenser, die heute von Israelis erschossen wurden, werden erst in der zweiten Meldung erwähnt und sind von ihrem Trauma befreit, sorry. Die Einstellung der Briten zu ihren Royals wird mir immer ein Rätsel bleiben. Um das zu verstehen, muss man hier geboren und mit britischer Muttermilch aufgezogen sein, die britische Geschichte verinnerlicht haben.

Auf historischen Wegen ist das Motto unseres letzten Tages in Inverness. Mit einem Sightseeing Bus - man kann den ganzen Tag ein- und aussteigen, wo man möchte – erkunden wir die Umgebung. Zur Nachmittagstour sind wir die einzigen Gäste, die Reiseleiterin, die Touristen auf der Fahrt begleitet, setzt sich zu uns und erzählt von allen Orten, Steinen, Feldern, an denen die Fahrt vorbei führt. Für uns kommt dieser Spezialservice überraschend, die Freude an Geschichte steigt.
Am Stadtrand passiert der Bus ein Gewerbegebiet wie es heute oft zu sehen ist, mit Kaufhäusern, Autoservice, usw., eigentlich kein besonderer Platz. Hier wurde 1835 der letzte Schotte hingerichtet, Tod durch den Strang, er ermordete seine Frau. 8.000 Leute sahen die Hinrichtung. Na, wenn das kein Anfang ist?
Am Ortsausgang stehen rechter Hand mehrere Gebäude, die Reiseleiterin erzählt, es ist eine Privatschule mit insgesamt vier Schülern. Zum Lernen ist das sicherlich besser, aber auch viel langweiliger. Keine Schülerstreiche, keine Hoffung, bei vergessenen Aufgaben nicht aufzufallen, wie öde, wo bleibt der Spaß?
Am meisten interessiert uns Culloden, dort fand am 16.04.1746 die letzte Schlacht auf britischem Boden statt, Schotten gegen Engländer. Bonnie Prince Charlie wollte die Krone für Schottland und England, er verlor die Schlacht und floh mit Hilfe von Flora MacDonald, als deren Magd verkleidet, auf die Insel Skye. Heute stehen auf dem Schlachtfeld rote und gelbe Flaggen, die die Ausgangspositionen der Streitkräfte symbolisieren. Ungefähr 9.000 Engländer standen 4.500 Schotten gegenüber, die Schlacht dauerte eine Stunde und endete mit dem Tod fast aller Schotten! Kriege haben ihre eigenen Gesetze und Grausamkeiten. Von englischer Seite war die Schlacht schnell gewonnen, weiterer Blutzoll schottischer Soldaten nicht mehr nötig. Dennoch wurden fast alle getötet oder sollte man besser ermordet sagen?
Einen kurzen Fußweg entfernt liegen die Steinkreise von Clava Cairns. Cairns sind runde, aufgeschichtete Steinhügel, unter

denen die Schotten wahrscheinlich ihre Toten begruben. Bei Ausgrabungen fand man Knochen und Reste von verbranntem Holz, was nach meiner Lesart auch für die Reste eines guten Barbecue sprechen könnte. Um den Cairn stehen, in einem Abstand von einigen Metern, bis zu einem Dutzend Steine, die einen äußeren Kreis bilden. Diese Steinkreise dienten wahrscheinlich religiösen Zwecken und sind mit viel Zauber und Magie versehen. Meine Theorie ist, sie dienten zur Unterhaltung, dreizehn Schotten und zwölf Steine, wer sich nicht hinter einem Stein verstecken konnte, musste für die Grillfeier Holz hacken.
Ein Besuch im Fort George ist angesichts vorangeschrittener Tageszeit nicht mehr möglich. Das Fort, errichtet nach 1746, war niemals in einen Krieg involviert, dementsprechend gut ist es erhalten.
Auch Gegenwärtiges erzählt die Reiseleiterin. Aberdeen ist die wichtigste Stadt für die Ölindustrie, fast alle Verbindungen zu den Förderanlagen in der Nordsee werden von dort abgewickelt. In Inverness ist eine Werft, die Bohrinseln wartet und repariert, vom Bus aus ist eine Plattform in der Moray Bucht zu sehen. Und nicht zuletzt, selbst das weit im Norden liegende Schottland hat Probleme mit Drogen.

Das Sturmtief ist durchgezogen, Schottland ist recht gut davon gekommen. Die nächsten Tage sehen sehr reisefreundlich aus, hoffentlich bleibt es so.

Nordsee

Kurze Nächte – Firth of Forth – kurzweiliges Edinburgh – musikalisches Glasgow – Pipers in Eyemouth

Die kurze Passage zur Seeschleuse entwickelt sich zu einer nervigen Angelegenheit. Zusammen mit zwei weiteren Booten eine Etage tiefer geschleust, warten wir nun zwanzig Minuten, bis die Eisenbahnbrücke, die unmittelbar folgt, geöffnet wird. Der Zug passiert, die Brücke bewegt sich. Auf Anweisung der Schleusenwärterin dürfen wir nicht ausfahren, weil es in der Seeschleuse ein Stück weiter ein Problem gibt. Die Zeit vergeht, die Schleusenwärterin ruft ihren Kollegen über Funk, der berichtet von Schwierigkeiten mit zwei Booten in der Schleuse. Die Brücke schließt sicher wieder, der nächste Zug kommt bald. Wieder eine halbe Stunde warten. „De Zoch kütt“, wie man in Köln sagen würde, die Brücke ist wieder offen, diesmal können wir hinaus, nach gut 90 Minuten! Zum Glück ist es noch nicht zu spät, das Wasser läuft weitere drei Stunden ab.
Am Nachmittag erreicht die Athene-Tour ihren nördlichsten Punkt, der weitere Weg führt jetzt ohne große Umwege nach Hause. Die Entfernung bis nach Den Helder in Holland beträgt 500 sm, langsam fangen wir an, die Meilen zu zählen, die Freude auf zu Hause wächst.

Für ein Schiff mit knapp zwei Meter Tiefgang ist die Nordostküste Schottlands ein schwierigeres Revier, wenn man Marinas als Maßstab nimmt. Nur wenige Häfen sind zum Anlaufen geeignet, diese sind dann kommerzielle oder Fischereihäfen. Yachten sieht man dort nicht gerne, umgekehrt ist es auch für uns kein Vergnügen, an einem gammeligen Fischerkahn anzulegen, ganz zu schweigen von möglichen Beschädigungen unseres Bootes. Wir haben uns entschlossen, eine Nacht durchzufahren, Edinburgh ist das nächste Ziel.

Die Nachtfahrt ist mehr eine Dämmerungsfahrt, auf Deck ist alles, selbst im Detail, zu erkennen. Beate übernimmt gegen 2300 Uhr die Wache und ist sogleich aufgeregt. Eine Möwe ist uns an die Angel gegangen! Zunächst scheint es, als hätte sie nach dem Fischköder geschnappt, beim Einrollen der Schnur sehen wir, die Möwe ist in die Leine geflogen, ein Flügel hat sich darin verwickelt. Der Vogel kreischt und pickt, das macht die Befreiungsaktion nicht einfacher. Mit festen Handschuhen ausgerüstet, halte ich die Möwe in einer Hand und versuche, die Leine vom Flügel abzuwickeln. Die Möwe hat sich derart darin verheddert, leider muss die Leine zerschnitten werden. Die Schnur ist gekappt, die Möwe flattert wie wild, ich kann sie nicht halten, sie kommt mir zu nahe ans Gesicht, fällt ins Wasser, schlägt mit den Flügeln und fliegt davon. Das Reststück der Leine ist entweder abgefallen oder behindert den Vogel nicht beim Fliegen, ich hatte keine Chance, das Tier komplett zu befreien.

Die schottische Ostküste steht in erster Linie für Nordseeöl und Gas. An Land sind riesige Anlagen zu sehen, unzählige Lichter, so stark, dass die Wolken, von unten beleuchtet, gelblich rot schimmern. Beim Blick aufs Meer hinaus stehen, wenige Meilen außerhalb der Küste, ein halbes Dutzend Offshore-Förderanlagen, ebenfalls hell beleuchtet.

Die „Nacht" dauert von ca. 2300 bis 0300 Uhr, es ist wieder taghell. Wir durchfahren eine Kolonie von blauschimmernden Quallen, die in Formationen in gleichen Abständen neben- und voreinander schwimmen. Das Wasser ist erstaunlich klar, die tellergroßen Quallen sind bei dem jetzigen Sonnenstand sehr gut zu beobachten, es müssen Tausende sein. Ich drehe mich um und schaue achteraus, kann aber leider nichts im Wasser sehen, die Sonne spiegelt sich auf der Oberfläche. Eigentlich hätte ich gerne gewusst, ob unser rotierender Propeller die Population hinter dem Schiff verdoppelt hat.

Mit Passieren von Peterhead liegt Kurs Süd an. Der Ort bietet, als einer der wenigen, eine Marina. In einem Prospekt sah ich ein nettes Foto der Anlage. Was es verschweigt, ist das Umfeld, die Marina liegt mitten in einer petrochemischen Anlage! Der Hafen dient in erster Linie dem Bedürfnis der Großschifffahrt, auch Yachten müssen vor Befahren per Funk eine Genehmigung einholen. Wieso hier eine Marina errichtet wurde, ist mir ein Rätsel. Ob einige Ölbosse Platz für ihre Boote benötigten? Für Durchreisende ist es sicherlich ein Erlebnis: Zum Frühstück ein wenig Ruß, der von einer Abfackelflamme herüberzieht, zum Mittag riecht es nach Verdünnung und die Nacht wird mit Dieselgeruch versüßt. Ich weiß nicht, ob es wirklich so ist, einladend sieht der Ort nicht aus.

Thema Umwelt. Die Nordsee ist als Industriemeer bekannt, somit war unsere Erwartung an irgendeine Form von Leben im oder auf dem Wasser sehr gering. Die Realität ist erfreulich anders, unser Eindruck ist, das Meer ist voll von Leben!!!
Neben dem Boot tauchen immer wieder Delfine auf, verschiedene Gattungen, einheitlich dunkle, gefleckte und sogar ein fast weißer mit zwei seitlichen grauen Streifen.
Ein Novum sind Seehunde. Immer auf der Ausschau nach Fischermarkierungen, sehen wir häufig etwas dunkles, schwarzes vor oder neben dem Schiff. Bei genauerem Hinschauen ist es ein Seehund, der, einmal aufgetaucht, sich nach allen Richtungen umdreht. Führt unser Kurs zu nahe an ihm vorbei, taucht er einfach ab.

Auf dem Wasser tummeln sich verschiedene Möwenarten, unendlich viele Papageientaucher und eine kormoranähnliche Art, aber braun-weißes Gefieder.
Die Papageientaucher schauen mit ihren rot-gelb-schwarzen Schnäbeln hübsch aus. Auf annähernd 100 Seemeilen begleiten sie uns ständig, genügend Zeit zur Beobachtung. Unter Wasser mögen sie geschickte Schwimmer sein, was ihre Flugkünste angeht, sind sie auf dem Stand der Gebrüder Wright stehen geblieben. Bei einem Vogel zähle ich Dutzende Schläge der Flügel aufs Wasser, bis er endlich abhebt. Im Vergleich benötigt eine Möwe wenige Flügelschläge und ist weg.

Über Seefunk erreicht uns ein Mayday. Die Yacht GOOD QUESTION ist im Firth of Forth bei Niedrigwasser auf einen Felsen gelaufen, der Skipper hat Angst und bittet die Seenotrettung, ihn abzuschleppen. Zunächst verwirrte uns der vorangegangene Funkverkehr. Die Küstenstation leitete jeden Anruf an die Yacht mit: „Mayday, good question“ ein. Was soll der Unsinn, immer vorweg zu sagen: „Gute Frage?“ Nach einigen Minuten folgt ein offizieller Notruf der Küstenfunkstelle, dann ist uns klar, das ist der Name der Yacht. Ein in der unmittelbaren Nähe befindlicher Fischkutter bietet an, das Boot sofort an den Haken zu nehmen, die Küstenwache lehnt dankend ab und schickt die Seenotretter. Unweit der Havarie liegt ein kleiner Hafen, der Hafenmeister kann die Yacht von Land aus sehen, er wird sie bergen. Kurz und gut, die Seenotretter retten den Skipper, er ist alleine an Bord, der Hafenmeister kümmert sich um die Yacht, Notfall beendet, die Küstenwache sinngemäß: „Der Skipper ist abgeborgen, die Yacht steht hoch und trocken zwischen den Felsen, es ist nichts passiert, Mayday aufgehoben.“

Dieser Vorfall zeigt unter anderem, wie sorgsam man einen Yachtnamen wählen sollte.

Küstenwache (K): „GOOD QUESTION, wie ist ihre Position?“ Antwort (A): „Gute Frage, keine Ahnung.“ K: „NO CHANCE, wir können sie nicht orten.“ K: “Die Yacht MISTY ist im Nebel auf Grund gelaufen.“ K: „DEFIZIL, die Bergung ist schwierig.“ K: „BIG DEAL ist in Position sowieso auf Felsen gelaufen.“

Der frische Wind schiebt uns erfreulich schnell in den Firth of Forth. Es ist erbärmlich kalt, obwohl die Sonne von blauem Himmel scheint, die Kleidung wird um eine Lage Fleece erweitert. Der Firth of Forth ist eine über 20 Seemeilen tiefe Bucht, an deren südlicher Seite Edinburgh liegt. Unser Ziel ist die Marina Port Edgar, tiefer in der Bucht. Im Firth herrscht rege Grosschifffahrt, Containerschiffe und Öltanker gleichermaßen. Auch hier tummeln sich unzählige Papageientaucher auf dem Wasser. Als Fahrwasser Markierungen dienen nicht nur die üblichen roten und grünen Tonnen, ein Teil der Seezeichen ist auf Flöße montiert. Und wer nutzt diese Flöße auch noch? Seehunde. Die Plätze scheinen begehrt, manche streiten sich.

In der Marina wird am ersten freien Steg gegen 2100 Uhr ziemlich erschöpft angelegt, obwohl der Törn sehr komfortabel war. Es muss an der Kälte liegen, auch kam der Schlaf zu kurz. Kleiner Imbiss, ein Bier und schließlich in homöopathischer Dosierung ein Whisky. Kaum in der Koje, schlafe ich nach 5,34 Sekunden ein.

Firth of Forth / Edinburgh

Der Donnerstag ist in erster Linie Ruhetag, sehr warm scheint die Sonne. Wartungsarbeiten sind notwendig, ein wenig Putzen täte dem Schiff auch gut. Nachmittags läuft das Schulschiff ROYALIST ein. Die Ausbildung der Seekadetten liegt in den Händen einer stimmgewaltigen Dame, die die Jungs im Rigg zurechtweist. Bei allen Manövern mit Leinen, die mit vielen

Matrosen durchgeführt werden, wird bei der deutschen Marine rhythmisch „Hol weg, hol weg“ gerufen. Die Briten rufen: „Nos-tal-gie, Nos-tal-gie“, mir gefällt das.

Die Marina Port Edgar liegt in South Queensferry, einem kleinen Vorort von Edinburgh. Immerhin gibt es für den Ort einen eigenen Touristenprospekt, in dem kühn die Behauptung aufgestellt wird, es sei ein lebhafter Platz. Den Beweis dazu liefert die Broschüre auf der Rückseite, über das Jahr verteilt zähle ich vier Ereignisse: Schwimmen im Forth am 1. Januar, Schneeglöckchen im März, ein Bootsrennen im Juni und eine Ausstellermesse im August. Puh, da muss man einen Terminkalender führen, sonst versäumt man noch etwas. Wirklich toll ist die viktorianische Eisenbahnbrücke, die den Forth überspannt, ein technisches Kunstwerk.

Nahe der Marina ist eine Bushaltestelle, der Bus Richtung Edinburgh hält, wir möchten unsere Tickets beim Fahrer bezahlen. Überraschenderweise hat er kein Wechselgeld. Zuerst denken wir, es liegt ein Missverständnis vor, der Fahrer macht Witze, aber es stimmt, kein Kleingeld heißt aussteigen. Ein Fahrgast hilft uns aus der Patsche. Den Fahrer frage ich, warum er kein Wechselgeld mich sich führt? Er brummelt etwas, meint schließlich in deutlichster Aussprache: „Mein Job ist, einen Bus zu fahren.“ In der Touristeninformation erfahren wir, für hiesige Busse muss man immer ausreichend Kleingeld in der Tasche haben.

Viel Historisches erwartet uns in Edinburgh, die Burg, die majestätisch hoch über der Stadt auf Felsen errichtet ist, die unzähligen Kirchen rund herum, große herrschaftliche Häuser, der Hollyrood Palace und die Royal-Mile, die Burg und Palast verbindet. Auf den ersten Blick sind die Gebäude in einem ausgezeichneten Zustand, die Stadt sauber. Edinburgh ist absolut

sehenswert, hier könnte man locker eine Woche verbringen und hätte bei weitem nicht alle Plätze und Paläste gesehen. Kulturell scheint sich auch viel zu ereignen, mein Maßstab sind Jazzclubs, ein Club hat beinahe täglich zwei Bands auf der Bühne, eine bis Mitternacht, die andere danach. Selbstredend sind die Programme der Theater und Konzerthallen umfangreich.
Beate, die in den vergangenen Wochen fleißig Bücher schottischer Geschichte und Legenden las, übernimmt heute die Navigation in der Stadt. Zuerst gehen wir zu einem kleinen Denkmal eines Hundes, Greyfriars Bobby. Der Hund gehörte einem Polizisten, der ihn regelmäßig auf seiner Wache zu einem Landwirtschaftsmarkt mitnahm. Als sein Herrchen starb, bewachte er 14 Jahre lang dessen Grab, er blieb seinem Herrn so treu, keiner bekam ihn dort weg. Die Geschichte ereignete sich zwischen 1858 und 1872.

Durch die Hauptgeschäftsstrassen schieben sich Massen von Menschen, für meinen Geschmack zu viele. Unter ihnen sind Studenten, die, logo, jung und leger gekleidet sind, ihnen fehlt auch der verkniffene Gesichtsausdruck der zweiten Gruppe, der Berufstätigen. Diese tragen häufig eine Art Uniform, der schicke Büroanzug zählt für mich auch dazu! Die Deppen, die ständig im Weg stehen, so tun, als hätten sie alle Zeit der Welt, mit einem fragenden Blick herum schauen, auf ihrem dicken Wanst eine Kamera oder auf dem Rücken einen Rucksack tragen, gehören zur dritten Gruppe, Touristen. An den von ihnen überbevölkerten Plätzen werden mit Vorliebe Zettel für obskure Erlebnisse verteilt, zum Beispiel für Spiegel, die Gesichter verzerren. Toll, dafür reist man nach Edinburgh. Die Stadt hat gelernt, wie man das Geld aus Touristen saugt, die vielen Souvenirgeschäfte, die Whiskyläden mit ihren überteuerten Waren zeugen davon. Und was soll man sagen, die Läden sind voll. Er muss wirklich fabelhaft aussehen, Schmitzens Walter im Kilt, zu Hause in Niederdorfbach.

Am Wochenende finden zwei Konzerte von Robbie Williams statt, ausverkauft. Auf den Zufahrtstraßen stehen Hinweisschilder, welcher Weg zum Stadion zu nehmen ist. In der Stadt bewegen sich Scharen von meist jungen Menschen in diese Richtung. Unter ihnen sind sehr, sehr viele Frauen im besten Alter und im Gegensatz zur Caledonian Region, auch viele hübsche, attraktive.
In der Zeitung lese ich, Robbie Williams wird durch die beiden Konzerte in Schottland 3 Millionen Pfund verdienen. Das sind 1.500 Tonnen, der Mann benötigt einen Geldspeicher. Spaß beiseite, gut 4 Millionen € in zwei Tagen ist nicht schlecht, wenn das nicht erotisch macht?

Eine schöne Seite Schottlands ist, Edinburgh und Glasgow liegen dicht bei einander, eine Stunde Zugfahrt und man ist in der anderen Stadt. Mit einem Shuttle, der erstaunlich gut frequentiert ist, Fahrgäste stehen in den Gängen, fahren wir am Sonntagmittag nach Glasgow.
Mir gegenüber sitzt eine Familie, er schläft, Sohnemann ist in eine Autozeitschrift vertieft, sie liest ‚NOW', eine Frauenzeitschrift. Auf der Titelseite steht ‚die wahre Geschichte von Tania', kleiner daneben, ‚wie sie ihren idealen Mann fand'. Jawohl, die Welt der englischen Leserinnen hat ein Recht, alles über den idealen Mann und den Weg zu ihm zu erfahren. Im Laufe der Bahnfahrt liest sie die Zeitschrift zweimal, der schlafende Ehemann scheint nicht der ideale Typ zu sein. Schräg gegenüber sitzt ein Vater mit zwei Töchtern. Die Kinder spielen Karten und amüsieren sich, er hält das englische Gegenstück zur BILD-Zeitung, die SUN, in Händen. Von meiner Sitzposition kann ich nicht einsehen, welche Seite er liest, es ist auch nicht nötig, man sieht es an seinem Gesicht. Lächelt er vor sich hin, wird auf der Seite ein knapp bekleidetes Girlie abgebildet sein. Nachprüfen kann ich die These, sobald er umblättert, die Trefferquoten sind nicht schlecht, die Zeitung hat mehrere solcher Seiten. Wenig-

stens für einen kleinen Moment zu Hause vergessen, sich an der Seite einer Schönheit wegzuträumen, es muss ein tägliches Bedürfnis der männlichen Leserschaft sein. Schweift der Blick auf die andere Zeitungsseite, ‚Kabinett plant Steuererhöhung', ist er wieder in der Realität angekommen.

Endstation ist Queen Station, im Herzen Glasgows. Der erste Eindruck ist überwältigend. Architektonisch ist Glasgow mit Sicherheit die schönste Stadt in Großbritannien, die wir im Verlauf unserer Reise besuchten. In unmittelbarer Nähe zur Queen Station liegt George Square, auf dem sich viele Menschen in der wärmenden Sonne entspannen. Rund um den Platz wehen Dutzende Fahnen, sie werben für die Jazzwoche, die Anfang Juli stattfindet. George Square grenzt an ein prunkvolles Verwaltungsgebäude, im viktorianischen Stil errichtet, erbaut aus grauen Steinen. Im Kontrast dazu stehen die Häuser, die aus rotem Sandstein gebaut wurden, in keiner Stadt Britanniens gibt es so viele Sandstein Bauten wie hier.

Für Glasgow ist ein Tag Aufenthalt vorgesehen, eigentlich viel zu kurz. Um eine Übersicht über die wichtigsten Bauten und Plätze zu bekommen, schließen wir uns einer Stadtrundfahrt an in einem offenen Bus an. Der Weg führt durch ein hochsommerliches Glasgow, Richtung Westen, zum Museum und der Universität. Das Museum ist komplett in Sandstein gebaut, ein Meisterwerk, nicht weniger beeindruckend die Universität, die älteste in Großbritannien. Richtung Kathedrale passieren wir ein Krankenhaus, kein besonders aufregendes Gebäude, dennoch ein historischer Ort. Robert Flemming arbeitete hier und entdeckte das Penicillin.

Glasgow ist auch der Moderne nicht verschlossen, kaum eine Stadt in Europa hat so viele Bauten, die eine Glasfront aufweisen.

Ein Einkaufszentrum ist annähernd komplett aus Stahlrahmen und Glas erbaut, das größte seiner Art in Europa.
Glasgow ist nicht nur architektonisch interessant, auch kulturell ist es äußerst rege. In der Touristeninformation liegen alleine fünf Hefte aus, die die Festivals der Stadt im Juli erfassen.
In einer Straße befinden sich fünf große Theater dicht nebeneinander, dazwischen eines der größten Kinos in UK. Im Unterschied zu vielen anderen Städten – entweder schön, aber ab Sonnenuntergang ausgestorben, oder lebhaft, dafür nicht besonders ansehnlich – hat Glasgow für meine Begriffe die ideale Mischung, eine schöne, kurzweilige, interessante Stadt. Am späten Nachmittag suchen wir noch einmal die Kathedrale auf, diesmal per pedes, sehen uns die Einkaufsstraßen an, die unter anderem enorm große Buchhandlungen und Musikgeschäfte aufweisen. Auf dem Rückweg zum Bahnhof dringt von irgendwo eine Jazztrompete an unsere Ohren, eine Minute später sind wir im Pub. Am Tresen stehend, genießen wir bei einem Pint Ale die Musik eines Jazzquartettes und die urige Atmosphäre, der Zug nach Edinburgh kann warten. Glasgow verlassen wir am Abend mit dem Versprechen wiederzukommen, diese Stadt lohnt weitere Besuche.

Eigentlich wollten wir heute weiter fahren, nach einigem hin und her haben wir uns ganz „spontan“ darauf verständigt, keine Lust zum Segeln zu haben. Der Wind ist zu stark, weht aus der falschen Richtung und überhaupt. Außerdem unterliegen wir nach wie vor dem Reiz Edinburghs. Zuerst sehen wir uns in einer der großen Buchhandlungen der Stadt um. Im Laufe unserer Reise in Irland und UK sind wir immer mehr den Verlockungen der Buchhandlungen verfallen, manchmal verbringen wir mehr als eine Stunde dort und wissen nicht, wo die Zeit geblieben ist. Speziell an Wochenenden sind Buchhandlungen in beiden Ländern sehr gut besucht, offensichtlich lesen Briten gerne.

Der Buchhandlung folgt die Bank of Scotland. In Edinburgh liegt das Hauptquartier, einer Broschüre zufolge ist der Zutritt für die Öffentlichkeit möglich. Dort angekommen, erklärt man uns, dass ein kleines Museum zugänglich ist, der Rest des Gebäudes nicht, dort wird gearbeitet. Das Museum ist wenig interessant, ausgestellt ist ein alter Bankschalter, in Vitrinen Fotos und Geldscheine. Eine Dame erklärt Besuchern Hintergründe und fragt, wo mein Interesse liegt, in Münzen, Bank- oder Stadtgeschichte? Mein Interesse liegt in einer Aspirin, was ich selbstverständlich nicht sage, sondern verabschiede mich ganz diskret aus dem ehrwürdigen Haus. Irgendetwas hängt heute bei mir „quer", jetzt einen Vortrag über die Bogenschützen der Bank im Jahr 1803 zu hören ist zuviel.
Im Supermarkt erstehe ich meine Aspirin, gängige Medikamente kann man dort kaufen, zu Preisen, die in Deutschland nicht mehr zu schreiben sind, so klein ist die Zahl.

Beate möchte ins Museum, das Royal Museum und das Museum of Scotland befinden sich in einem Gebäude. Eine große Bandbreite von Technik, über Tiere bis hin zu ägyptischen Mumien ist im Royal Museum in Ausstellung. Im Museum of Scotland sind die Themen selbstredend schottisch, sie zeigen alle Bereiche des vergangenen und gegenwärtigen Lebens. Beide Museen sind so groß, man müsste mehrere Tage dort verbringen, um alles zu sehen. Und nicht zuletzt, über entsprechende Kondition sollte man auch verfügen.

Am frühen Morgen verlassen wir Port Edgar und durchfahren den Firth of Forth. Eine Fähre und ein Frachtschiff bleiben die einzigen Begegnungen während des Vormittages. Schließlich erreichen wir Rock Bass, ein Felsen mit der größten Vogelkolonie Großbritanniens. Schon von weitem sind die Möwen zu sehen, wie sie in der Luft ihre Kreise ziehen. Die Felsoberfläche ist weiß von Vogelkot, beim Passieren der Vogelkolonie erleben unsere Nasen ihr eigenes Abenteuer.

Eyemouth

Eyemouth ist Grenzstadt, die Grenze zu England, wo wir am Nachmittag einlaufen. Mitten im Hafenbecken aalt sich ein Seehund, ich bin völlig überrascht, das Tier hier zu sehen und stoppe auf, Kollisionsgefahr. Wie sich später herausstellt, leben vier Seehunde ständig im Hafenbereich, einer bereits seit fünf Jahren. Der Hafen ist ein lebhafter Fischereihafen, Boote laufen ein und aus, die Seehunde sind es gewöhnt.
Eyemouth ist eine verschlafene Kleinstadt, die hauptsächlich vom Fischfang lebt, im Sommer zusätzlich vom Tourismus. Der gesamte Küstenbereich um Eyemouth hat zur See steile, abfallende Felsen, die in den Farben zwischen rot und schwarz variieren, der Übergang oft gleitend. Oberhalb der Felsen breiten sich saftige Wiesen und Felder aus, die in grünen und gelben Farben leuchten.
Von See sahen wir schöne Orte um Eyemouth, einen Leuchtturm in unmittelbarer Nähe und eine große Kolonie brütender Vögel zwischen den Klippen. Kurz gesagt, eine Wanderung zu den Plätzen scheint verlockend, wieder ein Hafentag.
Bei bestem Sommerwetter wandern wir gut zwei Stunden und erreichen Coldingham, nördlich von Eyemouth. Der Ort verfügt über einen kleinen Fischereihafen, eine Poststelle und eine Bushaltestelle. Damit dürften auch alle öffentlichen Einrichtungen aufgezählt sein. Coldingham liegt wie Eyemouth auf einer kleinen Anhöhe über den Klippen zur Küste. Im Sonnenschein sieht alles fantastisch aus. Einige Häuser wurden im Stile kleiner Schlösser gebaut, mit Erker und Türmen, verschachtelten Gebäudeteilen, deren Dächer in verschiedene Himmelsrichtungen zeigen, einfach traumhaft. Wir sollten unser Boot verkaufen und in

eine solche Herberge ziehen, auch wenn es im Laufe der Zeit langweilig wird, immer am gleichen Platz zu leben.
Nördlich des Leuchtturms befindet sich eine große Brutkolonie von Möwen und Papageientauchern. Dort geht es sehr lebhaft zu, Vögel fliegen ständig zwischen Brutplätzen und See hin und her. Immer wieder gibt es Streit, mal mit dem Nachbarn, mal mit einem, der sein Nest nicht findet. Das Gekreische ist fortwährend zu hören, Möwen sind ein geschwätziges Volk. In der Luft liegt der Duft von „Eau de Möwe", es stinkt fürchterlich nach Möwenkot.

Abends werden einige folkloristische Darbietungen im Ort aufgeführt, Tanz und Musik von Dudelsackspielern. Beate schaut den Tänzern zu, die einen alten, sehr formalen Tanz aufführen. Mein Interesse gilt mehr den Pipern, so gehe ich zu deren Gruppe hinüber, die Leute machen gerade eine Pause. Eine Dame mit Dudelsack lächelt freundlich, ich spreche sie an, ob sie mir erklären könnte, wie das Instrument funktioniert. Ich glaube, sie wird keinen Fremden mehr anlächeln, die Sache endete damit, dass sie auf der Straße den Dudelsack zerlegt. Mein Befinden ist irgendwo zwischen „ist mir das peinlich und könnte ich das auch noch sehen" angesiedelt. Auf meine Fragen antwortet die Schottin nie mit ja oder OK, sie antwortet immer mit „aye".

Unter den Musikern befinden sich einige Gäste, Pipers aus Holland, Leute aus Leiden und Vlissingen, die in Zeeland in einer festen Gruppe Dudelsack spielen. Offensichtlich sind Musiker wie Segler sehr kommunikativ, schnell finde ich mit einem holländischen Piper eine Gesprächsebene, zwei Plaudertaschen treffen sich.

Eyemouth möchte uns nicht absegeln lassen, eine beträchtliche Brandung läuft in die Hafeneinfahrt. Zwei Fischerboote hatten am frühen Morgen erhebliche Probleme einzulaufen. Wahr-

scheinlich wäre es möglich, hinaus zu fahren, jedoch ist es windstill, ATHENE müsste in diesen Wellen bis zum nächsten Ziel 10 Stunden unter Motor fahren. Das ist eine sichere Methode, sich den Spaß am Boot zu verderben, Hafentag.
Unser Schiff liegt an einem Fischerboot, mit dem der Eigner am Wochenende Angler aufs Meer hinausfährt. Er erzählt vom Fischen und wo die besten Plätze liegen. Nach seiner Aussage hat man mit der Angel nur eine Chance, wenn man an ein Wrack oder eine Untiefe fährt und das Boot treiben lässt. Die Fische stehen fast immer auf dem Meeresgrund, die Methode mit nachgezogenem Fischköder würde hier nicht funktionieren. Ja, das haben wir auch gemerkt, zügig segeln und angeln passt nicht zusammen.
Heute sieht es besser aus, die See ist ruhig, gemütlich segeln wir die Küste Richtung Süd entlang, abends laufen wir in Blyth ein, wieder 60 sm näher an Makkum.

Rolling Home

Traumhafte Törns – Möwen mögen James Cook – Nordsee Wahrzeichen – Sternschnuppe und Taube – der Kreis schließt sich

Blyth ist nicht unbedingt eine Reise wert, die Stadt wenig einladend. In der Straße, die zum Hafen führt, werden viele Häuser zum Verkauf angeboten. Verlockender ist die Wettervorhersage, Südwest Wind, der im Tagesverlauf auf West drehen soll. Gute Bedingungen, am Nachmittag laufen wir aus mit Kurs Hartlepool. Auf See ist die Windstärke höher als erwartet, die Anzeige pendelt zwischen 20 und 25 Knoten, unsere ATHENE segelt mal wieder Höchstgeschwindigkeit. Sehr bald passieren wir Newcastle, eine Stadt, die von See schön aussieht und einen der bedeutendsten Fährhäfen an der englischen Ostküste hat, Schiffe laufen ständig ein und aus.

Für 33 Meilen benötigen wir 4 Stunden und 45 Minuten, ein traumhafter Törn. Nach Passieren der Schleuse legen wir in der Marina Hartlepool an. Alan, der Manager, begrüßt uns. Mein Eindruck ist, der Mann wird nach gesprochenen Worten bezahlt, er redet ohne Unterlass von allen Besonderheiten des Ortes, über Bingo bis hin zum besten Restaurant der Stadt, was selbstverständlich in der Marina ist, aber heute leider geschlossen hat.

Ortsbesichtigung am nächsten Tag. Hartlepool ist deutlich größer als Blyth, aber nicht unbedingt schöner. In der öffentlichen Bibliothek sehen wir im Internet die Wetterkarten für die nächsten Tage durch, vielleicht ist es möglich, am Wochenende nach Holland zu segeln. Reisemüdigkeit macht sich breit, nach so vielen Eindrücken eines Jahres spulen wir neue Städte mehr ab, als dass wir sie uns mit der anfänglichen Begeisterung ansehen.

Mehr und mehr ist es Routine, mit der wir jetzt reisen, die überspitzt ausgedrückt, uns denken lässt, gut, noch eine Stadt besucht. Wir sind froh, wenn wir unser Schiff wieder an seinem angestammten Platz in Holland anlegen können, die Freude auf zu Hause, die Familie und Freunde, wächst.
Routine im Sinne von Geübtheit ist eine Erleichterung, im Sinne von Gewohnheit das Ende eines Traumes. An diesem Punkt sollte man aufwachen.

Whitby

Endlich begegnet uns James Cook. In Whitby begann seine Laufbahn als Seemann, hier absolvierte er eine Lehre auf einer Werft, die Kohlenschiffe baute. Das Haus, in dem er wohnte, ist heute ein Museum, wo Gegenstände, die man ihm zuschreibt, zusammengetragen sind. Mit einer großen Statue, auf einer Anhöhe oberhalb der Hafeneinfahrt, würdigt die Stadt ihren berühmten Sohn. Cook hält einen Zirkel in der Hand und schaut hinaus aufs Meer. Besser würde er nach oben sehen und seinen Zirkel nehmen, um der Möwe, die auf seinem Haupt sitzt und gewisse helle Produkte auf seinen Schultern verteilt, einen Hieb zu versetzen.

Hoch über Whitby ragen die Reste einer alten Abtei, die leider nicht vollständig erhalten ist, aber auch so lässt sich erahnen, wie gewaltig dieses Bauwerk gewesen sein muss.
Whitby ist auch Fish & Chips, massenweise schieben sich vornehmlich britische Touristen durch den Ort. Sehr viele Menschen sind erheblich übergewichtig – wie der Michelinmann – und schlecht gekleidet. Dafür sieht man sie sehr oft Eiscreme oder fettige Fish & Chips essen. Ist das eine Überraschung? Der Hafenmeister erzählt uns, *Magpie* soll das beste Fish & Chips Restaurant Englands sein, die Leute stehen Schlange, um herein-

zukommen. Tatsächlich sehen wir am Nachmittag eine lange Schlange wartender Leute, es wird wohl gut sein.
Nochmaliges Durchsehen der Wetterkarten und die Entscheidung fällt: Auslaufen mit dem Mittagshochwasser Richtung Den Helder. Winde aus dem westlichen Quadranten mit Stärke um vier sind vorhergesagt, später abflauend. Die See ist mit *slight* angegeben, was mit wenig Seegang gleichzusetzen ist.

1. Seetag

Beate bereitet ein Hühnchen mit Reis zum Mittagessen vor, ich wirbele um Schiffs und mache es seeklar. Um ein Uhr öffnet die Whitby Brücke, zehn Minuten später sind wir auf Kurs Südsüdost.
Das wichtigste Ereignis des Nachmittags ist die Überquerung des Nullmeridian von West nach Ost um 1729 UTC, ade westliche Welt.
Drei Stunden später tauchen die ersten Wahrzeichen der Nordsee auf, Plattformen zur Gasförderung. Im Gebiet der südwestlichen Nordsee zähle ich auf einer Seekarte bereits 76 Plattformen. Diese Anlagen sind in einem Mindestabstand von 500 Metern zu passieren, ein gerader Weg quer durch die Nordsee ist somit nicht möglich, immer steht eine im Weg. Und wenn es keine Plattform ist, dann ist es gut möglich, dass man einer Untiefe ausweichen muss. Die Nordsee hat in manchen Gebieten einen begrenzten Charme.

Soeben ist die Sonne glutrot am Horizont versunken. Ich mag diese Abendstimmung, die noch warme Luft, das friedliche Bild der versinkenden Sonne und besonders die Farben des Lichtes, die Wolken, die von intensiv rot bis hin zu Pastelltönen leuchten, durchzogen von Grauschattierungen. Manchmal, mit ein wenig Glück, spielt sich der Sonnenuntergang vor fast blauem Himmel ab, der dann eine weitere Farbe hinzufügt. Für mich ist das eine

Stimmung, die sagt, wieso gibt es auf dieser Welt Probleme? Als passende Musik würde ich Louis Armstrongs „It's a wonderful world“ wählen.
Einige Segler schreiben, sie mögen ganz besonders die Sonnenaufgänge auf See. Mir ist es nie gelungen, darin den schönsten Teil des Tages zu sehen. Das Licht ist grell, die Luft durch die Nacht noch kühl, es liegt Dunst auf dem Wasser und ich bin müde. Morgens, nach drei Stunden Wache, fühle ich mich wie ein Spätheimkehrer nach einer langen Nacht, der sich nur auf sein Bett freut.
Das warme Licht der letzen Sonnenstrahlen lässt auch die wenig schönen Plattformen wie Kunstwerke zur See erscheinen, sie sind rötlich beleuchtet. Mit dem Sonnenuntergang verabschiedet sich auch England, auf Flamborough Head steht ein Leuchtfeuer, dass uns mit seinem Blinklicht letzte Grüße schickt.
Die Nordsee ist uns in den ersten 12 Stunden wohlgesonnen, das Wasser ruhig, die Sicht ausgezeichnet. Der Mond, der annähernd seine volle Größe erreicht hat, leuchtet im Südwesten, sein Licht schimmert mystisch auf dem Meer.

2. Seetag

Am zweiten Tag liegt Kurs Ost an, 71 Seemeilen, der Wind weht von achtern, wir segeln Schmetterling. Es ist wie beim Stricken, ein Segel links, das andere rechts, den Gedanken an schnelles Segeln momentan fallen lassen. Im heutigen Tag liegt der navigatorische Reiz in der Abschätzung der richtigen Ankunftszeit vor Den Helder. Es ist Springzeit, der Unterschied zwischen Flut und Ebbe am größten, die Strömung zwischen den holländischen Inseln am stärksten. Ab 0200 Uhr nachts beginnt das Wasser aufzulaufen, nach Möglichkeit möchten wir dann nicht weiter als 10 Meilen von Den Helder entfernt sein. Aktuell sind wir zu schnell, mit der jetzigen Geschwindigkeit wären wir um Mitternacht dort. Genießen wir das ruhige Segeln vor blauem Himmel, das Rauschen der Bugwelle, der Rhythmus der See. Ein Bild, das für immer in unserer Erinnerung bleiben wird.

Das Gebiet der Plattformen liegt achteraus, im Rückblick war das Segeln bei weitem nicht so schwer, wie wir dachten. Zwischen den Plattformen herrschte kaum Schiffs- oder Fährbetrieb, Fischereifahrzeuge sind erheblich anstrengender zu beobachten und einzuschätzen. Der wichtigste Unterschied ist, Fischer fahren kreuz und quer, Plattformen sind meistens immobil. Das Passieren der Fördereinrichtungen sieht auf der Karte problematisch aus, auf See ist es einfacher, insbesondere, wenn es ruhig ist. Bei Starkwind mag es eine andere Geschichte sein. Von großer Hilfe ist in diesem Gebiet ein Radargerät, selbst bei guter Sicht und Mondschein sind die Positionen der Anlagen schwer zu erkennen und zuzuordnen. Fährt noch ein Fahrzeug dazwischen, ist die Verwirrung anhand der vielen Lichter komplett. Der Radarbildschirm verschafft Klarheit. Eine hilfreiche Einrichtung ist auch unser Computernavigationsprogramm. Auf dem Bildschirm ist die Position in der Seekarte direkt zu sehen, speziell in der Nacht, wenn man übermüdet ist, sieht man mit einem Blick, wo sich das Schiff genau befindet und ob es auf Kurs ist. Die Gefahr, einen Fehler zu machen, ist deutlich verringert. Jedoch denken wir manchmal, man sollte nicht zu sehr davon Gebrauch machen, unter dieser süßen Verlockung könnte das navigatorische Handwerk, die Routine zur traditionellen Navigation leiden.

Die See ist ruhig, aber die Wellen werden höher. Am späten Nachmittag flaut der Wind ab, die Wellen bleiben, im Ergebnis bedeutet das schlagende Segel, verursacht durch ein heftig rollendes Schiff, rolling home, wörtlich genommen. Diese Schiffsbewegungen setzen uns leicht zu, wir sind müde und dadurch ein wenig gereizt. Abends binden wir ein Reff ins Großsegel, so

schlägt es nicht mehr so heftig und fahren unter Maschine weiter, nun sind die Schiffsbewegungen wenigstens erträglich.
Wir queren zwei wichtige Schifffahrtslinien, die entlang der holländischen und deutschen Küste führen, wenige Großschiffe sind unterwegs. Schließlich nehmen wir Kurs auf die holländische Küste, am Horizont ist der kreisende Lichtkegel des Leuchtturms Den Helder zu sehen, ein Sabbatjahr zur See neigt sich seinem Ende zu.
Wir liegen ausgezeichnet in der Zeit, meine Wache übergebe ich an Beate, die die Strecke bis zum Schulpengatt, der Ansteuerung Den Helders, segelt.
Durch eine Kursänderung werde ich wach, die Schiffsbewegungen sind heftiger geworden. Zusammen segeln wir den Rest der Strecke, es ist nicht mehr weit, wir sind müde, aber schlafen können wir auch nicht.
Im Cockpit sitzt eine Taube, beinahe hätte ich auf das Tier getreten, erst im letzten Augenblick sehe ich etwas graues dort sitzen. Die Taube lässt sich von meiner direkten Nähe am Ruder nicht stören, sie muss fix und fertig sein.
Kaum sind wir im Schulpengatt, geht über uns eine Sternschnuppe nieder. Für einem Moment halte ich inne und frage mich, ob Schlafmangel meine Wahrnehmung trübt, im Cockpit eine Taube und vor mir eine Sternschnuppe, klingt doch grotesk, oder?

Holland

Um vier Uhr legen wir in Den Helder an, es ist fast taghell. Die Taube ist gut 15 Meilen mitgesegelt, auch jetzt möchte sie nicht von Bord. Die zum Anlegen benötigten Fender und Leinen hängen im hinteren Teil des Cockpits, es ist nun notwendig, den Vogel zu stören. Der lässt sich aber nicht aus der Ruhe bringen, steige ich auf die eine Bank, hüpft er auf die andere und wieder zurück.

Kurz darauf liegen wir in der Koje, können aber kaum schlafen. Das größte Problem auf all unseren Nachtfahrten ist, in drei Stunden Freiwache zu schlafen. Wir liegen mehr oder weniger wach, die Ohren konzentrieren sich auf das geringste Geräusch, der Kopf arbeitet sowieso, dazu die Schiffsbewegungen, die uns eher wachrütteln, als in den Schlaf wiegen. Uns fehlt der wichtige Tiefschlaf.
Meine Nacht endet um acht Uhr, ich kann nicht mehr liegen. Die Taube ist weggeflogen und hat uns kleinere Schisse hinterlassen, Glücksbringer?

Im Marinabüro melde ich uns an, wie nicht anders zu erwarten, hat die Hafenmeisterin das Schiff schon gesehen. Die Marina ist Teil der niederländischen Marine, die dort einen Marineyachtclub hat, der aber auch Gästen offen steht. Sie sagt, da wir erst um vier Uhr gekommen sind, möchte sie keine Liegegebühr, wenn es am Nachmittag weiter geht. Diese Großzügigkeit sind wir schon lange nicht mehr gewöhnt. Sie ergänzt: „Häufig kommen Yachten von England herüber und sie wüsste, wie sich die Leute fühlen. Schlaft euch aus und nehmt später im Offiziersgebäude eine gute Dusche... Na ja, vielleicht sehen wir uns im Laufe des Jahres noch mal wieder, wir freuen uns über Gäste."

Nach einem Jahr Reisen sind wir wieder zurück in Holland. Einige Besonderheiten fallen sofort auf, die Schiffe sind durchweg in einem ausgezeichneten optischen Zustand. Sehr viele fahren eine holländische Flagge am Heck, die man ohne Übertreibung als überdimensioniert bezeichnen kann. Im Laufe unserer Reise sahen wir nur Amerikaner und Dänen mit ähnlich großen Flaggen. Im Vergleich zu Engländern haben die Menschen hier sportliche Figuren und sind zumindest im Marinabereich gut gekleidet.

Am späten Nachmittag laufen wir nach Den Oever aus, passieren eineinhalb Stunden später die Schleuse, das Ijsselmeer hat uns wieder. Mich irritieren die geringen Entfernungen. Kaum sind die Segel getrimmt, kommt das Ziel in Sicht. Ich hatte die Abmessungen des Ijsselmeeres anders in Erinnerung. Wir genießen die Abendzeit auf dem Binnenmeer, die meisten Segler sind längst Richtung Dusche gesegelt. Tagsüber ist häufiges Ausweichen die Regel, abends kann man gemütlich seine Bahnen ziehen, eine Tatsache, die uns schon vor Jahren gefiel, so auch heute.

Um 2145 Uhr legen wir in Makkum am vormaligen Steg an, die Athene-Tour ist nach 377 Tagen und 5.500 Seemeilen zu Ende. Nachbarn kommen und helfen beim Anlegen. Wir hatten ihnen vor einem Jahr von unseren Plänen erzählt: „Herzlichen Glückwunsch zur vollendeten Reise und gesunden Heimkehr.“